Ludovic Tournès

Histoire de la diplomatie culturelle dans le monde

Les États entre promotion nationale et propagande

ARMAND COLIN

Collection U
Histoire Contemporaine

Composition réalisée par Belle Page

NOUS NOUS ENGAGEONS EN FAVEUR DE L'ENVIRONNEMENT :

Nos livres sont imprimés sur des papiers certifiés pour réduire notre impact sur l'environnement.

Le format de nos ouvrages est pensé afin d'optimiser l'utilisation du papier.

Depuis plus de 30 ans, nous imprimons 70 % de nos livres en France et 25 % en Europe et nous mettons tout en œuvre pour augmenter cet engagement auprès des imprimeurs français.

Nous limitons l'utilisation du plastique sur nos ouvrages (film sur les couvertures et les livres).

Armand Colin est une marque de Dunod Éditeur
11, rue Paul Bert, 92240 Malakoff
ISBN 978-2-200-64185-6

Du même auteur

Les sociabilités musicales, Rouen, Presses universitaires de Rouen, 1997 (en collaboration avec Loïc Vadelorge).

New Orleans sur Seine. Histoire du jazz en France, Paris, Fayard, 1999.

De l'acculturation du politique au multiculturalisme. Sociabilités musicales contemporaines, Paris, Librairie Honoré Champion, 1999.

L'informatique pour les historiens. Graphiques, calculs, internet, bases de données, Paris, Belin, 2005.

Du phonographe au MP3. Une histoire de la musique enregistrée (XIXe-XXIe siècles), Paris, Autrement, 2008.

L'argent de l'influence. Les fondations américaines et leurs réseaux européens, Paris, Autrement, 2010.

Sciences de l'homme et politique. Les fondations philanthropiques américaines en France au XXe siècle, Paris, Éditions des Classiques Garnier, 2011.

Musique ! Du phonographe au MP3, Paris, Autrement, 2011 (nouvelle édition revue et augmentée).

Les États-Unis et la Société des Nations (1914-1946). Le système international face à l'émergence d'une superpuissance, Berne, Peter Lang, 2015.

Global Exchanges: Scholarship Programs and Transnational Circulations in the Modern World, New York, Berghahn Books, 2017 (en collaboration avec Giles Scot-Smith).

Américanisation. Une histoire mondiale (XVIIIe-XXIe siècle), Paris, Fayard, 2020.

Philanthropic Foundations at the League of Nations: An Americanized League ?, London, Routledge, 2022.

Introduction

Cet ouvrage poursuit trois objectifs. Le premier consiste à proposer une synthèse sur un sujet qui a donné lieu à une production importante, mais composée pour l'essentiel de monographies spécialisées, le plus souvent nationales, et centrées, à quelques exceptions près, sur des périodes spécifiques. Le second est d'ouvrir des pistes de recherche dans un champ déjà bien labouré mais comprenant encore de nombreuses zones en friche. On verra en effet au cours des pages qui suivent certains sujets moins développés que d'autres : cela tient à la limitation inhérente à ce type d'ouvrage, ainsi qu'aux compétences linguistiques de l'auteur de ces lignes, limitées aux travaux en langues française et anglaise ; mais cela tient aussi aux lacunes de l'historiographie, qui montrent à quel point il reste encore à faire sur ce sujet. Troisièmement, cet ouvrage propose une problématisation de la diplomatie culturelle en tant que phénomène historique mondial, au-delà de ses déclinaisons nationales. Cette problématisation suivra quatre fils conducteurs.

Il s'agit d'abord d'adopter une perspective de long terme. Car, contrairement à ce qu'on peut lire parfois au détour d'ouvrages de science politique portant sur le système des relations internationales, la diplomatie culturelle est un phénomène ancien : elle existe depuis la fin du XIXe siècle, et l'on peut même remonter, c'est l'argument développé au premier chapitre de ce livre, encore plus haut, jusqu'aux années 1850. L'émergence de la diplomatie culturelle est l'expression de plusieurs tendances de fond. La plus évidente est la structuration des États-nations, et la maturation des configurations culturelles nationales qui l'accompagne. Les États-nations sont des constructions culturelles autant que politiques, et la diplomatie culturelle a historiquement servi, et sert toujours, à la valorisation des modèles nationaux. Son développement suit donc une courbe parallèle à celle des nationalismes, non seulement au XIXe, mais aussi au XXe et au XXIe siècles. Une autre tendance de fond est le déploiement des ambitions impériales de certains États-nations européens (Grande-Bretagne, France, Allemagne, Belgique, Italie, Hollande…), mais aussi des États-Unis ou du Japon. Les premiers pays mettant sur pied des diplomaties culturelles sont, en effet, les puissances coloniales, et ces diplomaties ont d'abord, ou prioritairement, ciblé leurs empires. La diplomatie culturelle est ainsi, à bien des égards, un produit, ou une manifestation, de l'impérialisme de la fin du XIXe siècle. Enfin, une dernière tendance de fond est l'élargissement des fonctions diplomatiques des États : tout au long du XIXe siècle, on a assisté à la structuration d'administrations étatiques nationales, à l'élargissement de leur champ de compétences et à la professionnalisation de leur personnel, dont la sociologie change au tournant du siècle. Non seulement la diplomatie étend ses activités au-delà du champ classique consistant à déclarer la guerre et à négocier la paix, mais elle cesse peu à peu d'être monopolisée par l'aristocratie. C'est aussi dans le cadre de cette évolution plus large des pratiques diplomatiques qu'il faut comprendre l'émergence de la diplomatie culturelle. Elle n'est d'ailleurs pas la seule nouveauté, puisque la diplomatie économique émerge aussi à la fin du XIXe siècle.

Le deuxième fil conducteur de ce livre est d'adopter une perspective mondiale. En effet, si l'historiographie de la diplomatie culturelle est très riche, elle reste encore marquée par le nationalisme méthodologique[1], la plupart des travaux consistant en monographies nationales, souvent de grande qualité, qui étudient la projection extérieure des États, mais sans la replacer dans un mouvement plus vaste, ce qui a parfois pour conséquence la construction artificielle de « modèles » nationaux essentialisés. Pour surmonter ce problème, il est nécessaire d'adopter une perspective mondiale, afin d'écrire non pas seulement l'histoire <u>des</u> diplomaties culturelles, mais, plus largement, l'histoire de <u>la</u> diplomatie culturelle. Elle sera considérée ici non pas comme l'addition de politiques nationales, mais comme un phénomène en tant que tel, dont il importe d'analyser l'émergence et le développement. C'est la raison pour laquelle je porte une attention particulière à la notion de « répertoire d'actions », qui permet d'identifier, au-delà des frontières nationales, des points communs et des constantes dans les méthodes et les initiatives des diplomaties culturelles, mais aussi de tracer des évolutions de long terme. Comme on le verra dans le chapitre I, c'est bien l'existence d'un répertoire d'actions qui permet de diagnostiquer, à un moment donné, l'apparition de la diplomatie culturelle, et qui permet aussi d'en réviser la chronologie habituellement admise. Ce répertoire n'est pas figé : certaines actions apparaissent dans certains contextes nationaux et à certaines périodes, évoluent de diverses manières, et parfois disparaissent. Mais globalement, depuis le XIXe siècle jusqu'à nos jours, on observe un enrichissement et une diversification du répertoire. Bien entendu, la perspective mondiale a ses limites, car il est impossible d'embrasser, surtout dans le cadre limité d'un livre écrit à deux mains, les diplomaties culturelles de l'ensemble des pays du monde. Mais du moins le déplacement de perspective, ainsi que la multiplication des exemples sur tous les continents, permettent d'élargir le questionnement par rapport à un point de vue nationalo et occidentalo-centré. On notera, pour finir, que ce point de vue permet aussi d'opérer des rapprochements peut-être inattendus à première vue, mais qui ouvrent de nouvelles pistes de réflexion.

C'est le cas, par exemple, de celui opéré dans le dernier chapitre entre l'Union européenne et les pétromonarchies du Golfe.

Le troisième fil conducteur consiste à insister sur le nombre croissant d'États pratiquant la diplomatie culturelle, et sur l'intensification de leurs actions à l'échelle mondiale. La multiplication des États depuis le XIXe siècle entraîne mécaniquement celle des diplomaties culturelles, même s'il serait hasardeux d'avancer que tous les États du monde en ont une. Mais les chiffres doivent faire réfléchir : une quarantaine d'États indépendants au début du XXe siècle, cinquante et un en 1945, près de deux cents au début des années 2020, et donc potentiellement autant de diplomaties culturelles. On a bien affaire à un champ en continuelle extension depuis le XIXe siècle. Par ailleurs, la diplomatie culturelle n'a pas cessé d'élargir son périmètre, depuis l'enseignement de la langue au soutien aux industries culturelle, en passant par l'organisation de tournées d'artistes ou la présence aux Jeux olympiques. Même si l'on assiste, dans certains pays, au déclin de la diplomatie culturelle au début du XXIe siècle, notamment par rapport à la période de la guerre froide, cette tendance mondiale à l'intensification des actions suggère que le périmètre d'intervention des États et leur présence, au moins dans la sphère culturelle, n'ont pas cessé de se renforcer. Il est important de le souligner, tant il a été souvent répété, au cours des années 1990 à 2010, que les États seraient désormais des réalités secondaires dans un monde marqué par la « mondialisation » post-guerre froide[2]. Or, une des leçons que l'on peut tirer de l'histoire de la diplomatie culturelle est que la mondialisation n'a pas fait disparaître les États, bien au contraire.

Enfin, le quatrième fil conducteur consiste à envisager la diplomatie culturelle comme le résultat d'une combinaison d'acteurs publics et privés, bien que les États y jouent un rôle d'organisation et de coordination prépondérant. Pour des raisons que j'expliquerai dans le chapitre I, il me paraît nécessaire de passer par-dessus la frontière, pour partie artificielle, entre la sphère publique et la sphère privée, ceci afin de casser une approche stato-centrée qui donne une vision restrictive et simplificatrice de la diplomatie culturelle. Cela ne signifie pas que les notions d'acteurs « publics » et d'acteurs « privés » ne sont pas pertinentes. Mais il est de fait, et de nombreux travaux sur la diplomatie culturelle l'ont déjà démontré, que beaucoup d'acteurs se situent au confluent de ces deux domaines ; c'est d'ailleurs probablement cette position intermédiaire qui leur permet d'agir avec souplesse. Tracer une frontière stricte entre les actions de l'État et celles des acteurs privés n'est donc pas pertinent sur le plan conceptuel ; et sur le plan pratique, c'est presque impossible, tant ils sont nombreux à se situer au confluent des deux domaines, dans une zone grise qu'il importe de prendre comme telle.

Pour mettre en évidence ces fils conducteurs, l'ouvrage adopte un plan chronologique, excepté le premier chapitre, consacré à définir et à délimiter le champ de la diplomatie culturelle. Le deuxième chapitre portera sur la période 1850-1914 et sur ce que j'appelle la proto-diplomatie culturelle, une période caractérisée par l'émergence d'un répertoire d'actions variées qui ne font pas encore l'objet d'une coordination étatique. La période 1914-1945, traitée dans le troisième chapitre, est celle de l'institutionnalisation – ou de la cristallisation – des diplomaties culturelles dans de nombreux pays, un processus dans lequel les guerres jouent un rôle important. Le quatrième chapitre porte sur la guerre froide, qui voit un usage sans précédent des diplomaties culturelles, liée à l'affrontement idéologique, mais aussi à la croissance des États-nations consécutive à la décolonisation. Enfin, le dernier chapitre est consacré à la période courant depuis la fin de la guerre froide à nos jours, marquée par un processus de désoccidentalisation, mais aussi par les innovations technologiques, et enfin, par l'affirmation de diplomaties culturelles au-delà des États-nations.

Chapitre I

Qu'est-ce que la diplomatie culturelle ?

Faire l'histoire de la diplomatie culturelle implique d'abord de savoir ce que recouvre ce terme. Ce chapitre sera donc consacré à analyser les notions utilisées par l'historiographie et à discuter leur pertinence. Les deux premières parties porteront respectivement sur ce que j'appelle la définition théorique et la définition historique de la diplomatie culturelle. La première porte sur les différentes notions utilisées par l'historiographie (diplomatie culturelle, diplomatie publique, *soft power, nation branding*), et la deuxième s'attache à repérer les caractéristiques qui permettent de déterminer l'existence et la présence de la diplomatie culturelle sur le terrain et dans son historicité. La troisième partie sera consacrée à une typologie des acteurs. La quatrième présentera un bref état des lieux de la recherche qui sera complété au fil des chapitres.

La diplomatie culturelle en théorie : quelle définition ?

La littérature consacrée à la diplomatie culturelle comporte de nombreux termes pas toujours définis de façon approfondie et, pour cette raison, souvent utilisés de manière interchangeable. Il en résulte parfois un certain flou dans les démonstrations, accentué par l'utilisation peu argumentée de catégories telles que la dichotomie public/privé. L'objectif des pages qui suivent est d'essayer de clarifier les termes du débat. Pour ce faire, je distingue deux catégories de concepts. D'une part les concepts analytiques qui sont utiles à une recherche historique ; c'est notamment le cas des notions de diplomatie culturelle et de diplomatie publique. D'autre part, les concepts prescriptifs qui, s'ils ne sont pas dénués d'intérêt en tant que tels, sont avant tout des catégories forgées par les praticiens de la diplomatie culturelle. Leur valeur heuristique est faible, et leur utilisation, souvent sans distance critique, par la recherche académique, pose bien des problèmes ; c'est notamment le cas des concepts de « *soft power* » et de « *nation branding* ».

Les concepts analytiques à l'usage de l'historien

Diplomatie culturelle et action culturelle : un seul et même domaine

Si la réalité de la diplomatie culturelle remonte au XIXe siècle, le terme lui-même semble apparaître pour la première fois en 1936 sous la plume de l'universitaire hongrois János Hankiss, avant de se répandre après 1945 dans les milieux académiques et diplomatiques, notamment anglo-américains et allemands, mais aussi français. Dès les années 1950 et 1960, on le trouve sous la plume d'auteurs, souvent également praticiens de la diplomatie culturelle, tels que les étatsuniens Philip H. Coombs[1] ou Frederick C. Barghoorn[2], ce dernier étant à la fois historien et membre de la East European Division du département d'État. Mais on le trouve aussi en Allemagne, avec des auteurs comme Carl Doka[3]. Dans l'aire francophone, le terme semble se généraliser plus tardivement, le terme d'« action culturelle » lui étant longtemps préféré. C'est d'ailleurs celui qu'utilise Albert Salon, auteur de la première thèse dédiée au sujet dans l'aire francophone[4]. La diffusion large du terme dans l'aire francophone date des années 1990 et 2000[5], et n'est officiellement utilisée par le ministère des Affaires étrangères français que dans les années 2010 avec la création d'un programme intitulé « diplomatie culturelle et d'influence[6] ».

La diplomatie culturelle a fait l'objet de définitions qui permettent d'en préciser les contours. Robert Frank la définit comme « l'intervention étatique pour assurer la présence culturelle nationale à l'étranger[7] ». François Chaubet, dans la lignée du travail d'Albert Salon, distingue la notion de « diplomatie culturelle », qui désigne « l'action des divers acteurs publics[8] », c'est-à-dire l'appareil d'État, et celle d'« action culturelle », occupant un périmètre plus large puisqu'il fait référence à « l'union des acteurs publics et privés ». Plus récemment, Marie-Christine Kessler a donné une définition synthétique : « la diplomatie culturelle est une politique publique qui vise, dans le cadre de la politique étrangère, à l'exportation de données représentatives de la culture nationale, et à des interactions avec d'autres pays, dans ce même domaine culturel[9] ». Le point commun de toutes ces définitions, et l'on pourrait poursuivre l'énumération[10], est d'être stato-centrées, même si, dans la pratique, les recherches menées n'ignorent pas les acteurs privés. Mais la distinction entre « diplomatie culturelle » et « action culturelle » entérine une séparation entre les deux sphères.

Du côté anglophone, le terme a fait l'objet d'une plus grande variété de définitions. Le politologue Milton C. Cummings considère la diplomatie culturelle comme un « échange d'idées, d'informations, de productions artistiques, de langues, et d'autres aspects de la culture entre nations et entre peuples, dans le but de promouvoir la compréhension mutuelle[11] ». De son côté, Helena Finn, membre du département d'État, la voit comme un ensemble d'« efforts destinés à améliorer la compréhension culturelle et à gagner l'adhésion volontaire des étrangers au projet américain[12] ». Pour John Lenczowski, elle renvoie à « l'utilisation de productions culturelles variées afin d'influencer les publics, les faiseurs d'opinions, voire les responsables politiques étrangers[13] ». Le politologue et historien Nicholas J. Cull la désigne comme « la tentative d'un acteur de façonner l'environnement international en faisant connaître ses ressources et ses réalisations culturelles en dehors de ses frontières, et/ou en facilitant leur diffusion. Historiquement, la diplomatie culturelle renvoie à la politique d'un pays pour faciliter l'exportation de ses productions culturelles[14] ». Enfin, l'historien et diplomate Richard T. Arndt opère une distinction entre les « relations culturelles », qui se développent « naturellement et organiquement, sans intervention gouvernementale » (il cite comme exemple les transactions commerciales, le tourisme, les mobilités étudiantes, la circulation des livres, les migrations, l'information transmise par les médias), et la « diplomatie culturelle », qui apparaît lorsqu'un gouvernement national et des diplomates professionnels « tentent d'organiser et de canaliser ce flux naturel pour le mettre au service d'intérêts nationaux[15] ». On pourrait évidemment allonger la liste.

Ces définitions sont d'un intérêt inégal. Celle de Cummings est trop floue, assimilant diplomatie culturelle et échanges culturels. Celle de Finn est focalisée sur les États-Unis et, en tant que praticienne, celle-ci ne cherche pas tant à produire une définition qu'à formuler des objectifs de politique étrangère. Celle de Lenczowski met l'accent sur l'influence exercée sur l'opinion publique. Les deux dernières, celles de Cull et Arndt, sont plus complètes, soulignant notamment la dimension volontariste et organisée. Toutefois, elles butent sur la question des acteurs. Ceux-ci ne sont pas clairement désignés par Cull. Quant à Arndt, sa distinction entre des échanges culturels qui seraient spontanés, et ceux qui seraient organisés par l'État, pose problème. Non seulement parce qu'on peut se demander s'il existe vraiment des échanges « spontanés » ; mais aussi parce que la distinction qu'il opère semble recouper une division implicite entre acteurs privés et publics : aux premiers, les échanges spontanés ; aux seconds, les échanges organisés. Cette idée est très discutable : si l'on ne nie pas que certains objets culturels circulent en dehors de tout projet volontariste, c'est sans doute une réalité relativement rare, car on ne voit pas pourquoi les acteurs privés ne participeraient pas à une forme d'organisation des échanges. Prenons l'exemple d'une tournée musicale organisée par un imprésario. Celui-ci est un acteur privé, mais qui prétendra qu'il n'organise pas la circulation internationale des artistes qu'il a pris sous contrat ? Par ailleurs, on le verra au cours de ce livre, les exemples d'échanges spontanés cités par Arndt, notamment le tourisme, les mobilités étudiantes, la circulation des livres ou encore la transmission de contenus par les médias, sont dans la plupart (pour ne pas dire la totalité) des cas organisés par des acteurs publics et privés, à des fins de valorisation nationale.

En réalité, le problème central de la diplomatie culturelle n'est pas tant d'opposer une supposée circulation spontanée à une circulation organisée, que de comprendre quelles sont les différentes logiques d'organisation de ladite circulation, et d'en analyser les différents acteurs. Aucune des définitions, qu'elles soient issues du monde francophone ou du monde anglophone (je me limite ici malheureusement à ces deux langues que je maîtrise), n'aborde de façon satisfaisante cette question. Pour l'approfondir et tenter de définir plus exactement la diplomatie culturelle, la production scientifique des trente dernières années nous donne des indications précieuses : non seulement l'histoire culturelle a bien labouré le champ de la diplomatie culturelle, mais l'histoire des relations internationales a de son côté renouvelé ses perspectives en intégrant les acteurs non gouvernementaux à son analyse, et enfin, les historiographies du mondial (histoire transnationale, globale, connectée, partagée, croisée, etc.) ont mis l'accent depuis les années 1990 sur l'importance des phénomènes traversant et dépassant les États-nations. C'est sur ces trois ensembles historiographiques que je m'appuie pour proposer une définition de la diplomatie culturelle à la fois plus précise que celles qui ont été données plus haut, et qui élargit son champ de réflexion dans trois directions.

La première est de regrouper ensemble l'analyse des acteurs publics et privés. La division entre action culturelle et diplomatie culturelle, inaugurée dans l'historiographie francophone par Albert Salon, et souvent reprise ensuite, si elle était pertinente dans les années 1980, ne me paraît plus l'être aujourd'hui en raison des renouvellements historiographiques. D'abord parce que l'étude des relations internationales, qu'elle soit menée par l'histoire ou la science politique, a beaucoup mis l'accent récemment sur l'imbrication entre les acteurs publics et privés, mais aussi sur la perméabilité entre les deux univers, et enfin sur le caractère mouvant de la frontière qui les distingue, de sorte qu'il est artificiel de les considérer séparément. Un exemple parmi d'autres : la diplomatie culturelle française est, dès ses origines, le résultat d'une combinaison d'acteurs publics et privés. Sa cheville ouvrière, l'Alliance française, créée en 1883, est une association de droit privé, mais reconnue d'utilité publique trois ans après sa création, animée par des personnalités très introduites dans l'appareil d'État, et intégrée au ministère des Affaires étrangères en 1920 bien qu'elle conserve une certaine autonomie de fonctionnement. Dès lors, se demander si ses initiatives font partie de l'action culturelle ou de la diplomatie culturelle est artificiel, et il en est de même pour bien d'autres organisations que l'on croisera dans la suite de ce livre. Pour cette raison, je n'utiliserai pas la notion d'action culturelle dans ces pages, car je la considère comme faisant partie de la diplomatie culturelle dans une définition élargie aux acteurs privés. Par ailleurs, de nombreux travaux ont mis l'accent depuis deux ou trois décennies sur une série d'actions relevant de la diplomatie culturelle et témoignant de connexions souvent étroites entre les acteurs privés et l'État : c'est le cas des circulations internationales d'artistes ou d'œuvres, mais aussi de l'histoire de la diplomatie universitaire et des programmes d'échanges, des missions religieuses, des fondations philanthropiques ou des instituts à l'étranger. L'ensemble de ces travaux invitent à considérer la diplomatie culturelle non pas seulement comme un dispositif étatique, mais plus largement comme un répertoire d'actions et de pratiques variées que l'État coordonne de façon plus ou moins poussée, et qui ont pour point commun la valorisation internationale d'une configuration culturelle nationale.

Le deuxième point sur lequel on peut enrichir la notion de diplomatie culturelle est précisément la mise en avant de sa relation avec les « configurations culturelles nationales », un terme que je préfère, pour des raisons que j'ai développées ailleurs, à celui de « cultures nationales[16] ». Depuis les années 1980, de nombreux travaux ont analysé le nationalisme sous son versant culturel, sans parler de l'historiographie des politiques culturelles qui s'est considérablement développée[17], montrant le rôle de l'État et des pouvoirs publics dans la construction des configurations culturelles nationales. Du côté des relations internationales, la tradition renouvinienne avait intégré depuis longtemps l'analyse du fait national, sous le vocable, un peu daté aujourd'hui, de « forces profondes[18] » ; mais la montée en puissance de la science politique anglo-saxonne dans l'étude des relations internationales dans les années 1960 et 1970 a largement évacué la question nationale, notamment sous l'influence de l'école réaliste, partisane d'une stricte séparation entre le national et l'international, ce dernier étant réduit à l'interétatique. Depuis les années 1980 et 1990, une évolution est intervenue, beaucoup de travaux mettant l'accent sur l'étude des acteurs non gouvernementaux, leurs interactions avec les acteurs étatiques, ainsi que leurs activités transnationales. De sorte que la connexion entre le national et l'international fait aujourd'hui partie de l'ordinaire de l'étude des relations internationales. Cette connexion est importante pour ce qui concerne la diplomatie culturelle, qui consiste à valoriser les productions culturelles nationales, et qui suppose donc l'existence d'une configuration culturelle nationale suffisamment consciente d'elle-même pour que ses acteurs envisagent de la faire rayonner hors de ses frontières. L'historiographie de la diplomatie culturelle considère le plus souvent le fait national comme une donnée d'évidence ; elle n'a pas assez souligné le fait que la construction et l'exportation des productions culturelles nationales sont souvent deux phénomènes concomitants et connectés. Tout au long des pages qui suivent, on verra cette connexion entre les aspects intérieurs et extérieurs de l'histoire culturelle des États. Bien que le premier point ne puisse pas être étudié en détail ici faute de place, il faut néanmoins l'intégrer au raisonnement.

Enfin, la troisième direction de réflexion pour enrichir la définition de la diplomatie culturelle, consiste à prendre en considération les multiples circulations en tous sens auxquelles elle donne lieu. Les notions de diplomatie culturelle et d'action culturelle ont longtemps fait référence à une politique unidirectionnelle d'exportation ; de fait, la diplomatie culturelle a longtemps fonctionné, au moins implicitement, selon un paradigme diffusionniste. Mais là encore, l'historiographie a beaucoup insisté ces dernières années sur la dimension multidirectionnelle des actions entreprises. Celle-ci inclut l'exportation mais aussi l'importation de produits culturels étrangers, que ce soit dans le cadre d'accords bilatéraux ou multilatéraux de coopération culturelle, ou dans le cadre d'événements internationaux organisés dans un pays afin d'en faire un carrefour et de promouvoir son attractivité. Pour se limiter à un exemple traité plus loin, les expositions universelles me semblent faire incontestablement partie de la diplomatie culturelle, tant pour ce qui concerne le pays hôte devenu carrefour international le temps de l'événement, que pour les pays participants, qui exposent dans leurs pavillons des œuvres d'art participant de leur politique de rayonnement culturel.

En m'appuyant sur ces réflexions préalables, la définition actualisée de la diplomatie culturelle que je propose est la suivante : il s'agit d'un répertoire d'actions menées par une nébuleuse plus ou moins étendue d'acteurs privés et publics ayant en commun l'objectif d'assurer une présence internationale aux productions d'une configuration culturelle nationale, via un ensemble d'actions volontaristes de diffusion ou d'importation, mais aussi via des coopérations entre deux États ou plus. Ces actions font l'objet d'une coordination plus ou moins forte par l'État, qui occupe ou tente d'occuper une position centrale dans cette nébuleuse d'acteurs qui jouent par ailleurs leur propre partition. Car la relation entre acteurs privés et publics n'est pas forcément harmonieuse ni linéaire. Elle peut donner lieu à des synergies comme à des conflits dont la prise en compte est importante pour comprendre la dynamique de la diplomatie culturelle. Le cas des relations complexes entre les fondations philanthropiques étatsuniennes et leur gouvernement est à cet égard emblématique.

À partir de cette définition qui entérine, contrairement aux autres, les évolutions historiographiques récentes, le fil conducteur suivi dans cet ouvrage consistera à repérer un répertoire d'actions qui se développent dès la deuxième partie du XIXe siècle et se cristallisent à des moments différents selon les pays pour prendre la forme d'un objet historique que l'on peut nommer « diplomatie culturelle », pris en main par une pléiade d'acteurs et progressivement institutionnalisée par des gouvernements qui tentent, avec plus ou moins de succès, de coordonner ces actions, mais peuvent aussi se retirer du jeu selon les périodes. Ce fil conducteur permet d'écrire non seulement une histoire des diplomaties culturelles, entendue comme une série d'analyses monographiques, mais aussi une histoire de la diplomatie culturelle, en tant que phénomène historiquement situé, qui apparaît dans un contexte précis, celui de l'affirmation des nationalismes culturels au XIXe siècle, et qui connaît une extension constante au cours des XXe et XXIe siècles en raison de la multiplication des nationalismes. Ici, il faut noter que si la définition que j'ai donnée est pertinente pour analyser un ensemble de phénomènes allant de la deuxième moitié du XIXe siècle jusqu'au début du XXIe siècle, elle l'est peut-être moins dans le monde post-guerre froide qui a vu se développer des initiatives possédant toutes les caractéristiques de la diplomatie culturelle, mais visant à valoriser des configurations culturelles plus larges que celles des nations (le monde arabe, par exemple) et/ou mises en œuvre par des structures politiques différentes de celle des États (l'Union européenne, par exemple). Les chapitres IV et V donneront des exemples de ces évolutions récentes, qui témoignent du caractère mouvant de l'objet « diplomatie culturelle » et sont autant d'invitations à poursuivre le débat plutôt que de s'en tenir à une définition figée. Cette question est sans doute une de celles dont l'historiographie de la diplomatie culturelle devrait se saisir dans les années à venir.

Diplomatie publique, diplomatie culturelle, propagande : des frontières difficiles à tracer

L'autre terme important utilisé par l'historiographie est celui de diplomatie publique, qui n'a pas tout à fait le même périmètre que celui de diplomatie culturelle[19]. Il faut d'abord noter qu'il renvoie à un univers disciplinaire différent : sans que ce soit une règle absolue, la notion de diplomatie publique, issue du champ de la science politique, est plus employée par les politistes que par les historiens. Par ailleurs, elle est bien plus liée au contexte étatsunien. Le terme de *public diplomacy* apparaît en effet en 1917 dans la bouche du président Woodrow Wilson, désignant une diplomatie qui devrait se faire désormais sous les yeux de l'opinion publique et non plus dans le secret des chancelleries, comme les puissances européennes en avaient l'habitude avant 1914. Mais c'est surtout à partir des années 1960 que son usage se répand dans le monde académique, dans une acception différente, quoique puisant son inspiration dans la définition wilsonienne. Selon Nicholas J. Cull, la diplomatie publique désigne « le processus par lequel des acteurs internationaux cherchent à atteindre leurs buts de politique étrangère en s'adressant à des publics étrangers[20] ». Par ailleurs, Cull divise la diplomatie publique en cinq activités principales : « 1/ écouter ; 2/ convaincre ; 3/ élaborer une diplomatie culturelle ; 4/ échanger ; 5/ radiotélédiffuser à l'international ». Il souligne par là les liens entre diplomatie publique et diplomatie culturelle, considérant la deuxième comme une partie de la première. D'autres auteurs vont plus loin, comme Richard T. Arndt, qui considère que les deux termes sont interchangeables[21]. À y regarder de plus près, il me paraît cependant difficile d'adhérer à cette idée. Si l'on reprend la définition de Cull, il est clair que l'information et la communication y occupent une place prédominante : trois éléments sur cinq (écouter, convaincre, radiotélédiffuser) relèvent de cette catégorie. Pour d'autres comme Hans N. Tuch[22], Harvey Feigenbaum[23] ou Jessica Gienow-Hecht[24], la diplomatie publique relève même presque exclusivement de la communication et de l'influence. De fait, le sujet principal, voire unique, des ouvrages utilisant cette notion, concerne les stratégies de communication, et notamment l'usage des médias de masse, à destination des pays étrangers, dans une perspective de façonnage des opinions publiques. Cet accent mis sur l'information et la communication justifie à mes yeux le fait de considérer que nous avons affaire à deux domaines différents, bien qu'il existe des zones de recoupement sur lesquelles je vais revenir. Mais la définition que j'ai donnée plus haut de la diplomatie culturelle exclut le traitement de l'information, notamment celle relative à l'actualité, et tout ce qui relève de la transmission du discours des autorités politiques d'un pays donné.

Ceci étant posé, il faut reconnaître que la séparation entre les deux domaines n'est pas facile à tracer, ce qui explique qu'ils soient parfois considérés comme équivalents. La zone grise qui existe entre eux vient notamment du fait que la diplomatie culturelle et la diplomatie publique utilisent souvent les mêmes vecteurs, en particulier les médias (presse, radio, télévision, cinéma, disque...). Elles n'en font certes pas le même usage, mais la frontière est souvent floue entre les deux. Il suffira de donner quelques exemples pour s'en convaincre. Le premier est celui des documentaires cinématographiques tournés et diffusés par les administrations gouvernementales, comme le célèbre *Why We Fight* de Frank Capra pendant la Deuxième Guerre mondiale, dont il sera question plus loin : doivent-ils être considérés comme des actions de diplomatie publique ou de diplomatie culturelle ? On sera tenté de répondre : les deux, non pas par impossibilité de trancher, mais parce qu'ils appartiennent simultanément aux deux sphères. À la première, car ils utilisent l'actualité immédiate pour valoriser l'excellence d'un modèle national dans le cadre d'une guerre non seulement militaire mais aussi idéologique ; à la seconde, car ces documentaires, réalisés par un maître du cinéma hollywoodien, sont très bien scénarisés et empruntent à bien des égards aux codes du cinéma de fiction. Ce sont donc véritablement des objets hybrides qui peuvent être classés dans l'une ou l'autre catégorie. Un deuxième exemple est celui des radios gouvernementales de la Deuxième Guerre mondiale et de la guerre froide, qu'il s'agisse de Voice of America, Radio Moscou ou Radio Beijing. Elles relèvent de la diplomatie publique lorsqu'elles diffusent des émissions d'information ou de propagande ; et de la diplomatie culturelle lorsqu'elles programment de la musique et du divertissement, qui constituent une part importante, voire majoritaire, de la programmation.

Une autre raison de la difficulté à distinguer diplomatie publique et diplomatie culturelle vient du fait que les structures politico-administratives impliquées dans les deux se recoupent, les unes naissant des autres, les absorbant, ou s'en séparant à différents moments, au gré de l'évolution des stratégies étatiques, ce qui illustre d'ailleurs le flou de ces catégories pour les acteurs de terrain eux-mêmes. On en trouvera de multiples exemples dans les pages qui suivent. Mais à chaque fois, j'ai pris le parti de ne pas traiter la composante informationnelle de ces initiatives, afin de ne pas rentrer dans une étude qui relève, à mon sens, de la diplomatie publique.

Il faut par ailleurs noter qu'à partir du moment où diplomatie culturelle et diplomatie publique ont pour objectif la promotion d'un modèle national et utilisent pour atteindre ce but les médias d'information, il existe un troisième domaine avec lequel il est difficile de tracer une frontière : celui de la propagande. Ce terme a d'ailleurs, et ce n'est pas un hasard, été très présent dans le vocabulaire des acteurs de la diplomatie culturelle au moins jusque dans l'entre-deux-guerres[25]. Il n'y a pas lieu de s'en étonner : la promotion d'un modèle politique national est au cœur du projet historique de la diplomatie culturelle. C'est très clair dès la fin du XIXe siècle dans l'activité de l'Alliance française, dont l'action se déploie de manière privilégiée dans l'empire colonial, où il s'agit de vanter la mission civilisatrice de la France. Pendant la Première Guerre mondiale, le Committee on Public Information (CPI) étatsunien mêle étroitement actions de diffusion d'objets culturels nationaux et communication politique en faveur du modèle démocratique étatsunien. À partir de l'entre-deux-guerres, les États totalitaires placent la culture au cœur de leur projet national et impérial, et ce sont eux qui portent les techniques de propagande à leur point de perfection, en utilisant la culture comme moyen de présenter leurs régimes sous un jour favorable : utilisation du cinéma par le régime nazi (les documentaires de Leni Riefenstahl, auxquels la remarque faite à propos de Frank Capra s'applique également), invitation d'intellectuels en URSS pour montrer les réalisations du régime soviétique, organisation de compétitions sportives largement médiatisées (les Jeux olympiques de Berlin en 1936), etc. Les nouveaux médias s'avèrent indissociablement des instruments de propagande et des outils de diplomatie culturelle ou de diplomatie publique. Bien entendu, la même logique s'observe pendant la Deuxième Guerre mondiale, et si le mot de propagande est discrédité après 1945, la réalité de la pratique n'en continue pas moins pendant la guerre froide, qui donne lieu à une mobilisation des médias de tous ordres au service de la démonstration de la supériorité du modèle capitaliste ou communiste. Enfin, dans le monde post-guerre froide, la frontière est toujours aussi difficile à tracer entre les trois domaines, en particulier depuis l'apparition de l'Internet et des médias digitaux, qui ont constitué depuis les années 2010 un terrain privilégié des politiques de valorisation des modèles nationaux, dans un contexte de croissance toujours plus importante des États-nations par rapport au début du XXe siècle. J'ajouterai pour finir que, si la différence entre diplomatie culturelle et propagande est difficile à tracer, elle l'est sans doute encore plus entre diplomatie publique et propagande, en raison de l'accent mis par la première sur l'information. On peut d'ailleurs se demander si l'emploi du terme de *public diplomacy* dans le champ anglo-étatsunien n'est pas lié pour partie à la volonté de forger un autre terme pour désigner ce qui aurait été considéré avant 1945 comme de la propagande. Mais ceci est un autre débat.

Les concepts prescriptifs à l'usage du praticien

Soft power

Si la question de l'emploi des termes « diplomatie culturelle » et « diplomatie publique » est l'expression d'un vrai débat scientifique et relève de choix épistémologiques réels, il n'en va pas de même pour le terme de « *soft power* », fréquemment employé comme un synonyme de diplomatie culturelle, et dont l'emploi pour l'historien ne présente, à mon sens, aucun intérêt, pour des raisons que je voudrais expliquer brièvement.

Forgé par l'universitaire et responsable politique Joseph Nye dans un article paru dans la revue *Foreign Affairs* en 1990[26], le concept a immédiatement connu une fortune publique importante dans le champ politique, journalistique et scientifique, et est aujourd'hui énormément cité dans la littérature académique. Pourtant, il pose bien des problèmes. D'abord parce qu'il est le produit d'un contexte particulier, celui de la sortie de guerre froide et du débat politique intérieur étatsunien. La première puissance mondiale est alors confrontée à la nécessité de repenser sa politique extérieure en raison de la nouvelle donne géopolitique. Les sciences sociales étatsuniennes, très liée au monde politique, connaissent alors une frénésie conceptuelle dont sortent des notions telles que « globalisation » (inauguré en 1983 mais qui connaît une explosion après la chute du mur), « fin de l'histoire », ou encore « *soft power* ». L'enjeu est alors non pas scientifique, mais politique : comment maintenir et légitimer la primauté étatsunienne après la disparition de l'ennemi communiste, et faire face à l'antiaméricanisme croissant ? Face à cette question, deux positions se dégagent dans le monde académique et politique : d'un côté, ceux qui pensent qu'il faut mener une politique de force sans complexe car les États-Unis n'ont désormais plus d'adversaire capable de rivaliser avec eux. Ils doivent assumer leur statut de seule superpuissance, et renouer avec l'unilatéralisme, la *realpolitik*, voire la guerre préventive.

C'est la position des « faucons » de la mouvance néoconservatrice. De l'autre, ceux qui pensent au contraire que pour maintenir son *leadership*, le pays doit améliorer son image, renforcer le multilatéralisme et poursuivre les actions de diplomatie culturelle qui avaient eu un succès incontestable dans les années 1950 et 1960. Joseph Nye appartient à cette deuxième catégorie, et c'est de ce débat qu'émerge le terme de « *soft power* », concept prescriptif qui désigne une stratégie de politique étrangère à déployer et non un outil pour analyser l'histoire des actions culturelles étatsuniennes à l'étranger. Le titre d'un de ses livres, publié en 2004 est on ne peut plus clair à cet égard : *Soft Power: The Means to Success in World Politics*. Le concept de « *soft power* » doit donc être pris pour ce qu'il est, à savoir un terme forgé par un praticien de la politique étrangère pour désigner une stratégie d'action, et non un concept scientifique à valeur explicative et analytique.

Dans les années qui suivent et jusqu'à aujourd'hui, le terme connaît une grande fortune, se répandant dans le débat public et dans le champ scientifique. Cette floraison n'est pas tant le résultat de sa consistance conceptuelle que du déficit de réflexivité dont font preuve parfois les chercheurs en sciences sociales, qui ont tendance à reprendre le langage des acteurs sans le soumettre à un examen critique, et, dans ce cas précis, n'ont pas fait preuve de la prudence nécessaire, sortant de son contexte d'énonciation et reprenant *verbatim* une notion prescriptive pour en faire une notion analytique, simplifiant et parfois même dénaturant la réflexion de Nye, malgré les protestations de celui-ci.

Le « *soft power* » désigne la capacité d'un État à façonner les idées d'autrui en s'appuyant sur l'attractivité des siennes propres, et ainsi à renforcer et légitimer son pouvoir, puisant son influence dans le pouvoir des idées et non la force brute. En d'autres termes, si on veut l'utiliser pour penser notre sujet, à s'appuyer sur la diplomatie culturelle plutôt que sur l'armée pour améliorer l'image de son pays et renforcer son influence. Sur le fond, on ne contestera pas que l'acquisition de l'influence puisse se faire par d'autres moyens que la force brute. En revanche, on peut légitimement se demander ce qu'apporte de neuf le concept de « *soft power* », alors même que l'historiographie de la diplomatie culturelle a montré comment, dès la fin du XIXᵉ siècle, des États ont manié cette stratégie pour renforcer leur influence mondiale. La diplomatie d'influence par la culture n'est pas nouvelle dans les relations internationales, même si la science politique s'en est longtemps désintéressée. Dans l'Empire colonial français à la fin du XIXᵉ siècle, on manie déjà ce que Nye appelle « *soft power* », à savoir accompagner l'action militaire (le « *hard power* » dans la terminologie de Nye) d'une diplomatie de la langue et d'une action culturelle destinée à légitimer le pouvoir colonial. On pourrait en dire autant de l'Empire britannique à travers le développement des sports.

On pourra objecter qu'en 1990, l'historiographie de la diplomatie culturelle n'était pas aussi développée qu'aujourd'hui. C'est vrai. Mais si on se place du point de vue épistémologique pour approfondir la réflexion, on constate que là non plus, le terme de « *soft power* » n'apporte rien de nouveau par rapport à un concept classique : celui d'hégémonie. Forgé par Antonio Gramsci, et adapté à l'étude des relations internationales à partir des années 1970, celui-ci a montré depuis longtemps que le mécanisme d'établissement du pouvoir reposait sur la combinaison de la coercition et de la séduction, soit, pour reprendre les termes de Nye, le « *hard power* » et le « *soft power* ». Alors pourquoi lancer un nouveau terme ? Sans doute pour forger un concept alternatif à celui d'hégémonie, qui a connu un certain succès auprès des spécialistes des relations internationales dans les années 1970 et 1980, notamment dans une perspective de critique de la politique étrangère étatsunienne. Sans doute aussi pour contrer la thèse de l'impérialisme culturel qui fleurissait au même moment dans la littérature académique. Il est fort possible que le concept de « *soft power* » ait été conçu comme un contre-feu intellectuel à celui d'hégémonie, d'obédience marxiste. Mais au fond, il dit la même chose, à savoir qu'un État dominant cherche, pour asseoir cette domination, à multiplier les stratégies, et combine la coercition et la séduction pour atteindre ce but. À partir de là, la notion de d'hégémonie me paraît bien plus pertinente que celle de « *soft power* », à condition, bien sûr, de bien préciser que cette hégémonie, si elle est recherchée, n'est pas toujours atteinte.

Si l'on se place maintenant du côté de celles et ceux qui, à la suite de Nye, ont popularisé la notion de « *soft power* », son emploi apparaît encore plus problématique. Non seulement parce que, sous leur plume, les notions de « *soft* » et « *hard* », dont Nye a toujours précisé qu'elles étaient indissociables, font souvent l'objet d'une dissociation. Le terme de « *soft power* » est souvent employé tout seul, comme s'il était une alternative ou un substitut au « *hard power* », ce qui est absurde. Cette confusion est souvent due à une mauvaise compréhension de ce qu'est le *hard power*, souvent réduit au fait militaire ; alors que l'économie, Nye l'a bien précisé, en fait également partie : il suffira d'évoquer les stratégies agressives des studios hollywoodiens pour internationaliser le cinéma étatsunien, pour comprendre que l'action économique n'a rien de *soft*. D'autre part, et peut-être surtout, le concept a rarement fait l'objet de vérifications empiriques. Dans la vaste littérature où il apparaît, il est souvent postulé, mais rarement démontré. Si l'on veut rester sur le terrain de la diplomatie culturelle, c'est ce que montre bien, par exemple, Dimitra Laurence Larochelle à propos du supposé « *soft power* » des séries turques en Grèce, qui font partie de l'arsenal de la diplomatie culturelle turque : alors que de nombreux spécialistes postulent que l'importation massive des séries turques en Grèce y améliore l'image de la Turquie (et donc son « *soft power* ») mais ne le prouvent jamais, une étude sur pièces montre au contraire qu'elles n'ont que peu d'effet, voire pas du tout, le public grec dissociant parfaitement les fictions turques, qu'il apprécie, de la Turquie, dont l'image reste mauvaise en Grèce[27]. L'exportation du cinéma indien est un autre exemple du supposé « *soft power* » généré par une production culturelle, mais jamais étayé par des faits[28]. Dans bien des cas, l'emploi du terme de « *soft power* » dans la littérature scientifique semble plus relever du passage obligé ou du vernis théorique que d'une réelle conceptualisation.

Il est une dernière raison pour laquelle cette notion pose problème : sa réutilisation par des régimes autoritaires, voire des dictatures. Cette réutilisation montre bien que le terme désigne une stratégie politique et non un outil analytique. Mais surtout, elle démontre, si l'on veut par l'absurde, l'absence de contenu du « *soft* » dès lors qu'il est déconnecté du « *hard* », et le révèle pour ce qu'il est, à savoir une stratégie politique destinée à édulcorer les rapports de pouvoir et à donner un visage respectable à des politiques d'influence fondées en grande partie sur la force. Il n'est pas sans intérêt, en effet, de constater que c'est sans doute en Chine que la notion de « *soft power* » a eu la fortune la plus importante. En 2007 au 17e Congrès du PCC, le « *soft power* » a été promu au rang de stratégie officielle du régime. Son développement est concomitant de la montée en puissance de la Chine sur la scène internationale. Cette stratégie a été confirmée sous Xi Jinping et s'est traduite par une série d'actions de diplomatie culturelle parallèlement au durcissement du régime chinois depuis le milieu des années 2010. Nous y reviendrons au chapitre V.

En résumé, le « *soft power* » tient plus de l'élément de langage et de la stratégie d'action que du concept analytique. Son usage n'apporte rien à l'analyse historique des phénomènes de diplomatie d'influence, alors que l'historien dispose, avec les concepts de diplomatie culturelle et de diplomatie publique, de deux concepts opératoires bien plus efficaces pour penser ces questions. Il est en revanche, dans une perspective réflexive, intéressant d'analyser son usage par les acteurs, qui en dit beaucoup sur leur stratégie. Mais dans l'ensemble, ce vocable appartient aux praticiens de la politique, et non au vocabulaire scientifique. C'est pourquoi il ne sera pas employé dans la suite de ce livre, sauf « entre guillemets », pour bien souligner que je ne le reprends pas à mon compte.

Nation branding

Ce que l'on vient de dire à propos du « *soft power* » s'applique aussi, et sans doute de manière encore plus claire, au terme de « *nation branding* ». Apparu dans la deuxième moitié des années 1990[29], il s'est rapidement répandu, comme le précédent, chez les praticiens des politiques publiques souhaitant résumer leur stratégie par un slogan identifiable. La notion de « *nation branding* » part de l'idée que l'image d'un pays doit se travailler comme celle d'une entreprise et qu'elle doit en conséquence faire l'objet d'une stratégie à la fois économique et communicationnelle. Et là encore, on a affaire à une stratégie de marketing politique pensée pour améliorer l'image d'un pays plus qu'à un concept analytique. Plus encore que la notion de « *soft power* », elle revêt, lorsqu'elle est utilisée par les gouvernements, la forme d'un slogan dont il est intéressant de faire l'étude, car il s'intègre dans des stratégies de diplomaties culturelles contemporaines qui revêtent une dimension économique de plus en plus marquée ; on en verra quelques exemples dans le chapitre V, notamment à travers le cas du « *cool Japan* ». Mais il ne saurait être question de l'utiliser comme catégorie analytique, son potentiel explicatif étant également faible, voire nul.

La diplomatie culturelle dans son historicité : comment la repérer ?

Définir théoriquement un objet, comme je viens de le faire, est une chose. Repérer son apparition et son déploiement dans le temps, en est une autre. On peut repérer, à certains moments et dans certains pays, ce que j'appelle la cristallisation de diplomaties culturelles, grâce à quatre éléments qui, au-delà des spécificités nationales, semblent constituer des constantes : premièrement, une configuration culturelle nationale consciente d'elle-même et la volonté de ses acteurs de mettre en place une politique de puissance passant par les productions culturelles ; deuxièmement, l'existence d'un répertoire d'actions dépassant la simple juxtaposition d'initiatives isolées pour former un ensemble plus ou moins cohérent ; troisièmement, la mise en place d'administrations dédiées au sein des appareils étatiques ; quatrièmement, l'existence d'une division du travail, implicite ou explicite, entre acteurs privés et publics. Je vais expliciter ces quatre éléments successivement.

Configuration culturelle nationale et politique de puissance culturelle

Affirmer que la condition *sine qua non* de toute diplomatie culturelle est l'existence d'une configuration culturelle nationale arrivée à maturité est un truisme, mais il n'est pas inutile de le rappeler, car l'historiographie de la diplomatie culturelle est souvent restée dans l'implicite sur ce point. L'existence de cette configuration se concrétise, à l'intérieur des frontières, par la présence d'institutions spécifiques et par l'élaboration d'un roman national ; à l'extérieur, elle se traduit par la mise en place d'une politique de puissance culturelle : tout pays mettant en œuvre une diplomatie culturelle le fait avec la volonté d'affirmer la présence de ses productions sur la scène internationale. Cette politique de puissance se manifeste dans un contexte historique particulier, celui de la colonisation : de fait, la diplomatie culturelle naît, à la fin du

XIXe siècle, de la projection impériale, qu'il s'agisse d'empire formel ou informel. Il suffit d'examiner la chronologie de l'émergence du répertoire d'actions de pays tels que la France, les États-Unis ou la Grande-Bretagne pour s'en rendre compte. Mais cette logique se vérifie bien au-delà de ces exemples.

Par ailleurs, la mise au point des outils de la diplomatie culturelle s'inscrit dans un autre processus important de l'histoire des relations internationales : l'élargissement du répertoire de stratégies développé par les États dès la deuxième moitié du XIXe siècle pour se faire valoir sur la scène internationale. La diplomatie culturelle s'ajoute ainsi aux expéditions militaires, mais aussi, dès le début du XXe siècle, à la diplomatie économique naissante. On la repère chez les grandes puissances désireuses d'affirmer l'influence, voire l'universalité de leur modèle culturel, comme le montrent les diplomaties culturelles française, étatsunienne ou, un peu plus tard, anglaise ou allemande. La diplomatie culturelle peut être aussi bien utilisée pour valoriser une culture en ascension et dominante, comme c'est le cas des États-Unis au début du XXe siècle, que pour compenser une certaine forme de déclin, comme c'est le cas de la France après 1870 ou de la Grande-Bretagne après 1945. Elle peut être utilisée pour reprendre place dans le concert des nations après un événement exceptionnel, comme le Japon ou l'Allemagne, qui en ont fait un instrument pour changer leur image désastreuse à la sortie de la Seconde Guerre mondiale. Elle peut être utilisée par les puissances émergentes pour se faire reconnaître, comme c'est le cas du Brésil dès l'entre-deux-guerres, du Sénégal dans les années 1960, de la Corée du Sud dans les années 1990 ou des pétromonarchies du Golfe dans les années 2000. Enfin, elle est aussi une manière pour des petits pays d'affirmer une présence internationale, comme la Suisse après 1945.

Un répertoire d'actions variées

L'existence d'une diplomatie culturelle se repère aussi à la présence d'un répertoire d'actions dont l'addition finit par constituer un ensemble plus ou moins cohérent. Autrement dit, le repérage d'une action isolée comme le financement d'une tournée artistique ou l'organisation d'un programme de bourses ne suffit pas à constituer une diplomatie culturelle. Mais lorsque ces initiatives deviennent suffisamment régulières pour témoigner d'une stratégie et d'un projet, alors on peut dire qu'une telle diplomatie existe. Ces actions sont de types variés : création de structures d'enseignement de la langue nationale à l'étranger, organisation d'expositions de peinture, de conférences d'écrivains ou d'universitaires, de tournées artistiques (orchestres, troupes de théâtre), traduction et diffusion d'ouvrages, programmes de bourses, tourisme intellectuel ou scientifique, diffusion d'émissions radiophoniques ou télévisées, ou, plus récemment, actions de promotion sur les médias digitaux. En bref, une multiplicité d'actions qui ont chacune leur chronologie, mais dont l'addition et l'organisation systématique par une ou plusieurs institutions permettent d'identifier non pas tant la *naissance* que la *cristallisation* de diplomaties culturelles. Loin d'être une réalité figée, le répertoire d'actions permettant de diagnostiquer leur existence évolue en permanence du XIXe siècle à nos jours. Certaines pratiques apparaissent plus tard que d'autres, certaines restent identiques pendant de longues périodes tandis que d'autres connaissent des évolutions importantes : faire une histoire mondiale de la diplomatie culturelle, c'est observer l'extrême variété de ces pratiques selon les moments et selon les pays. C'est dire si la diplomatie culturelle ne saurait se résumer à la simple définition donnée plus haut. Au contraire, elle constitue une réalité de terrain plurielle et évolutive, en fonction des reconfigurations culturelles nationales, et naturellement, des changements de contexte géopolitique.

Les structures politico-administratives

La troisième pièce à conviction est la création de structures stables et visibles au sein de l'appareil d'État. Plus qu'un indice de naissance, cette création est un signe de cristallisation, c'est-à-dire d'arrivée à maturité : elle montre que l'État prend conscience de l'intérêt que représentent pour lui une série d'initiatives souvent développées à ses marges, voire en dehors de lui, intérêt suffisamment soutenu pour que les autorités gouvernementales décident de les prendre en charge ou de les coordonner, et donc de créer des structures pérennes. Cette prise en charge indique aussi de la part des représentants d'un État une volonté de jouer un rôle déterminant dans la sélection des productions nationales qui doivent être promues à l'étranger, légitimant ainsi certaines d'entre elles, mais en marginalisant d'autres. On ne saurait mieux dire à quel point les appareils étatiques peuvent jouer un rôle, évidemment différencié selon les pays, dans l'évolution des configurations culturelles nationales. Bien entendu, les structures administratives dédiées n'ont rien d'éternel : elles grandissent, se contractent, mutent, changent de nom au gré des réformes, fusionnent, et, parfois, disparaissent.

La synergie entre acteurs publics et privés

Enfin, ce qui témoigne de l'existence d'une diplomatie culturelle est la présence d'une nébuleuse d'acteurs publics et privés qui ont en commun la volonté de promouvoir les productions culturelles nationales, et y participent chacun à leur niveau. Il n'existe probablement aucune diplomatie culturelle qui soit constituée uniquement d'acteurs publics ou d'acteurs privés. Leur répartition et leurs rôles respectifs peuvent varier, mais une division du travail et une forme de synergie entre les deux apparaît comme une constante, ce qui est une raison supplémentaire de considérer « l'action culturelle » et la « diplomatie culturelle » comme une seule et même catégorie. Certains auteurs ont déjà souligné[30] à quel point il était inexact de décrire des modèles de diplomatie culturelle en fonction du degré d'implication des acteurs publics ou privés : le « modèle » français serait aussi stato-centralisé et organisé autour du Quai d'Orsay que le « modèle » étatsunien serait décentralisé et fondé sur les acteurs privés. En réalité, ledit modèle français repose dès ses débuts sur les acteurs privés, tandis que le modèle étatsunien se caractérise par une implication forte et précoce de l'État, comme le montre dès 1917 la création du Committee on Public Information, et comme le montreront au cours de la Deuxième Guerre mondiale et de la guerre froide les multiples structures créées par une administration fédérale protéiforme. Loin des oppositions caricaturales, la combinaison public/privé doit être considérée comme une constante de la diplomatie culturelle. Ce qui change d'un pays à l'autre, ce sont les proportions de cette combinaison.

Une typologie des acteurs

Il est temps maintenant de passer en revue les acteurs de la diplomatie culturelle. Une typologie permettra d'aller plus loin dans l'analyse que ne le permet l'habituelle division entre acteurs publics et acteurs privés. Séduisante en théorie, notamment parce qu'elle semble avoir la force de l'évidence, cette division binaire est peu opératoire en pratique, c'est-à-dire dans le déroulement historique de la diplomatie culturelle, dans la mesure où la frontière entre ces deux catégories s'avère difficile à fixer et est fondamentalement mouvante. Ensuite, la notion d'« acteurs privés » se situe à un niveau de généralité trop élevé pour être féconde au-delà d'une discussion purement théorique. Il est donc important de tenter une caractérisation plus détaillée des acteurs impliqués. La typologie proposée ici intègre la distinction public/privé, mais l'envisage comme une catégorie de réflexion parmi d'autres, dans la mesure où cette distinction passe à l'intérieur de pratiquement toutes les catégories d'acteurs mentionnés. Celles-ci sont au nombre de dix : les administrations étatiques ; les agences paragouvernementales ; les organisations religieuses ; les institutions éducatives ; les institutions culturelles ; les fondations ; les entreprises produisant des contenus culturels ; les relais d'influence ; les organisations internationales ; les opinions publiques. Les frontières entre ces catégories sont parfois floues et évolutives, de sorte qu'il faut les prendre comme des idéal-types plus que comme des catégories gravées dans le marbre. La diplomatie culturelle s'organise en mettant à contribution tout ou partie de ces acteurs, et avec une centralité de l'État, toujours présent à des degrés divers.

Les administrations étatiques

La première catégorie, la plus évidente, est donc celle des administrations étatiques qui se structurent progressivement à partir du début du XXe siècle : c'est le cas par exemple de la France avec le Service des œuvres françaises à l'étranger (SOFE), ou des États-Unis avec la Division of Cultural Relations du département d'État. En général, ces structures sont réparties dans divers départements ministériels, soit simultanément, soit successivement, car la diplomatie culturelle en construction donne souvent lieu à, ou s'inscrit dans, des reconfigurations de l'appareil étatique, et se traduit aussi par des querelles de territoire entre administrations. En général, la diplomatie culturelle navigue entre les ministères chargés des Affaires étrangères, de l'Éducation, de la Culture quand il en existe un, des Affaires économiques, ou de l'Information, voire de la Propagande dans le cas des États totalitaires. On remarquera qu'à partir de la deuxième partie du XXe siècle, les ministères chargés de l'Économie jouent un rôle croissant.

Les agences paragouvernementales

Ce que j'appelle les agences paragouvernementales forment une deuxième catégorie, sans doute la plus importante, et dont les frontières entre public et privé sont mouvantes : ces agences, chevilles ouvrières des diplomaties culturelles sur le terrain, sont parfois des organismes de droit privé, parfois de droit public, mais dans les deux cas, leurs liens avec les appareils gouvernementaux sont importants : formellement indépendantes, elles sont souvent financées partiellement ou totalement par l'État, qui est également présent à des degrés divers dans leur gouvernance, et qui peut finir par les absorber. Avec la première catégorie, elles constituent les preuves les plus évidentes de l'existence d'une diplomatie culturelle, puisque tous les pays qui en ont une en sont dotés, sous des formes évidemment différentes. L'Alliance française est la pionnière en la matière et constitue le paradigme de l'agence paragouvernementale : organisation privée à ses débuts (1883) mais fondée par des acteurs qui occupent ou ont occupé des fonctions dans l'appareil d'État, elle est vite reconnue d'utilité publique et finit par être absorbée par le ministère des Affaires étrangères après la Première Guerre mondiale. Mais de nombreux autres exemples seront croisés au fil de ces pages, parfois créés sur son modèle : la Société Dante Alighieri, le British Council, la VOKS, la Japan Foundation ou encore l'Institut Confucius, entre autres exemples. Toutes ces agences jouent le rôle d'interface entre l'appareil administratif des États, les acteurs privés, mais aussi le public ciblé.

Les organisations religieuses

Les organisations religieuses méritent une place à part entière dans cette typologie en raison du rôle pionnier qu’elles ont joué dans la diplomatie culturelle. Dans cette catégorie, on placera les missions, qu’elles soient catholiques ou protestantes, anglaises, étatsuniennes, françaises, allemandes ou néerlandaises, qui se multiplient au XIXe siècle, notamment avec le second réveil protestant ainsi que, côté catholique, l’organisation de l’action internationale prosélyte par le Vatican à partir des années 1870. Dès lors, on voit se multiplier les missions dans l’ensemble du monde, qui ajoutent à leur mission prosélyte d’autres activités, bien résumées par la doctrine dite des 3C de l’explorateur missionnaire David Livingstone : christianisation, commerce, civilisation. Les missionnaires traduisent la Bible, créent des écoles, enseignent leur langue, l’histoire de leur pays, mais aussi la science occidentale (notamment la médecine ou l’enseignement infirmier). Coté catholique, on mentionnera le rôle important des congrégations religieuses, notamment les congrégations françaises qui multiplient les écoles dans la région du Levant à la fin du XIXe siècle. La palette des organisations religieuses est très large. Leurs relations avec les États sont ambiguës, car bien qu’elles soient indépendantes, elles agissent tout de même en relation avec les gouvernements, soit parce que les missionnaires endossent des fonctions de consuls lorsque les États n’ont pas encore de représentations diplomatiques sur place, comme c’est le cas de certains missionnaires étatsuniens en Asie ; soit parce qu’elles recherchent leur protection contre les représailles des populations locales. Mais elles peuvent aussi s’opposer aux États, notamment lorsqu’elles prennent parti pour l’abolition de l’esclavage. Dans la catégorie des missions, il faut aussi inclure les organisations étatsuniennes dont Ian Tyrrell a qualifié les membres de « réformateurs moraux[31] », telles que la Women’s Christian Temperance Union (WCTU) et surtout la Young Men’s Christian Association (YMCA), dont l’activité missionnaire se double d’une activité culturelle et d’un rôle évident dans le processus d’américanisation de nombreux pays. La volonté de diffusion d’un modèle national est ici particulièrement évidente[32].

Les institutions éducatives

La quatrième catégorie est celle des institutions éducatives, soit publiques (notamment en Europe), soit privées (surtout aux États-Unis) : qu’il s’agisse d’institutions d’enseignement secondaire ou supérieur, elles développent à partir de la fin du XIXe siècle des contacts en dehors de leur pays, créent des antennes, organisent des programmes de bourses et font venir des étudiants ou des chercheurs dans leur pays, contribuant ainsi à leur rayonnement. C’est le cas des universités britanniques, qui développent des liens avec les régions de l'empire colonial dès la deuxième moitié du XIXe siècle. En France, les universités sont des actrices importantes de ce que Guillaume Tronchet appelle « la diplomatie universitaire[33] » ; côté allemand, les universités rayonnent et accueillent beaucoup d'étudiants étrangers, faisant de l'Allemagne l'une des principales destinations mondiales de flux estudiantins, concurremment avec la France et la Grande-Bretagne. À partir du début du XXe siècle, les universités étatsuniennes deviennent de plus en plus actives, et organisent des programmes d'échanges avec des centaines d'institutions étrangères, contribuant dès l'entre-deux-guerres à faire des États-Unis une destination privilégiée de la mobilité étudiante. La perméabilité entre les catégories de cette typologie trouve ici une illustration, avec les universités missionnaires étatsuniennes en Chine qui jouent un rôle pionnier dans la mise en place de programmes intergouvernementaux de bourses et de mobilité entre les deux pays. Au cours du XXe siècle, la diplomatie universitaire, souvent commencée sur une base privée, devient progressivement une composante de la diplomatie culturelle de nombreux pays, à travers le développement de programmes d'échanges bilatéraux ou multilatéraux. Les pays du Sud deviennent de plus en plus actifs dans ce secteur à partir de la fin du XXe siècle, ainsi de la Chine avec le développement de ses instituts Confucius créés en 2004.

Les institutions culturelles

La cinquième catégorie comprend les institutions culturelles. Périphériques en apparence, celles-ci sont en réalité centrales : ce sont elles qui produisent les contenus dont la diplomatie culturelle assure la diffusion, et elles sont le plus souvent parties prenantes, soit du point de vue administratif, soit via leur personnel, à cette diffusion. Parmi ces institutions, on mentionnera les musées : dès la fin du XIXe siècle, et tout au long du XXe siècle, ils s'imposent comme des acteurs de la diplomatie culturelle, organisant les prêts d'œuvres qui circulent, ou participant à la mise sur pied d'expositions internationales. Mais on peut mentionner bien d'autres institutions comme les théâtres et leurs troupes, qui partent en tournée (ainsi le théâtre du Vieux Colombier aux États-Unis en 1917) ou accueillent des troupes étrangères. Par ailleurs, on notera que l'activité de ces institutions illustre bien le caractère à double sens de la diplomatie culturelle, qui ne se limite pas à une projection extérieure mais se traduit aussi par l'accueil dans le pays de productions étrangères dans le cadre d'accords bilatéraux ou multilatéraux, de festivals, d'expositions, ou d'ensembles de manifestations étalées sur une saison ou une année (par exemple la Saison France Brésil).

Les fondations

Une sixième catégorie comprend les fondations, un mot générique qui recoupe lui-même des réalités très diverses, mais qui permet d'identifier une association privée pourvoyeuse de fonds destinés à des actions de diplomatie culturelle. Ces organisations plus agiles que l'État, gouvernées par un petit nombre de personnes ayant la capacité de décider rapidement, vont là où l'État n'est pas encore présent, où il ne veut pas, ne veut plus ou ne peut pas aller, pour des raisons diverses. Elles agissent souvent comme des poissons-pilotes, officiels ou officieux, de la diplomatie culturelle. Les exemples les plus connus sont ceux des grandes fondations philanthropiques étatsuniennes qui ont joué un rôle considérable dans la structuration de la diplomatie culturelle de leur pays à partir des années 1910, à moment où l'État fédéral n'avait que faiblement investi le domaine de la culture. Dans l'entre-deux-guerres, on peut même parler de diplomatie philanthropique pour désigner leur activité. Après 1945, elles continuent à y participer, jouant leur propre partition dans la guerre froide culturelle, dans une synergie parfois conflictuelle avec l'administration fédérale, mais jamais contre elle. Le cas étatsunien, s'il est le mieux documenté, n'est pourtant pas unique : il existe des fondations dans de nombreux autres pays. Le monde philanthropique est très important et il est bien rare qu'on ne le rencontre pas au détour des développements des diplomaties culturelles nationales.

Les entreprises productrices de contenus culturels

Les entreprises produisant des contenus culturels constituent la septième catégorie, dans laquelle entrent les industries de l'édition, du disque et de la musique en général (imprésarios et organisateurs de concerts), mais aussi l'industrie du cinéma ou du jeu vidéo, ou encore les plateformes de streaming. Les industries culturelles ont très tôt été intégrées au répertoire d'actions de la diplomatie culturelle : c'est le cas du cinéma par exemple, puisque les studios étatsuniens sont mobilisés dès 1917 dans le cadre du Committee on Public Information qui explique les buts de guerre du gouvernement non seulement à la population du pays mais aussi au monde entier. Tout au long du XXe siècle, le cinéma hollywoodien sera un vecteur important de *l'American way of life* en même temps qu'un produit culturel, et il est soutenu dès ses débuts par le gouvernement étatsunien qui favorise sa conquête des marchés étrangers, et par là l'américanisation culturelle de vastes zones géographiques dès les années 1920. On est ici à la charnière de la diplomatie économique et de la diplomatie culturelle. Quant aux groupes industriels japonais comme Sony, ils sont parties prenantes de la diplomatie économico-culturelle mise en place par le gouvernement japonais pour forger l'image positive du « *cool Japan* » à rebours de l'image négative qui était celle du pays en 1945. De même, les conglomérats sud-coréens sont mis à contribution pour relever le pays de la crise de 1997 en utilisant les produits culturels, mais aussi pour donner à la Corée l'image d'un pays moderne et d'une culture riche : la *Hallyu*, ou vague coréenne, est lancée à ce moment et combine stratégie industrielle, culturelle et d'image qui réussit à imposer la culture coréenne dans de larges parties du monde en une vingtaine d'années.

Les organisations internationales

Les organisations internationales ne doivent pas être oubliées dans cette typologie, même si elles y occupent une position plus périphérique. En effet, elles ne font pas *a priori* de la diplomatie culturelle, puisque celle-ci a été définie comme une projection nationale ; en revanche, elles sont des partenaires ou des relais de la diplomatie culturelle des États. C'est le cas dès les années 1920, où la Commission internationale de coopération intellectuelle (CICI) de la Société des Nations (SdN) fait l'objet de luttes d'influence entre la France et d'autres pays européens, mais aussi les États-Unis. La France souhaite alors installer son *leadership* sur la coopération intellectuelle en construction, et crée pour ce faire en 1926 l'Institut international de coopération intellectuelle (IICI), institution de droit français destinée à coordonner la politique de la CICI genevoise depuis Paris. L'histoire de l'IICI au cours de l'entre-deux-guerres montre que celui-ci fait partie intégrante de la diplomatie culturelle française, et la prise de pouvoir qu'on y observe de la part des fondations étatsuniennes montre qu'il est, tout comme la CICI, une cible de la diplomatie culturelle étatsunienne alors prise en charge principalement par ces fondations. Par ailleurs, la CICI est organisée en commissions nationales qui sont autant de relais pour les stratégies d'influence des États ; elles sont recréées après 1945 et jouent le même rôle auprès de l'Unesco, par exemple pour y proposer l'inscription de sites nationaux au Patrimoine mondial. Enfin, on pourrait même questionner le fait que les organisations internationales ne font pas de diplomatie culturelle. Car elles prennent des initiatives qui y ressemblent fort : en effet, elles mobilisent un répertoire d'actions souvent identiques à celles des États, et ce, pour promouvoir non pas des « cultures nationales », mais quelque chose de plus large, qui, dans le cas de l'Unesco, serait une « culture mondiale » dont l'organisation s'est voulue la promotrice pendant ses vingt premières années. Si ce point ne sera pas abordé dans ce livre, il constitue à l'évidence un élément de débat, d'autant que d'autres entités supranationales, à dimension régionale cette fois, pourraient être considérées comme mettant en place des diplomaties culturelles : c'est le cas du Conseil de l'Europe, mais aussi d'organisations telles que l'Organisation arabe pour l'éducation, la culture et les sciences (Alecso) dont il sera brièvement question au chapitre V.

Les relais d'influence

Les deux dernières catégories de cette typologie sont plus difficiles à cerner. La neuvième est celle des relais d'influence : on peut ranger dans cette catégorie une nébuleuse d'acteurs individuels et collectifs situés le plus souvent hors du pays qui met en œuvre sa diplomatie culturelle, et qui sont utilisés pour constituer des relais des actions qu'il entreprend afin de diffuser ses objets et d'améliorer son image. Le pays pionnier dans la constitution de tels relais d'influence semble avoir été l'URSS, qui a très vite favorisé la floraison, dans le sillage de la révolution russe, d'une myriade d'associations d'amis de l'Union soviétique ou de compagnons de route qui ont puissamment aidé à l'exportation de la culture russe, alors même que les institutions créées par l'État bolchévique pouvaient être empêchées de fonctionner, ou du moins freinées dans leurs initiatives, par les pesanteurs bureaucratiques du régime ou bien par les purges régulières qu'il entreprenait contre les traîtres et les saboteurs en tout genre. Il faut y ajouter les intellectuels partis faire du tourisme en URSS afin d'en donner une vision positive à leur retour (avec un succès inégal), ou organisant des événements (invitations d'écrivains, organisations de festivals de film ou d'expositions de peinture). Mais il y a d'autres exemples : une organisation telle que le Comité France-Amérique, créé en 1909, appartient à cette catégorie, de même que les comités locaux de l'Alliance française (autre exemple de la porosité des catégories), ou encore les associations d'*alumni* des grands programmes d'échanges étatsuniens (le programme Fulbright compte des dizaines d'associations d'*alumni* à travers le monde). Les diasporas doivent également être rangées dans cette catégorie : elles peuvent jouer un rôle important dans la diffusion sur place de l'enseignement de la langue, ou dans l'organisation d'événements (concerts, expositions, conférences, etc.). Plus récemment, des communautés peuvent constituer des relais dont l'influence potentielle est décuplée par les nouveaux dispositifs techniques, comme le montre le cas des *fans* de k-pop communiquant sur les médias digitaux, et qui constituent des relais importants de la mondialisation de la *Hallyu* coréenne.

Les opinions publiques

Enfin, les opinions publiques constituent la dixième catégorie. Elles ne sont pas tant des vectrices que des réceptacles de la diplomatie culturelle. La spécificité de celle-ci est en effet de ne pas être une diplomatie de gouvernement à gouvernement, mais d'être organisée à destination des opinions publiques, c'est-à-dire des populations[34]. Là encore, la frontière avec la catégorie qui précède est floue, car les relais d'influence sont aussi une partie du public visé (les *fans* de k-pop hors de Corée sont les destinataires de la politique coréenne, mais s'en font les relais ou les propagandistes via leur action sur le web). Plus généralement, c'est à la population que s'adressent les conférences d'écrivains, les tournées théâtrales, les cours de langue et les traductions de livre ou les émissions de radio. L'opinion publique est un personnage difficile à caractériser, au périmètre changeant d'un pays à l'autre et d'une époque à l'autre. La mention de cette catégorie pose aussi le problème de la réception et de l'impact de la diplomatie culturelle, éminemment complexe à évaluer et à quantifier. Le nombre d'inscrits dans un cours de français, de spectateurs à une série télévisée, de lecteurs d'un livre, de réponses à une enquête d'opinion sur l'image d'un pays, suffisent-ils à évaluer l'impact de la diplomatie culturelle d'un pays ? Il s'agit là sans doute de la partie la plus complexe à analyser dans la diplomatie culturelle : identifier exactement les gens qu'elle touche, et quel est son impact, à la fois sur le court et le long terme.

État des lieux de la recherche

Faire un état des lieux détaillé de la recherche dans le monde serait une entreprise dépassant le cadre de cet ouvrage ; elle serait par ailleurs fastidieuse et redondante avec les références bibliographiques données au fil des chapitres, ainsi qu'avec la bibliographie mentionnée en fin d'ouvrage. Je me bornerai donc ici à tracer quelques lignes de force qui caractérisent cette historiographie déjà fournie, et à suggérer des pistes de recherches qui mériteraient d'être développées, car il y a encore beaucoup à faire sur le sujet. Je précise également que l'ouvrage s'appuie, sauf exception, sur une bibliographie en français et en anglais, mais il est évident que la maîtrise de la bibliographie dans d'autres langues pourrait permettre de compléter bien des lacunes contenues dans les chapitres qui suivent.

L'histoire des diplomaties culturelles, on l'a vu plus haut, a commencé à se développer dans les années 1950 sous la plume de praticiens ayant parfois des formations académiques[35]. Jusqu'aux années 1980, ils ont été majoritaires, mais n'ont pas pour autant disparu depuis, signant encore récemment des ouvrages, que ce soit dans l'aire francophone[36] ou anglophone[37]. Si leur regard est orienté par leur pratique professionnelle, leur expertise, complémentaire de celle des universitaires, est toujours précieuse pour comprendre les enjeux actuels de la diplomatie culturelle.

Pour ce qui concerne la production proprement académique, elle a commencé à décoller dans les années 1980, que ce soit dans l'aire anglophone ou francophone, dans la foulée du *cultural turn* et du développement de l'histoire culturelle. Mais il faut attendre les années 1990 et 2000 pour que se constitue un vrai champ historiographique. La première chose qui frappe dans cette production croissante est le faible nombre d'ouvrages ou d'articles généraux. Ceux-ci sont avant tout le fait de la science politique. Si l'intérêt de celle-ci pour l'objet « diplomatie culturelle » est récent et n'est le plus souvent qu'une partie d'une réflexion plus générale sur la diplomatie[38], on y trouve des perspectives théoriques[39] qui sont le plus souvent absentes de la littérature historique, à tendance plus monographique. Chez les historiens, les tentatives de synthèse, les montées en généralité ou les travaux dépassant le cadre national sont rares et le plus souvent le fait d'ouvrages collectifs issus de colloques, dont quelques-uns ont cependant constitué une vraie avancée dans le champ[40].

La plupart des travaux historiques sur la diplomatie culturelle sont des études de cas nationales. Il serait fastidieux de les énumérer ici : il suffira de se reporter à la bibliographie générale. Signalons toutefois que, sans surprise, certains pays ont été mieux cartographiés que d'autres. C'est le cas notamment de la France, des États-Unis, de l'URSS ou de l'Allemagne, pour lesquels existe une abondante bibliographie. Celle-ci n'est pas forcément liée à l'importance de la diplomatie culturelle déployée : la Grande-Bretagne, par exemple, est relativement sous-étudiée, en dépit d'une diplomatie culturelle ancienne et riche, et d'archives nombreuses. D'autres pays ont fait l'objet d'une attention plus soutenue, parfois en raison de programmes de recherches spécifiques, comme c'est le cas de la Suisse, désormais bien documentée. Mais d'une manière générale, c'est avant tout dans les pays occidentaux que l'historiographie est développée. On exceptera toutefois quelques cas comme la Corée du Sud, où la *Hallyu* a fait l'objet d'une explosion d'études ces dernières années, bien que la majorité d'entre elles n'analysent pas le phénomène en termes de diplomatie culturelle. Il reste qu'elles fournissent un matériau abondant permettant d'étudier ce cas d'entrée récente et massive d'un pays non occidental dans le paysage culturel mondial. En revanche, d'autres pays sont encore très peu étudiés : c'est le cas de l'Inde, ou encore des pays d'Afrique, sur lesquels l'historiographie est encore très lacunaire[41]. C'est certainement une des pistes les plus importantes à développer

Outre le caractère surtout national des études, l'autre fait frappant est leur dimension le plus souvent unidirectionnelle. Autrement dit, si la projection des productions culturelles à l'étranger est bien étudiée, les circulations à double sens, sous forme notamment d'accords bilatéraux ou multilatéraux, ou l'organisation d'événements à domicile, sont beaucoup moins analysées. Il y a comme une réticence à analyser ce type de manifestations dont, il est vrai, la distinction avec les politiques culturelles peut être difficile à tracer. Il n'en reste pas moins que cette relative absence témoigne de l'emprise encore importante du nationalisme méthodologique sur l'historiographie de la diplomatie culturelle[42], ce qui peut paraître paradoxal étant donné le caractère international de l'objet analysé, mais qui est compréhensible étant donné la force du cadre national qui contraint en quelque sorte l'objet de l'étude, mais aussi étant donné que la focalisation fréquente sur les acteurs gouvernementaux jusqu'à une date récente n'a pas favorisé la prise en compte des flux transnationaux générés notamment par les acteurs privés.

Du point de vue des secteurs analysés, certains sont désormais bien connus grâce à une série d'études de cas qui, mises bout à bout, dessinent des perspectives générales. C'est le cas par exemple, on le verra dans les chapitres qui suivent, de l'action des médias, en particulier la radio, mais aussi le cinéma, la musique, les programmes de bourses, ou encore le sport, deux domaines en pleine croissance et qui appartiennent incontestablement à la diplomatie culturelle. De nombreux secteurs restent cependant en friche. Parmi eux, on peut mentionner les expositions universelles, qui, jusqu'à présent, n'ont guère été analysées à la lumière du concept de diplomatie culturelle ; les diplomaties culturelles croisées entre deux ou plusieurs pays[43] ; les relations transimpériales ainsi que les relations Sud-Sud ; les manifestations culturelles organisées dans des pays du Sud, comme les festivals panafricains. Les pays arabes ont fait l'objet ces dernières années d'une attention soutenue en raison du développement de leurs musées, tout comme la Corée du Sud portée par la *Hallyu*, mais la cartographie mondiale de la diplomatie culturelle contient encore de nombreux trous, qu'un examen des historiographies dans les langues vernaculaires contribuerait sans doute à combler.

Un autre chantier de recherche est l'histoire sociale de la diplomatie culturelle : si le personnel diplomatique de haut rang est relativement bien connu, par exemple à travers des études sur les écrivains diplomates[44], beaucoup reste encore à faire sur les praticiens, mais aussi les praticiennes[45], intermédiaires de la diplomatie culturelle, qu'ils et elles soient membres des administrations étatiques ou d'organisations privées. Celles-ci restent également à mieux connaître : si l'on dispose de nombreux travaux sur quelques organisations majeures telles que l'Alliance française, de nombreuses autres restent sous-étudiées, telles que le British Council ou l'Institut Goethe, sans compter les multiples associations ou fondations, ou même les individualités qui constituent des relais souvent essentiels de la diplomatie culturelle sur place, et qui ont été analysées jusqu'à présent de manière partielle, le plus souvent considérées comme de simples auxiliaires d'une politique étatique. Par ailleurs, si le répertoire d'actions de la diplomatie culturelle est bien identifié, des études détaillées sont encore trop peu nombreuses sur un certain nombre de pratiques, comme les tournées théâtrales, musicales ou de corps de ballet[46]. C'est le cas aussi des conférences d'écrivains ou d'intellectuels[47], sans parler de l'enseignement de la langue : quels sont les profils des professeurs ? Des élèves ? Comment enseigne-t-on la langue à l'étranger ? Quel est le rôle des médias dans l'enseignement ? Toutes ces questions appellent encore des études précises. Bien entendu, une telle histoire sociale devrait s'attacher à la réception des initiatives de la diplomatie culturelle. Si l'impact global des politiques menées est relativement bien cartographié, des études détaillées sur la réception de multiples initiatives telles que l'enseignement, les programmes de bourses, les tournées d'artistes ou la projection de films, resteraient à faire.

Parmi les nouveaux chantiers à explorer figurent également l'élargissement de la diplomatie culturelle à des entités autres que les États-nations, comme l'Union européenne, dont les actions en matière culturelle sont à la fois très nombreuses et peu étudiées, ou encore les diplomaties d'États impliquant des aires culturelles plus vastes, comme les pétromonarchies du Golfe. Quelques pistes de réflexions sont proposées dans ce livre, mais il reste beaucoup à faire. Enfin, le rôle des nouvelles technologies dans les évolutions récentes de la diplomatie culturelle reste à explorer, depuis la transmission par satellite jusqu'au développement des technologies numériques, qui font l'objet d'une littérature croissante depuis quelques années[48]. Et la liste n'est pas close : on le voit, les pistes de recherches ne manquent pas.

Chapitre II

Une proto-diplomatie culturelle : l'élaboration d'un répertoire d'actions (1850-1914)

La diplomatie culturelle ne surgit pas de nulle part : si ses conditions d'apparition dans tel ou tel pays ont été bien élucidées dans de nombreuses études monographiques, en revanche l'émergence de la diplomatie culturelle en tant que phénomène historique reste à préciser, ce qu'il est possible de faire en adoptant une perspective mondiale. Ce que j'appelle une proto-diplomatie culturelle apparaît dans la deuxième moitié du XIXe siècle au confluent de trois phénomènes.

Le premier est l'existence de configurations culturelles nationales dont les acteurs sont suffisamment conscients d'eux-mêmes. Selon Anne-Marie Thiesse, « la véritable naissance d'une nation, c'est le moment où une poignée d'individus déclare qu'elle existe et entend le prouver[1] ». Il n'est pas anodin que la diplomatie culturelle prenne forme au XIXe siècle, traditionnellement considéré comme le siècle des nationalismes (mais à tout prendre, le XXe, on le verra, l'est encore plus). C'est dans les États-nations bien établis que l'on peut repérer le déploiement international d'un répertoire d'actions qui vont devenir les piliers des diplomaties culturelles, notamment en France, Grande-Bretagne, Allemagne, mais aussi aux États-Unis. Parmi ces États-nations, la certitude de la supériorité du modèle politique, voire celle de constituer un modèle pour tout ou partie du monde, n'est pas étrangère à la mise en place des diplomaties culturelles, comme on le verra notamment pour le cas français.

Le deuxième phénomène, concomitant au premier, est la construction de configurations culturelles impériales. Cette dimension est difficilement dissociable de la dimension nationale. L'historiographie récente a montré à quel point la colonisation et la construction des empires contribuent à la construction de la nation, mais d'une nation impériale. Les notions de « plus grande France » ou de « *Greater Britain* » sont à cet égard éloquentes, mais l'Allemagne se lance aussi dans l'aventure coloniale à partir des années 1880. Quant aux États-Unis, la concomitance de la construction d'une nation et d'un empire tout au long du XIXe siècle est quasi parfaite[2]. La connexion entre la construction de configurations culturelles impériales et l'émergence des diplomaties culturelles se voit notamment au fait que les empires coloniaux vont être, dans le cas français comme anglais et étatsunien, les territoires privilégiés, voire les premiers, de la diplomatie culturelle.

Le troisième phénomène est l'élargissement du périmètre des pratiques diplomatiques, en raison de la structuration croissante des États-nations mais aussi de la professionnalisation des appareils diplomatiques. On voit ainsi apparaître dans le dernier tiers du XIXe siècle les premiers éléments de la diplomatie économique, mais aussi de la diplomatie culturelle, qui vont devenir partie intégrante de l'arsenal diplomatique au cours du siècle suivant.

L'hypothèse développée dans ce chapitre est que la diplomatie culturelle émerge progressivement d'un répertoire d'actions variées mises en place par des acteurs privés et publics, pratiques qui appartiennent à trois catégories principales que j'appelle diplomatie linguistique, diplomatie universitaire et scientifique, et diplomatie intellectuelle et artistique. Elles feront l'objet des trois parties du chapitre.

La diplomatie linguistique

Dès le milieu du XIXe siècle, les acteurs privés jouent un rôle moteur dans la projection internationale des productions culturelles nationales, notamment dans le cadre colonial et impérial. Les gouvernements nationaux, même s'ils n'interviennent pas de façon directe, sont souvent présents, comprenant qu'il s'agit là d'un moyen d'affirmer leur présence et leur rayonnement, notamment dans le cadre des rivalités géopolitiques entre puissances.

Les missionnaires : convertir, éduquer, soigner

La manifestation la plus précoce et la plus évidente d'une proto-diplomatie culturelle est l'exportation de la langue. Dans ce processus, les organisations religieuses mentionnées dans la typologie, et particulièrement les missions, jouent un rôle pionnier. Ce n'est pas la dimension prosélyte de leur activité qui sera traitée ici, mais la dimension linguistique. En effet, si les missionnaires, notamment protestants, ont fait un gros travail de traduction des textes bibliques dans les langues vernaculaires, les écoles missionnaires anglaises et étatsuniennes, notamment les écoles secondaires et les universités, enseignaient aussi l'anglais, en particulier pour former des élites locales destinées à constituer les cadres intermédiaires dont les puissances coloniales ont besoin pour gérer l'empire ou pour développer les échanges économiques. Par ailleurs, dans les écoles catholiques françaises, l'enseignement en français était très répandu[3]. De ce fait, les missions religieuses sont incontestablement des relais de la diplomatie linguistique qui émerge au XIXe siècle.

Coté protestant, on assiste dès le début du XIXe siècle, à la faveur du Second grand réveil (*second great awakening*), à la projection internationale de missions religieuses dans l'ensemble du monde. Aux États-Unis, l'American Board of Commissioners for Foreign Missions envoie ses missions dès 1810. Mais c'est surtout à partir de la 2e moitié du siècle que le nombre d'écoles missionnaires augmente, si bien qu'en 1925, on compte environ 200 sociétés missionnaires étatsuniennes dans l'ensemble du monde, pour un nombre de missionnaires (majoritairement des femmes) qui peut être évalué entre 10 000 et 12 000[4], présents aussi bien en Inde qu'en Argentine, en Afrique du Sud, dans l'Empire ottoman, et surtout en Chine. Dans ce pays qui apparaît aux industriels étatsuniens comme un eldorado, la première école missionnaire est créée en 1844 : il s'agit de la Ningbo Boys' Academy fondée par Divie Bethune McCartee. En 1897, elle devient le Hangzhou Presbyterian College, puis en 1914, le Hangzhou Christian College, et formera des étudiants jusqu'à sa fermeture par le pouvoir communiste en 1952. Mais il n'est pas un cas isolé : à partir des années 1860, la Chine devient le principal champ d'intervention de l'activité missionnaire étatsunienne. Missionnaires et administrateurs d'universités créent des infrastructures éducatives après les guerres de l'opium, dans un contexte d'affaiblissement et de vassalisation de la Chine, contrainte de s'ouvrir au commerce occidental et aux missionnaires. Conscients de la nécessité d'une modernisation de l'État, les gouvernants chinois acceptent de se mettre à l'école de l'Occident pour se moderniser, ce qui passe par le développement de l'enseignement à l'occidentale, en particulier en langue anglaise. Dès 1863, on compte environ 70 écoles missionnaires étatsuniennes dans le pays. Alors que le nombre de missionnaires sur le territoire ne dépassait pas une douzaine en 1840, il atteint 3 345 en 1905[5] et sans doute plus de 4 000 en 1925.

Le nombre d'écoles missionnaires augmente encore en 1905 après que le système d'examen impérial fondé sur l'éducation confucéenne est aboli. Désormais, les carrières administratives sont ouvertes aux élèves ayant une éducation à l'occidentale. Cette autorisation provoque une augmentation du nombre d'établissements missionnaires de tous niveaux : en 1918, il y en a 6 380, dont 28 *colleges* et 156 *teachers training schools*[6]. Non seulement le modèle d'organisation de ces écoles est calqué sur le système anglais ou étatsunien, mais l'anglais y est également enseigné, notamment au niveau supérieur. Dans certains établissements, il peut même arriver que l'enseignement soit majoritairement ou totalement en anglais, et ce, manifestement jusque dans l'entre-deux-guerres, lorsque le gouvernement chinois pousse en faveur de la sinisation des universités missionnaires. Mais ce cas de figure se rencontre dans d'autres établissements missionnaires hors de Chine, comme le Syrian Protestant College créé en 1866 à Beyrouth par l'American Board of Commissioners for Foreign Missions, qui dispense un enseignement uniquement en anglais à partir de 1887.

La Grande-Bretagne n'est pas en reste dans le mouvement missionnaire. Dès le tout début du XIXe siècle, des sociétés telles que la London Missionary Society (créée en 1795) ou la Church Missionary Society (1799) ont aussi essaimé dans le monde, et notamment dans l'empire britannique : en Inde, la Church Missionary Society compte 130 missions en 1862[7]. Elle est aussi présente en Afrique, et ce sont ses membres qui apprennent l'anglais aux esclaves libérés lors de l'arraisonnement de navires portugais et espagnols à partir des années 1830, et installés en Sierra Leone où la mission mène un double travail d'évangélisation et de civilisation, fondé sur l'apprentissage de l'anglais. Et lorsque l'Allemagne entre dans l'entreprise coloniale à partir de 1884, dans le Sud-Ouest africain, au Togo ou au Cameroun, ses missionnaires continuent, pour des raisons pratiques, à enseigner l'anglais plutôt que l'allemand dans les écoles ouvertes dans ces régions. Ce n'est qu'à partir des années 1890 que l'administration coloniale met en place une politique de germanisation qui passe par l'enseignement de l'allemand[8], et se traduit par l'ouverture d'écoles venant compléter le réseau des écoles missionnaires existantes. L'enseignement de la langue devient à ce moment partie intégrante de la politique coloniale : c'est le cas dans l'Empire allemand comme dans les empires français, anglais, portugais, belge ou hollandais.

Du côté catholique, on assiste aussi à un dynamisme missionnaire, quoiqu'un peu plus tardif. La France est aux avant-postes de cette politique. En 1856, à l'issue de la guerre de Crimée, elle devient la protectrice des chrétiens de l'Empire ottoman, et crée la même année l'Œuvre des écoles d'Orient, qui marque les débuts d'un réseau d'écoles religieuses au Levant créées notamment par des congrégations[9]. Ce processus est renforcé à partir des années 1870 lorsque le Vatican donne le signal d'une vaste politique missionnaire mondiale[10] dont la France est la principale participante, puisqu'elle fournit environ les deux tiers des missionnaires. À la fin du XIXe siècle, on compterait 20 000 congréganistes français à l'étranger, essentiellement dans la région du Levant[11], et plusieurs centaines d'écoles religieuses à la veille de la Première Guerre mondiale. La congrégation des Frères des écoles chrétiennes compte à elle seule au Levant 830 membres et scolarise 14 000 élèves. Mais le Levant n'est qu'une région parmi d'autres : au Canada, les Frères des écoles chrétiennes accueillent plus de 22 000 élèves, et plus de 23 000 en

Amérique latine. Quant aux États-Unis, les religieuses françaises dans leur ensemble accueilleraient plus de 235 000 élèves, même si tous n'apprennent pas le français[12]. Ces chiffres donnent une idée du dynamisme missionnaire et linguistique français à la veille de la Première Guerre mondiale.

Les associations privées : l'exemple de l'Alliance israélite universelle

Les missionnaires ne sont pas les seuls à prendre en charge l'enseignement de la langue. Les associations non confessionnelles, notamment françaises, jouent aussi un rôle important. C'est le cas de l'Alliance israélite universelle (AIU), crée en 1860, puis, plus tard, de la Mission laïque française (créée en 1902). La première a pour but d'arracher les juifs d'Orient à l'influence musulmane, et de leur inculquer les principes et le message universaliste français, en particulier à travers la langue. L'Alliance fait ainsi « partie des acteurs majeurs de l'action civilisatrice française agissant hors métropole dans le dernier quart du siècle[13] ». Elle crée à cet effet un réseau d'écoles dans le monde méditerranéen, prioritairement à destination des juifs, mais qui recrute au-delà. Elle ouvre sa première école de garçons à Tétouan (Maroc) en 1862. Puis suivent Damas et Bagdad, puis la première école de filles à Andrinople (Empire ottoman) en 1870. En 1914, le réseau s'étend du Maroc à l'Iran et comprend 183 écoles, dont 83 de filles, et 43 700 élèves dont 13 700 filles. Les femmes jouent un rôle important dans l'enseignement, encouragées par les autorités gouvernementales, qui voient en elles des actrices majeures de la mission civilisatrice française, en particulier pour éduquer les jeunes filles juives dans la modernité, à l'opposé de l'éducation arabe jugée rétrograde. La fin du XIXe siècle et la première partie du XXe siècle marquent l'apogée de l'AIU : en 1939, elle compte une centaine d'écoles sur le pourtour méditerranéen et environ 50 000 élèves, contribuant de façon importante au dispositif français d'enseignement dans la région. À partir des années 1920, elles seront intégrées au dispositif de la diplomatie culturelle et subventionnées par le gouvernement[14].

Une agence paragouvernementale : l'Alliance française et ses comités

Mais c'est surtout l'Alliance française qui constitue l'institution la plus importante en matière de diplomatie linguistique à la fin du XIXe siècle. Elle appartient à la catégorie des organisations paragouvernementales mentionnée dans la typologie du chapitre I. Grâce aux travaux de François Chaubet, son histoire est bien connue, et on n'y reviendra pas en détail ici. Créée en 1883, son objectif est de faire rayonner la France dans le monde, en particulier par le biais de la langue. Son titre complet est d'ailleurs « Association nationale pour la propagation de la langue française dans les colonies et à l'étranger ». Il s'agit d'une association privée, mais elle est composée de personnalités bien intégrées dans l'appareil d'État : son premier président, Paul Cambon, est un ancien préfet, proche de Jules Ferry et ministre résident du protectorat en Tunisie, puis ambassadeur à Constantinople. Pierre Foncin, secrétaire général puis successeur de Cambon à la présidence, a été inspecteur général, directeur de l'enseignement secondaire sous le ministère Gambetta. Les hauts fonctionnaires sont nombreux à l'Alliance, et viennent soit du ministère de l'Instruction publique, soit des ministères des Colonies ou des Affaires étrangères. C'est le cas de Cambon, mais aussi de Jean-Jules Jusserand (ambassadeur à Washington de 1902 à 1924 et actif soutien de l'Alliance en Amérique du Nord), de Camille Guy (futur gouverneur du Sénégal, venu du ministère des Colonies) ou de Jules Gautier (venu de l'Instruction publique). Dès 1886, l'Alliance française, grâce à son insertion dans les réseaux de la haute administration, obtient la reconnaissance d'utilité publique, et à ce titre reçoit des financements de la part du Quai d'Orsay.

L'Alliance reprend le nom et la méthode adoptée par l'Alliance israélite universelle qui a montré sa souplesse et son efficacité dans la politique d'expansion du français : l'organisation en comités décentralisés. Elle va même plus loin que l'AIU dans ce sens, puisque ses comités seront dès le début, et jusqu'à aujourd'hui, des comités de droit local, indépendants de l'État et animés le plus souvent par des élites locales francophiles qui constituent autant de relais d'influence et jouent un rôle majeur dans le succès de la politique française à ce moment. Ces comités montrent que la diplomatie culturelle est dès ses débuts une coconstruction entre acteurs privés et publics.

Les comités se créent rapidement, et essaiment, au moins au début, dans deux directions principales : les colonies et le pourtour méditerranéen, témoignant ainsi du lien entretenu par la proto-diplomatie culturelle avec la politique d'expansion coloniale. On en trouve au Caire et à Alexandrie (1885), Salonique (1886), Constantinople ou encore Smyrne (1888). En 1913, l'Empire ottoman en compte treize, et il en existe également en Algérie, en Tunisie, au Sénégal, mais aussi en Indochine (quatre comités au début du XXe siècle). Mais la dynamique dépasse l'empire colonial pour concerner l'Europe : des comités sont créés à Madrid et Barcelone en 1884, à Copenhague en 1885, à Prague en 1886. En 1914, on compte seize comités en Hollande, vingt en Russie et vingt-six en Grande-Bretagne. Par ailleurs, en 1902 est créée la Fédération des Alliances françaises d'Amérique du Nord, signe de la vitalité des créations dans cette région. L'Amérique latine n'est pas en reste : le Chili, l'Argentine, le Brésil et le Mexique créent des comités avant 1914, de même que la Chine (Shanghai, 1912). Au total, à la veille de la Première Guerre mondiale, l'Alliance revendique 274 comités dans le monde, et 50 000 adhérents. Le ministère des Affaires étrangères les a tout de suite identifiés comme des relais d'influence intéressants, autorisant dès 1884 les diplomates sur place à les aider « officieusement[15] » ; très vite, un partenariat s'établit entre les consuls en poste à l'étranger et les comités de l'Alliance.

Dès le début du XXe siècle, il existe donc déjà un réseau international orienté dans deux directions : l'organisation de cours de français au sein même des comités, mais aussi l'aide aux écoles qui l'enseignent déjà, notamment par le biais de la fourniture de livres. Il faut noter ici que la diplomatie linguistique est aussi une diplomatie du livre : l'Alliance est en relation étroite avec les milieux de l'édition française, notamment les éditeurs républicains tels qu'Armand Colin et Belin. En 1910, le Parlement français vote les premiers crédits pour l'aide à la diffusion internationale du livre français. Au total, l'aide apportée par les comités de l'Alliance bénéficie en 1894 à 295 écoles sur l'ensemble du monde, principalement au Levant et dans l'empire. Les succès sont inégaux : importants en Europe, aux États-Unis et au Levant, ils le sont nettement moins dans l'empire, où François Chaubet parle d'un « bilan mitigé, voire un échec », notamment en Algérie et en Indochine[16], en particulier dans le domaine de la scolarisation des enfants musulmans.

Il faut noter pour finir que cette diplomatie linguistique se met en place en même temps que le processus d'unification linguistique à l'intérieur des frontières, qui est encore en cours à la fin du XIXe siècle, et auquel la politique scolaire de la IIIe République donne une impulsion décisive. Cette concomitance témoigne du fait que la construction des configurations culturelles nationales et la naissance de la diplomatie culturelle sont deux processus interconnectés. Il n'est pas fortuit que l'universitaire Ferdinand Brunot, responsable de missions de collecte des patois et auteur d'une *Histoire de la langue française des origines à 1900*, soit aussi un membre actif de l'Alliance française. On le retrouvera plus loin.

L'Italie : la Société Dante Alighieri

La Société Dante Alighieri est un autre exemple d'organisation paragouvernementale créée à la fin du XIXe siècle, moins documenté que l'Alliance française mais tout aussi intéressant[17]. Créée en 1889, son objectif est similaire : faire rayonner l'Italie par sa langue. Si la France entend diffuser un message universaliste, la diplomatie linguistique italienne se déploie plus modestement sous le sceau de l'italianité, dont la langue serait le principal réceptacle et aussi le principal vecteur. Et comme pour la France, mais aussi l'Angleterre ou les États-Unis, expansion linguistique, coloniale et commerciale vont de pair. Comme l'Alliance française également, la Dante Alighieri est située aux confins du privé et du public : il s'agit d'une société d'encouragement culturel située en dehors du périmètre gouvernemental, mais dans la création de laquelle sont impliquées des personnalités du monde littéraire et politique tels que Giosuè Carducci, poète et universitaire entré en politique (il est député du royaume à partir de 1876) ou Pasquale Villari, historien devenu également député en 1880, et président de la Dante Alighieri dans les années 1890. Par ailleurs, la société a une dimension politique, puisqu'elle est une expression de l'irrédentisme qui s'affirme en Italie dans les années 1870 et 1880 : sa promotion de la langue a en effet pour première cible les provinces autrichiennes que l'Italie considère comme siennes (Trentin et Istrie) mais qu'en vertu de la Triplice (1882), elle ne peut officiellement revendiquer. Son objectif dépasse cependant les provinces irrédentes pour viser la diffusion de l'italien dans le monde. Pour cela, le pays peut s'appuyer sur une diaspora importante : rien qu'au cours de la décennie 1900-1910, ce sont près de 7 millions d'Italiens qui émigrent et vont constituer des relais d'influence de sa diplomatie linguistique. Ainsi la Société Dante Alighieri regarde non seulement vers l'empire colonial, qui comprend la Somalie et l'Érythrée (conquises en 1889-1890), la Libye (1911), mais aussi vers l'Afrique du Nord (Algérie, Tunisie) où sont présentes d'importantes communautés italophones, ou encore vers la France, l'Amérique latine (notamment l'Argentine) et l'Amérique du Nord. Comme l'Alliance française, elle adopte la formule des comités locaux, au nombre de 221 en 1907, pour un total de 60 000 membres en 1912. Ces comités jouent un rôle important dans l'organisation de l'enseignement, soit en épaulant les écoles créées dans ces pays par le gouvernement italien, soit en créant eux-mêmes des écoles là où il n'en existe pas. Le cas tunisien est intéressant : en 1896, on y trouve 80 000 Italiens, quatre comités de la Dante Alighieri et une vingtaine d'écoles au total, même si l'administration française tente de freiner leur développement. Ici comme ailleurs, la très grande majorité du budget de la Société est consacrée à l'enseignement.

L'Allemagne

La diplomatie linguistique allemande, jusqu'à la fin du XIXe siècle, est similaire à celle de l'Italie, pays avec lequel elle possède en commun le fait d'avoir une forte diaspora dont elle s'attache à préserver la germanité à travers l'enseignement de la langue, alors que la diplomatie linguistique de la France, qui n'est pas un pays d'émigration, prend la forme d'un projet universaliste de propagation de la langue. On sait que la langue est fondatrice dans le nationalisme allemand : Herder, dans son *Traité sur l'origine de la langue* (1772), tout comme Fichte, dans son *Discours à la nation allemande* (1807), avaient fait de la langue le cœur battant de l'identité collective et nationale. L'émigration allemande est importante au XIXe siècle, notamment en Amérique latine (Brésil, Chili, Argentine, Paraguay), et surtout aux

États-Unis où les Allemands représentent pendant la première partie du siècle de 25 à 40 % des immigrants européens. Dans les années 1860, on en compte près de 5 millions sur le territoire étatsunien. Toutes ces communautés diasporiques créent de nombreuses écoles : à la veille de la Première Guerre mondiale, on en compterait 5 000 dans l'ensemble du monde, scolarisant 360 000 élèves[18].

Comme dans les cas français et italien, l'enseignement est d'abord largement pris en charge par des acteurs privés, religieux ou non. Par ailleurs, de nombreuses associations se créent pour organiser et coordonner l'enseignement donné hors des frontières, comme la Allgemeiner Schulverein für das Deutschtum in Ausland (Association générale des écoles pour la germanité à l'étranger) créée en 1881, mais aussi la Verein Deutscher Lehrer im Ausland (association des professeurs allemands à l'étranger) créée en 1901, ou encore des associations nationales parfois précoces, comme en Grande-Bretagne (1877), en France (1890), mais aussi en Amérique latine. Elles s'occupent notamment du recrutement et de la formation des professeurs, sans forcément rechercher un soutien de l'État. C'est le cas notamment aux États-Unis, où elles fonctionnent de manière autonome.

Le soutien du gouvernement aux écoles de l'étranger commence officiellement en 1878 avec la mise en place d'un budget spécialement dédié au ministère des Affaires étrangères. Mais il est encore peu important, l'école n'étant pas une priorité de l'administration bismarckienne. C'est après le départ du chancelier et l'affirmation de la *Weltpolitik* que le budget augmente : il est multiplié par 10 entre 1890 et 1913, et le nombre des écoles soutenues passe de 34 en 1893 à 511 en 1913, pour une population d'un peu moins de 60 000 élèves. La progression est frappante, même si ces écoles ne constituent qu'une petite minorité des 5 000 écoles à l'étranger au même moment. Par ailleurs, c'est à partir de 1906 qu'est institutionnalisée une diplomatie linguistique, avec la création en 1906 d'un Bureau des écoles à l'étranger au sein du ministère des Affaires étrangères. Désormais, le soutien aux écoles n'obéit plus seulement à une volonté de préservation de la germanité mais fait partie d'une volonté de rayonnement international et d'une politique d'influence, particulièrement dans certains pays comme l'Empire ottoman ou la Chine. Sur ce territoire, l'Allemagne ouvre plusieurs écoles pendant la décennie 1900, comme la faculté de médecine de Shanghai, l'université de Qingdao, mais aussi des écoles secondaires dans plusieurs grandes villes. À Shanghai, l'École allemande existant depuis plusieurs années est rebaptisée Kaiser Wilhelm Schule en 1911.

En plus de son soutien financier croissant, le gouvernement s'attache à financer la formation et la professionnalisation des professeurs, notamment en leur imposant d'étudier dans les universités allemandes avant de partir officier à l'étranger. Entre 1906 et 1914, près de 700 sont ainsi envoyés dans

34 pays, dont 90 en Roumanie, 81 en Turquie, 67 au Chili, 52 en Chine, 45 en Espagne, 42 au Brésil, mais seulement 2 aux États-Unis, où les écoles sont intégrées aux systèmes d'enseignement locaux, et à ce titre non comptabilisées par l'administration impériale dans les « écoles allemandes ». C'est également au cours des années 1900 à 1910 qu'est élaboré un statut spécifique pour les professeurs à l'étranger, résultat d'une intense négociation entre les associations et le Bureau des écoles à l'étranger. La synergie entre les acteurs publics et privés est dès lors établie.

La diplomatie universitaire et scientifique

Un deuxième ensemble d'actions destinées à valoriser sur le plan international les productions culturelles nationales se développe à partir du milieu du XIXe siècle : celles menées par les institutions éducatives, qu'elles soient privées ou publiques, notamment les universités, ainsi que les instituts de recherche. Ces actions peuvent être divisées essentiellement en deux catégories : d'une part les initiatives des universités, principalement en matière de programmes de bourses, et d'autre part la recherche scientifique, à travers le développement d'instituts à l'étranger. Dans un travail récent, Guillaume Tronchet a forgé le terme de « diplomatie universitaire[19] » pour désigner l'activité internationale des universités. Je propose de le compléter en y ajoutant le terme « scientifique », dans la mesure où les programmes d'échanges et la recherche sont interconnectés, les travaux de recherche étant souvent financés par des bourses et effectués par des universitaires.

Les programmes de bourses

Les États-Unis

L'étude des programmes de bourses au XIXe siècle offre l'occasion de déplacer la perspective d'analyse de la diplomatie culturelle et d'en corriger à la fois la chronologie et la géographie. La chronologie, parce que ces programmes remontent au milieu du XIXe siècle et appartiennent à ce répertoire d'actions qui constitue la proto-diplomatie culturelle. La géographie, car l'étude de ces programmes nécessite d'y inclure les États-Unis, dont la diplomatie culturelle est habituellement supposée ne débuter qu'à la fin des années 1930. L'analyse de la diplomatie universitaire et scientifique de ce pays montre que cette chronologie n'est pas exacte, ce que confirmera le chapitre suivant. C'est ce que l'on voit en s'intéressant aux relations universitaires sino-étatsuniennes, qui s'inscrivent dans la continuité du développement des écoles missionnaires. Celles-ci forment des Chinois en Chine, mais elles prennent rapidement pour habitude de sélectionner ceux qui sont jugés les plus brillants pour les envoyer outre-Pacifique. C'est aussi dans cette perspective qu'une partie de l'enseignement y est dispensée en anglais. Pour les États-Unis, alors en pleine explosion économique (entre 1850 et 1900, ils passent du statut de pays neuf à celui de première puissance industrielle mondiale), l'enjeu est de pénétrer le marché chinois en formant une élite d'acteurs locaux avec lesquels ils pourront coopérer ; par ailleurs, une fois formés aux États-Unis, ceux-ci pourraient aussi devenir des ambassadeurs du modèle étatsunien pour, *in fine*, « transformer la plus vieille civilisation existante sur terre en démocratie chrétienne selon le modèle américain[20] ». Les circulations d'étudiants s'inscrivent alors très clairement dans le cadre de l'affirmation de l'universalisme étatsunien qui va de pair avec l'expansion du territoire et avec la construction d'une identité nationale considérant le monde comme une extension dudit territoire. John R. Mott, une des figures de proue du mouvement missionnaire étatsunien, considère alors les Chinois comme les Anglo-Saxons de l'Orient : en les éduquant et en les convertissant aux valeurs étatsuniennes (langue, religion, esprit d'entreprise), il est possible d'en faire des auxiliaires dans le processus de mondialisation de la civilisation anglo-saxonne. L'enjeu des programmes de bourses consiste donc à favoriser la modernisation, c'est-à-dire l'américanisation, de la Chine, et notamment de son système d'enseignement, en formant aux États-Unis une élite d'étudiants qui pourraient, une fois revenus au pays, transformer le système d'enseignement chinois en prenant exemple sur le modèle étatsunien.

La venue des premiers étudiants chinois aux États-Unis, organisée par l'American Board of Commissioners for Foreign Missions, semble remonter aux années 1820. Toutefois, c'est seulement en 1854 que l'on repère le premier titulaire d'un *bachelor's degree*, à l'université de Yale, en la personne de Yung Wing. Et c'est dans les années 1870 que les gouvernements étatsuniens et chinois formalisent une collaboration pour faire venir des étudiants aux États-Unis. En 1868, les deux pays ont en effet signé le Burlinghame Treaty qui établit des relations commerciales entre eux et autorise l'immigration chinoise aux États-Unis. Quatre ans après, Yung Wing crée à cet effet la Chinese Educational Mission. De 1872 à 1881, elle permettra à 120 étudiants de séjourner dans les universités de la côte Est, à Harvard, Yale, au Massachusetts Institute of Technology (MIT) ou à Columbia[21]. Toutefois, le non-respect par le gouvernement étatsunien de l'accord signé, et notamment l'interdiction pour les boursiers d'intégrer l'école militaire de West Point, ainsi que les discriminations endurées par leurs compatriotes en général (elles mèneront au Chinese Exclusion Act de 1882), conduisent le gouvernement chinois à rappeler ses étudiants et à mettre fin au programme en 1881. Il faut attendre la création du Boxer Indemnity Fund en 1908 pour que les échanges reprennent. Cette reprise fait suite à la révolte des Boxers et à sa répression, qui a donné lieu à un traité imposant à la Chine le paiement d'une importante indemnité à répartir entre les puissances occidentales, les États-Unis se voyant attribuer la somme de 25 millions de dollars, dont une partie sera utilisée pour financer un nouveau programme de bourses à destination des étudiants chinois : ce sera le Boxer Indemnity Fund, créé à la suite de l'accord signé en 1908, entre les gouvernements chinois et étatsunien. Entre 1909 et 1937, 1 300 étudiants viendront aux États-Unis, dont les parcours de carrière mériteraient d'être étudiés en détail pour évaluer l'impact de ce programme[22]. On notera également qu'une part du budget du Boxer Indemnity Fund sert à créer en 1911 le Tsinghua Junior College de Beijing, qui joue le rôle d'école préparatoire pour les étudiants souhaitant aller aux États-Unis. Son enseignement, en langue anglaise, est organisé selon le système étatsunien. Cette université, qui a subi bien des transformations depuis sa création, est aujourd'hui l'une des plus réputées de Chine et continue toujours de jouer ce rôle de sas entre le système d'enseignement chinois et les universités étatsuniennes.

Les Philippines offrent un autre terrain d'application de ces méthodes, et un autre exemple de la connexion entre naissance de la diplomatie culturelle et expansion coloniale. En effet, la conquête des Philippines donne le signal de l'américanisation du pays, et se traduit, du point de vue linguistique, par l'envoi de professeurs d'anglais. Sans surprise, ceux-ci sont choisis en partie parmi les missionnaires, notamment les YMCA. Par ailleurs, dès 1901, alors que la conquête de l'archipel n'est pas encore achevée, l'anglais est déjà déclaré langue officielle, et dès l'année suivante, on compte plus de 1 000 professeurs de langue. En 1902 également, une centaine d'étudiants philippins sont envoyés aux États-Unis pour étudier l'anglais et les méthodes d'enseignement. Ces flux, qui vont continuer et s'intensifier après la Deuxième Guerre mondiale dans le cadre du programme Fulbright, restent à étudier précisément.

La Grande-Bretagne

Dans l'Empire britannique, les programmes de bourses sont également précoces, mais organisés cette fois depuis les marges de l'empire. Ils sont en effet créés par les autorités coloniales pour amener les meilleurs étudiants en métropole et les familiariser avec le système britannique, non seulement pour former du personnel administratif loyal, mais aussi pour stimuler le développement d'une communauté académique locale participant au projet de « *Greater Britain* » et au rayonnement de l'université britannique. Dès les années 1860, les universités des *dominions* (Afrique du Sud, Australie, Nouvelle-Zélande, Canada) créent des bourses pour envoyer des étudiants en métropole. En Inde, un officier de l'East India Company crée en 1865 les Gilchrist Scholarships, premier programme de bourses dans la perle de l'empire. C'est seulement en 1889 que les autorités de métropole créent le programme « 1851 Exhibition Scholarships », qui utilise les bénéfices générés par l'Exposition universelle de 1851. Ce système concerne les universités du Royaume-Uni, mais est rapidement étendu à celles des *dominions*. Enfin, en 1902 sont créées les Rhodes Scholarsphips, destinés à faire venir à l'université d'Oxford des étudiants des *dominions*, mais également, par la suite, d'Allemagne et des États-Unis. Dans ces deux programmes, politique nationale et politique impériale s'entremêlent étroitement : il s'agit à la fois de promouvoir l'université britannique et d'en faire un modèle international, mais aussi de former une élite d'« agents de l'empire[23] » et de forger une citoyenneté impériale. Mais à travers l'intégration des Allemands et des États-Uniens au programme, le projet va au-delà de la « *Greater Britain* », puisque l'objectif est de favoriser le rayonnement d'un monde anglo-saxon plus large dans lequel le système éducatif anglais deviendrait un point de référence. Le personnage de Cecil Rhodes est également emblématique de l'imbrication des logiques privées et publiques à l'œuvre dans cette proto-diplomatie culturelle. S'il s'agit d'un programme privé destiné à une institution privée (l'université d'Oxford), Rhodes n'est pas qu'un industriel ayant fait fortune dans le commerce des diamants : en tant qu'ancien Premier ministre de la Colonie du Cap, il est également un responsable politique de haut niveau, et sa préoccupation est à la fois personnelle (assurer sa postérité en donnant son nom au programme) mais aussi politique (assurer le rayonnement de l'empire). Son programme ainsi que les autres sont autant de symptômes de l'émergence d'une proto-diplomatie culturelle britannique. En 1903, un pas est franchi dans la formalisation, avec la Allied Colonial Universities Conference tenue à Londres, qui regroupe les principaux responsables des universités de l'empire, et dont les objectifs sont indissociablement éducatifs et impériaux ; on y discute notamment l'extension de ce système de bourses. Dans les années suivantes, d'autres universités créent des programmes de *Colonial Scholarships*, suffisamment nombreux pour qu'en 1912 le gouvernement installe un Universities Bureau of the British Empire destiné à coordonner le mouvement. Il annonce l'intégration de ces initiatives dans une politique universitaire nationale et impériale destinée à faire rayonner l'enseignement supérieur britannique et à renforcer l'unité de l'empire.

La France

En France aussi, la diplomatie universitaire et scientifique se déploie dès le dernier tiers du XIXe siècle. Guillaume Tronchet a montré sa précocité et son importance pendant cette période de proto-diplomatie culturelle. Si l'Alliance française y joue un rôle non négligeable, elle est d'abord impulsée par les universités, qui vont mener leur propre politique jusqu'au lendemain de la Première Guerre mondiale. De ce point de vue, il faut relativiser l'affirmation de François Chaubet selon laquelle l'Alliance française invente « l'essentiel du programme de toute l'action culturelle française au XXe siècle[24] ». Les universités jouent aussi un rôle déterminant au cours de cette période dans l'élaboration du répertoire d'action de ce qui va devenir la diplomatie culturelle. La diplomatie universitaire et scientifique française émerge après la défaite de 1870, dans une perspective de régénération de l'enseignement et de concurrence avec l'Allemagne, dont le système universitaire tient le haut du pavé en Europe et dans le monde. Dès 1873, le ministère de l'Instruction publique crée les premières bourses de mobilité pour les étudiants français, précisément pour aller étudier en Allemagne. Par ailleurs, en 1882 est créé un Service des échanges universitaires pour échanger des thèses avec 39 pays, et ainsi valoriser la production scientifique française. Dès avant 1914, 45 000 thèses sont envoyées et 100 000 reçues[25]. Au niveau local, les universités prennent des initiatives pour renforcer leur attractivité : un peu partout en France se créent des comités de patronage pour lever des fonds et développer l'accueil d'étudiants étrangers, mais aussi pour rassembler les informations destinées à faciliter leurs séjours : ainsi à Paris (1890), Lyon (1891), Nancy (1893) et Grenoble (1896). Les universités organisent aussi des cours d'été, suivant les exemples anglais et allemand, où de tels cours existent respectivement depuis 1888 et 1889, si bien qu'en 1914, la France est l'un des pays où le nombre de cours d'été est le plus important. En revanche, il n'y a pas ou peu de bourses de mobilité accordées aux étudiants étrangers venant en France, à l'exception de quelques programmes spécifiques et conçus en dehors du cadre universitaire, tels que les bourses Autour du monde créées par la fondation Albert Kahn en 1898, et qui bénéficient notamment à des étudiants étatsuniens[26].

L'Alliance française ne crée pas ce mouvement, mais l'accompagne : dès 1892, elle crée un Office chargé de centraliser toutes les informations concernant l'enseignement du français à l'étranger. Elle organise aussi à partir de 1894 des cours de vacances en lien avec l'université de Paris, pour former des futurs enseignants de français à l'étranger. Le linguiste Ferdinand Brunot, infatigable promoteur du français, et maître de conférences à la Sorbonne, joue un rôle central dans leur développement. Entre 1894 et 1913, ils seront suivis par plus de 12 000 étudiants étrangers. L'initiative de l'Alliance française stimule en retour les universités de province, qui ouvrent également des cours de français pour étrangers, ainsi à Nancy à partir de 1896, à l'initiative du professeur de lettres Albert Collignon, lui-même membre de l'Alliance française. Enfin, certains comités locaux de l'Alliance établissent des liens avec des universités pour mettre en place des programmes d'échanges : ainsi l'Alliance française de Chicago entre en pourparlers avec l'université en 1898, et dès 1900, un représentant de celle-ci est envoyé en poste à Paris pour accueillir les étudiants étatsuniens, qui seraient au nombre de quarante en 1900[27].

Dans la première décennie du XXe siècle, le gouvernement français soutient ces initiatives, comme en témoignent les débuts de l'Institut français de

Florence, premier institut français à l'étranger créé en 1908. Sa création est le résultat d'une initiative de l'université de Grenoble et plus particulièrement d'un de ses professeurs, Julien Luchaire, spécialiste de langue et civilisation italiennes. Si l'Institut comporte plusieurs sections, la principale est dédiée à l'enseignement du français, et dès 1910, le ministère de l'Instruction publique et surtout celui des Affaires étrangères le soutiennent financièrement[28]. Sur son modèle sont rapidement fondés d'autres établissements comme l'École des hautes études hispaniques de Madrid (1909), L'Institut français de Saint-Pétersbourg (1911) et l'Institut français de Londres (1913). Quant à l'Institut français de New York (1911), c'est une création de l'Alliance française locale. Comme leurs homologues britanniques, les pouvoirs publics français s'attachent à coordonner les multiples initiatives qui surgissent çà et là. En 1909, le ministère des Affaires étrangères crée le Bureau des écoles et œuvres françaises à l'étranger. L'année suivante, le ministère de l'Instruction publique crée l'Office national des universités et écoles françaises (ONUEF). Dès avant la Première Guerre mondiale, il prend plusieurs initiatives qui témoignent de la cristallisation d'une diplomatie culturelle : la couverture sociale des professeurs de français à l'étranger est élargie (leurs années d'enseignement hors de France sont prises en compte dans leur progression de carrière) ; par ailleurs, il publie une liste des offres d'emploi à l'étranger pour les professeurs de français. Plus fondamentalement, il soutient la création de départements de français dans les universités étrangères : Reykjavik (1911), Londres et Amsterdam (1912), Copenhague, Helsinki et Oslo (1913), Kansas et Minnesota (1914). Il faut y ajouter la réduction des droits d'inscription pour les étudiants étrangers dans les universités françaises, ainsi que l'organisation des premiers programmes d'échanges d'enseignants entre universités françaises et étatsuniennes : entre Harvard et la Sorbonne (1911), puis entre cette dernière et Columbia (1912). L'ensemble de ces initiatives paye : à la veille de la Première Guerre mondiale, la France est la première destination mondiale d'étudiants étrangers ; elle en compte 6 192, surpassant l'Allemagne (5 015)[29].

Les instituts de recherche : le cas de l'archéologie

Avec les initiatives des universités, les instituts de recherche sont le deuxième secteur de la diplomatie universitaire et scientifique, non seulement parce que la langue qui y est pratiquée est celle des pays d'origine, mais aussi parce que leur présence participe de l'exportation de modèles nationaux de la science, et que leur développement est un autre front de la concurrence qui s'établit entre les pays, notamment entre les grandes puissances européennes à la recherche d'un rayonnement international. Cette concurrence est visible, par exemple, à travers le cas des missions archéologiques qui se multiplient à partir du milieu du XIXe siècle en liaison avec la redécouverte de sites anciens et la professionnalisation de l'archéologie. Si certaines institutions sont internationales, comme l'Institut de correspondance archéologique créé en 1829 par un groupe d'archéologues allemands, français et italiens[30], c'est surtout sur une base nationale que se créent les instituts de recherche au XIXe siècle. En Grèce indépendante depuis 1830, les Français sont présents dès 1846 avec la création de l'École française d'Athènes, suivis par la section grecque du Kaiserliche Deutsche Archäologische Institut en 1874, puis par les Étatsuniens (American School of Classical Studies at Athens) en 1881, et enfin les Britanniques (British School at Athens) en 1886.

L'autre grand terrain d'affrontement est l'Italie. Au lendemain de la victoire de la Prusse sur la France en 1871, l'Institut de correspondance archéologique de Rome est transformé en organisation allemande et renommé en 1874 Kaiserliche Deutsche Archäologische Institut, qui devient l'institution faîtière de la recherche archéologique allemande. La réponse française arrive l'année suivante sous la forme de la création de l'École française de Rome. En 1895 est créée l'American School of Classical Studies at Rome, et en 1901, les Britanniques créent la British School at Rome. Mais les puissances ne s'arrêtent pas là puisqu'en 1880 est créée l'École du Caire (devenue en 1898 Institut français d'archéologie orientale) ; en 1905, les Britanniques créent la British School of Archaeology in Egypt.

À partir de là, l'histoire du développement des recherches archéologiques au XIXe et au début du XXe siècle peut se lire en partie à travers la compétition des puissances pour s'assurer la prééminence sur les chantiers de fouilles, et, par extension, la prééminence de leur science et de leurs scientifiques : ainsi les fouilles de Nimrud, en Assyrie, sont-elles effectuées par des Anglais dans les années 1840 ; celles du site de Troie et d'Olympie, dans les années 1870, par des Allemands ; ou encore celles de Suse, dans les années 1880, par des Français, ou celles d'Argos par des Étatsuniens. Par ailleurs, dans les régions colonisées, les puissances créent aussi des instituts : l'Archaeological Survey of India en 1861, l'École française d'Extrême Orient en 1898. Ici, la politique scientifique se confond avec la politique coloniale plus qu'avec la diplomatie culturelle, même si en toile de fond de ces créations, on trouve l'affirmation des sciences nationales. Il en va de même pour les missions scientifiques qui se multiplient dans les colonies à partir du milieu du XIXe siècle et qui contribuent à affirmer la puissance coloniale. Mais si la rivalité est forte, l'intérêt des pouvoirs publics semble inégal : en France, le ministère des Affaires étrangères s'y intéresse peu avant 1914[31].

La diplomatie intellectuelle et artistique

Le troisième sous-ensemble d'actions qui vont constituer la diplomatie culturelle peut être regroupé dans ce que j'appelle la diplomatie intellectuelle et artistique. Elle englobe un certain nombre d'initiatives qui ont en commun de valoriser les arts ainsi que la production écrite sous toutes ses formes. J'en donnerai ici les trois exemples principaux : les expositions universelles, les conférences d'écrivains, et les tournées d'artistes, mais la liste n'est pas exhaustive. Les études détaillées sur chacun de ces types d'actions sont encore peu nombreuses.

Les expositions universelles

Pour ce qui concerne les expositions universelles, l'histoire de la diplomatie culturelle n'a guère pensé à les intégrer dans son spectre d'analyse. Pourtant, à y regarder de plus près, elles constituent à l'évidence des lieux d'affirmation et de valorisation des configurations culturelles nationales vis-à-vis de l'étranger, et les gouvernements y jouent un rôle important d'emblée, à tel point qu'on pourrait même les considérer comme les moments fondateurs de toute diplomatie culturelle. Tout comme pour l'action des missionnaires, ce n'est qu'un aspect de l'histoire des expositions qui me retient ici, celui des expositions de peinture et de sculpture organisées dans ce cadre. En effet, les expositions universelles ne sont pas seulement des foires industrielles et commerciales où sont exposées les innovations techniques. Ce sont aussi des lieux de valorisation des productions culturelles nationales aux yeux du monde, à la fois pour le pays organisateur qui accueille l'exposition et en profite pour exposer sa production artistique, notamment la peinture et la sculpture, mais aussi pour les pays invités qui exposent sur place. Et dans la mesure où les États sont pleinement impliqués dans l'organisation des expositions universelles, celles-ci peuvent à bon droit être considérées comme partie intégrante des diplomaties culturelles en voie de constitution au cours de la deuxième partie du XIXᵉ siècle.

Ce n'est pas le lieu ici de refaire une histoire des expositions universelles désormais bien cartographiée, encore que ce soient pratiquement toujours les mêmes expositions, notamment parisiennes et londoniennes, qui fassent l'objet de la majorité des travaux. Ce qui nous retiendra est la manière dont elles deviennent des instruments de valorisation culturelle nationale. De ce point de vue, les choses sont assez claires : si l'exposition fondatrice de Londres en 1851 est exclusivement consacrée à l'industrie, la suivante, organisée par la France en 1855, marque l'entrée de la culture dans l'arène, avec la mise en place d'un pavillon des Beaux-Arts. « Entreprise d'autopromotion du régime impérial[32] », l'exposition de 1855 est une réponse à celle de Londres ;

elle entend faire mieux et autrement, montrer que la France ne le cède pas à sa voisine sur le plan de l'innovation industrielle, tout en ayant quelque chose de plus, à savoir une vitalité artistique unique. Désormais, les expositions universelles seront des expositions d'industrie et d'art.

Dans ce processus, la concurrence nationale semble avoir joué à plein : en 1851, avant l'exposition de Londres, l'Académie des beaux-arts avait envoyé au gouvernement français une proposition d'organiser une exposition d'art au Louvre, patronnée par l'État et présentant l'art français et étranger, mais sous-tendue par l'idée de montrer que Paris était la capitale artistique du monde. Elle n'avait pas reçu de réponse[33]. Quelques années plus tard, alors qu'il s'agit de répondre à l'événement londonien, le pouvoir est plus réceptif à cette idée, et ce d'autant plus que l'empereur s'intéresse aux arts. En 1851 et 1852 avaient eu lieu des expositions d'art à Bruxelles et à Berlin, et en 1853 à Dublin et à New York, mais celles-ci étaient en réalité des Salons où les artistes étaient présents à titre individuel et non en tant que représentants de leurs nations. Avec l'exposition de Paris en 1855, la culture devient un outil diplomatique et un article d'exportation. À l'exposition de l'industrie s'ajoute donc une exposition universelle des beaux-arts qui permet à la France de dire qu'elle tient la première vraie exposition universelle, contrairement à celle de 1851. L'alliance de l'industrie et de l'art est alors présentée comme une signature du « génie français ». Si des peintres de près de trente pays sont représentés, les Français se taillent la part du lion : sur un total de plus de 2 000 artistes, près de la moitié sont Français, et parmi eux sont particulièrement bien représentés Ingres, Delacroix, Decamps, Vernet ou encore Courbet. Désormais, la peinture sera représentée à chaque exposition. À celle de 1889, l'Alliance française est présente, et publie à l'occasion un ouvrage sur *La Langue française dans le monde.*

Si la France a l'initiative de mettre les beaux-arts à l'honneur et est particulièrement bien représentée dans les expositions universelles, notamment les cinq qu'elle organise avant 1914 (1855, 1867, 1878, 1889 et 1900), les autres pays ne sont en reste : dès 1867 a été inaugurée la pratique des pavillons nationaux. En 1867, alors que plus de quarante pays participent, chacun est invité à construire un pavillon représentant son génie propre. Ainsi, non seulement la peinture, mais aussi l'architecture sont mobilisées pour représenter les nations et l'image qu'elles veulent donner. Et les pavillons sont aussi le prétexte pour présenter les œuvres d'art. Il s'agit d'un sujet de recherche en soi qu'il n'est pas possible de développer ici. Mais on peut donner l'exemple de l'Exposition universelle de Vienne en 1873. Malgré son échec relatif dû à une épidémie de choléra et un krach boursier juste avant l'ouverture, celle-ci confirme à la ville le statut de capitale culturelle mondiale aux côtés de Paris et Londres.

Le Pavillon des beaux-arts de l'exposition est largement dominé par trois pays : l'Allemagne, l'Autriche et la France[34]. Mais à côté de lui, on trouve tous les pavillons nationaux, brésilien, chinois, japonais, belge, hollandais, espagnol, portugais, suisse, danois, étatsunien, perse ou encore ottoman. Chacun rivalise de prouesses architecturales, en particulier les pavillons égyptien et chinois, le trésor impérial ottoman, mais aussi le pavillon japonais agrémenté d'un jardin. Les pavillons abritent également des productions jugées représentatives, même si elles n'appartiennent pas toutes à la catégorie européenne des « beaux-arts ». C'est le cas en particulier du Japon, qui, après une timide apparition à l'exposition de 1867, participe pour la première fois officiellement en 1873 à une Exposition universelle, et en profite pour représenter ses productions culturelles. Outre son jardin, on trouve au pavillon des reproductions grandeur nature (15 mètres de haut) du grand bouddha de Kamakura datant du XIIIe siècle, de la pagode du temple Tenoji à Tokyo, des dauphins d'or ornant le château de Nagoya, mais aussi des objets originaux en émail cloisonné, technique japonaise importée de Chine. Sont exposés également dans le pavillon industriel de nombreux spécimens d'estampes gravées sur bois (*ukiyo-e*). Encore faut-il souligner que la sélection de ces objets n'a pas été totalement effectuée par le gouvernement japonais, mais en partie sur les conseils de l'expert allemand Gottfried Wagener, commissionné pour coordonner la présentation du pavillon japonais[35]. Malgré ce patronage européen, le gouvernement japonais a saisi l'opportunité de l'Exposition universelle pour présenter des éléments de sa production culturelle en Occident, et l'impact est certain : c'est à Vienne que Gustav Klimt découvre les estampes japonaises qui marqueront durablement son œuvre. Plus généralement, la vogue du japonisme en Europe doit beaucoup aux expositions universelles de 1867, 1873, 1889 et 1900.

Les conférences

L'organisation de conférences constitue un deuxième type d'action développé à partir de la fin du XIXe siècle, dans le cadre d'une politique de valorisation culturelle nationale, et à partir d'une infrastructure qui permet de les organiser en série. Pour ce faire, il faut disposer d'un ensemble de relais internationaux que peu de pays ont à ce moment. La France et l'Italie, avec les Alliances françaises et les sections de la Dante Alighieri, sont sans doute les deux seuls à disposer d'un tel réseau spécialisé (si l'on excepte le réseau diplomatique en tant que tel, c'est-à-dire les ambassades et consulats), même si la pratique des conférences est sans doute répandue, bien qu'elle n'ait pas fait l'objet d'une étude d'ensemble qui serait bienvenue. Le cas français permet de donner quelques éléments dans ce sens, au-delà d'une énumération de conférenciers qui serait fastidieuse et inutile. L'organisation de conférences par le réseau des Alliances françaises est intéressante à trois égards : premièrement, elle témoigne d'une volonté d'organisation de la projection culturelle internationale à travers les causeries organisées par des gens de lettres ou des universitaires ; deuxièmement, elle montre l'importance des relais d'influence locaux dans la naissance et dans le développement de la diplomatie culturelle ; enfin, elle témoigne de l'imbrication entre acteurs diplomatiques et acteurs culturels, quand, dans certains pays, les conférences peuvent être données, faute de budget pour faire venir des sommités de la République des Lettres, par les personnels diplomatiques en poste sur place.

Le cas des activités de l'Alliance française sur le continent américain croise ces trois problèmes. À l'étranger, les alliances sont, jusqu'en 1940, des lieux relativement élitistes que François Chaubet qualifie de « clubs mondains[36] », dans lesquels l'activité de conférence est très prisée et contribue à entretenir le mythe d'une culture française à l'apogée de son prestige avant la Première Guerre mondiale. Aux États-Unis plus particulièrement, les comités locaux, au nombre d'une centaine, qui existent avant 1914, sont chapeautés par une Fédération des Alliance françaises d'Amérique du Nord fondée en 1902 grâce au mécénat d'un industriel étatsunien francophile, James H. Hyde, qui en exercera la présidence jusqu'au début des années 1950. Hyde connaît bien la France où il a beaucoup voyagé ; alors qu'il est encore étudiant à l'université de Harvard, il y crée en 1897 un cercle français qui organise des conférences d'universitaires français. Son soutien financier à la Fédération des Alliances françaises d'Amérique du Nord est l'occasion de systématiser cette entreprise, puisqu'il permet d'organiser la venue de deux conférenciers par an qui font la tournée des comités locaux de l'Alliance, soit près de deux cents conférences annuelles en tout. C'est le cas en 1903-1904 de l'historien Anatole Leroy-Beaulieu, professeur à l'École libre des sciences politiques, ou du spécialiste de littérature Gustave Lançon en 1912, également professeur invité la même année à l'université Columbia, dans le cadre de l'accord avec l'ONUEF. Par ailleurs, la fédération organise en 1913 un premier congrès des professeurs de français aux États-Unis. Elle a aussi suffisamment d'argent pour aider une partie des comités locaux à se doter de bibliothèques. L'organisation des conférences fait ainsi partie d'un dispositif plus large dont les alliances françaises sont le centre de gravité.

Les tournées

Enfin, la troisième pratique importante dans la diplomatie intellectuelle et artistique est celle des tournées soutenues par les pouvoirs publics. On ne prendra pas beaucoup de risques en disant que la pratique est relativement rare jusqu'à la fin du XIXe siècle et limitée à quelques pays, mais il faudrait sans doute des études pour confirmer cette idée. Le cas français, mieux connu que d'autres, permet de donner quelques éléments sur cette question. Et d'abord ceci : jusque dans le dernier tiers du XIXe siècle, il n'entre pas dans les objectifs des pouvoirs publics d'envoyer des artistes à l'étranger à des fins de prestige national. Au début de la période, ce serait même le contraire : en 1799, lorsque la Comédie-Française (alors appelée Théâtre-Français) rouvre après l'épisode révolutionnaire, la troupe a interdiction d'aller se produire à l'étranger[37]. Plus tard, en 1855, lorsque la comédienne Rachel part en tournée aux États-Unis et en Amérique du Sud, c'est dans le cadre d'un congé sans solde de quinze mois qu'elle a obtenu de haute lutte auprès du ministre d'État en charge du Théâtre-Français[38]. En 1871 encore, si celui-ci se produit à Londres, c'est de sa propre initiative, alors que ce type d'escapade est toujours mal vue par les pouvoirs publics. Sa première vraie tournée a lieu en Angleterre en 1879, expérience renouvelée en 1893, sinon avec le soutien financier, du moins avec l'assentiment de ses autorités de tutelle, dont l'attitude semble marquer une évolution avec l'arrivée du régime républicain, peut-être déjà conscient de l'image positive que peut véhiculer une troupe théâtrale à l'étranger. Mais il faudra attendre 1914 et surtout l'après-guerre pour que des tournées soient entreprises sur une base régulière avec le soutien financier des pouvoirs publics. Cette mutation qui s'opère dans le dernier tiers du XIXe siècle est concomitante, en France du moins, de l'installation du régime républicain et de l'expansion coloniale. Il est d'ailleurs révélateur que le ministère de l'Instruction publique et des Cultes devienne à partir de 1879 le ministère de l'Instruction publique, des Cultes et des Beaux-Arts, puis, à partir de 1908, le ministère de l'Instruction publique et des Beaux-Arts[39], montrant par là que la création artistique fait désormais partie du périmètre d'intervention gouvernemental, à l'intérieur comme à l'extérieur du territoire.

En dehors des pays européens, le soutien des gouvernements à l'organisation de tournées semble encore plus exceptionnel avant 1914 : tout juste peut-on repérer çà et là des événements isolés patronnés par les gouvernements. C'est le cas du Brésil, dont la première œuvre nationale jouée à l'étranger semble être l'opéra *Il Guarany* du compositeur Antônio Carlos Gomes, joué à la Scala de Milan en mars 1870, avant même sa création au Brésil. Gomes était alors depuis 1863 en Europe où il avait terminé ses études musicales grâce à une bourse accordée par l'empereur du Brésil. C'est à l'occasion de la création de cette œuvre, longtemps considérée comme « le point de départ du nationalisme musical brésilien[40] », que la musique apparaît dans la correspondance diplomatique brésilienne, sans qu'il soit possible de savoir si le gouvernement est intervenu dans la décision de créer l'œuvre. Il reste que Gomes se fait reconnaître grâce à cette création comme un « compositeur brésilien » et que son opéra connaîtra par la suite le succès sur plusieurs scènes italiennes (Florence, Gênes), mais aussi à Londres, et même aux États-Unis et en Russie, là encore sans que l'on puisse affirmer qu'elles ont eu lieu avec un soutien gouvernemental. Mais Gomes ouvre ainsi la voie à plusieurs de ses compatriotes, au moins en Europe, avant 1914. C'est le cas de Brazílio Itiberê da Cunha, nommé en 1870 à la légation brésilienne de Berlin, puis en 1873 à Rome. Il occupe ensuite de nombreux postes diplomatiques en Europe (terminant ambassadeur à Berlin où il meurt en 1913) et met à profit sa fonction diplomatique pour faire jouer sa musique, mais aussi celle de son pays, établissant des contacts avec des compositeurs et interprètes européens, écrivant des articles dans la presse ou encore organisant des soirées brésiliennes. Nul doute que son statut diplomatique a facilité l'entreprise, tout comme la logistique de l'appareil diplomatique brésilien, bien qu'encore peu développé. Son parcours ainsi que celui de Gomes attestent de l'ébauche dans le dernier tiers du XIXe siècle d'une diplomatie culturelle brésilienne dont la musique deviendra après 1945 un des piliers.

La période 1850-1914 est donc marquée par le développement, dans un petit nombre de pays, d'un ensemble d'initiatives visant à mettre en valeur les productions culturelles nationales, initiatives auxquelles les gouvernements prêtent une attention inégale et plus ou moins précoce, mais qui va croissant tout au long de la période. On voit se dessiner dès ce moment un certain nombre de secteurs d'interventions qui vont s'affirmer par la suite comme les piliers de toute diplomatie culturelle. En 1914, si aucun pays ne possède une diplomatie culturelle formalisée, plusieurs d'entre eux ont déjà bien expérimenté certains outils tels que l'enseignement de la langue ou les programmes de bourses universitaires, et deux ont sans doute une longueur d'avance en matière de structuration, à savoir la France et l'Italie, notamment en raison du réseau international qu'elles possèdent déjà avec leurs agences paragouvernementales (Alliance française et Dante Alighieri) et leur réseau d'écoles à l'étranger, même si elles n'en font pas le même usage. Du moins les fondations sont-elles posées, et la période suivante va voir s'épanouir et s'institutionnaliser la diplomatie culturelle dans de nombreux pays.

Chapitre III

Guerres mondiales et institutionnalisation des diplomaties culturelles (1914-1945)

La période encadrée par les deux guerres mondiales est un moment de cristallisation et de structuration des diplomaties culturelles. Tout au long de ces trente années, on assiste au développement d'administrations étatiques spécialisées dans la promotion culturelle, et à l'intégration durable de celle-ci dans le répertoire d'actions diplomatiques des États. Cette structuration est le produit d'une part de la montée des rivalités nationales et impériales, et d'autre part de l'irruption dans les relations internationales des médias de masse (presse à grand tirage, cinématographe, radio, enregistrement sonore), qui ouvrent de nouveaux horizons à la valorisation de la production culturelle. La Première Guerre mondiale peut être considérée comme le moment de cristallisation de la diplomatie culturelle à l'échelle mondiale : c'est à partir de là qu'on assiste au déploiement rapide et à grande échelle par les pays belligérants d'un arsenal de méthodes visant à se mettre en avant tout autant qu'à dénigrer l'adversaire, et à la mobilisation du répertoire d'actions déjà expérimentées avant 1914. L'entre-deux-guerres voit la structuration des diplomaties culturelles, mais aussi l'augmentation du nombre de pays qui y recourent, en particulier les États totalitaires, dont le projet politique contribue à brouiller la frontière entre diplomatie culturelle et propagande. À partir de ce moment, on peut dire que la frontière entre les deux activités ne cessera plus d'être floue jusqu'à nos jours. Le chapitre sera organisé chronologiquement : les première et quatrième parties seront consacrées aux deux guerres mondiales qui constituent des moments cohérents et spécifiques, tandis que les deuxième et troisième parties seront consacrées à l'entre-deux-guerres : l'une pour analyser la structuration des appareils gouvernementaux et la fixation du répertoire d'actions par les puissances traditionnelles ainsi que les nouveaux entrants dans le champ de la diplomatie culturelle ; l'autre pour se focaliser sur le cas des États totalitaires qui représentent la principale nouveauté de la période en la matière.

Propagande ou diplomatie culturelle ? La culture en guerre

Les pays européens et l'organisation de la diplomatie culturelle

Le développement de la propagande entre les pays belligérants est une caractéristique de la Première Guerre mondiale. Dès le départ, le conflit prend la forme d'un affrontement autant civilisationnel que militaire : des deux côtés, chacun accuse l'autre de barbarie et se présente comme le défenseur de la civilisation. Les États organisent une propagande destinée à battre l'adversaire sur le front des discours, des récits, de la culture, et de la délégitimation de l'adversaire, et utilisent pour ce faire les nouveaux médias qui prennent rapidement une place dans le paysage à la fois culturel et politique. L'hypothèse qui sous-tend cette partie est que l'irruption de la propagande sur le devant de la scène accélère la cristallisation d'une diplomatie culturelle encore en gestation au cours des décennies précédentes. Il est clair que la guerre marque un tournant et l'installation de la diplomatie culturelle dans le répertoire d'actions des États. En même temps, la propagande devient aussi partie intégrante de ce répertoire, sous la forme de messages diffusés à grande échelle par les médias, et de production d'objets culturels susceptibles d'être utilisés comme message (notamment le cinéma). Cette concomitance, ainsi que le statut hybride des médias (vecteurs de contenus culturels et de messages politiques, souvent mêlés sur un même support) rend difficile la distinction entre les deux domaines : si, en théorie, on peut considérer que la propagande touche à l'information, et la diplomatie culturelle aux formes de création artistique et intellectuelle, en pratique il est difficile de tracer une ligne de démarcation claire entre les deux, tant elles sont étroitement mêlées, notamment parce qu'elles ont en commun l'objectif de valoriser un modèle national aux dépens d'un autre. Dans ce chapitre comme dans le reste du livre, on se concentrera sur la seconde, mais il est souvent difficile de la traiter sans aborder la première, d'autant, on l'a déjà mentionné, que les structures administratives qui les gèrent, et les vecteurs qu'elles empruntent, sont parfois les mêmes.

Dès l'entrée en guerre, les États européens se mettent en ordre de bataille pour obtenir l'adhésion de leur population à une guerre qui, passé les illusions des premières semaines, s'annonce longue, mais aussi pour justifier leur action aux yeux de l'étranger. En Allemagne, l'entrée en guerre est immédiatement accompagnée d'une diffusion massive de tracts en Europe et aux États-Unis, où vit une importante communauté germanophone. Dès le mois d'octobre est créé le Zentralstelle für Auslandsdienst (Bureau central des services à l'étranger), auquel la Grande-Bretagne réplique immédiatement par la création de plusieurs organismes : Wellington House, dès septembre, en charge de la propagande, puis le News Bureau en charge de l'information, tous deux sous la supervision du Foreign Office ; et enfin le Neutral Press Committee, supervisé par le Home Secretary, qui s'occupe de la presse sur le territoire britannique[1]. En France est créé le Bureau de la presse en janvier 1915, qui s'occupe de la censure sous la supervision du ministère de la Guerre, puis en 1916 la Maison de la presse, sous l'autorité du président du Conseil, pour coordonner la censure et la propagande[2]. Mais d'autres organismes sont à la manœuvre : l'ONUEF publie en novembre 1914 un manifeste des universités françaises envoyé à l'ensemble des pays d'Europe.

Mais il n'est pas seulement question de propagande par l'information. La création artistique est elle aussi mobilisée ; c'est elle qui est au centre de mon propos. En 1916, le ministère de l'Instruction publique et des Beaux-Arts français crée le Service de décentralisation artistique, dirigé par le pianiste Alfred Cortot, destiné à organiser « l'expansion artistique[3] ». En 1918, il deviendra le Service d'études d'action artistique à l'étranger. Il institue une « musique de guerre[4] », en organisant des concerts sur le front ou à l'arrière, mais aussi à l'étranger. En 1917 en effet, sur la suggestion de Philippe Berthelot, responsable de la Maison de la presse, le fondateur du théâtre du Vieux Colombier, Jacques Copeau, est envoyé à New York pour une tournée de conférences destinée à faire la propagande de la culture française, puis prend la direction du Théâtre-Français de New York où il fait venir sa troupe qui y restera jusqu'en 1919[5]. Le Service organise également une tournée étatsunienne du chef d'orchestre Pierre Monteux avec les ballets russes de Serge Diaghilev. Par la suite, Monteux est recruté en 1917 comme chef d'orchestre du Metropolitan Opera, où il essaye d'introduire le répertoire français, alors que le monde de la musique classique étatsunien est largement dominé par les compositeurs, les chefs d'orchestres et les interprètes allemands. Des tournées théâtrales sont également organisées par le Service en Grande-Bretagne dans les universités, ainsi qu'en Suisse, en Amérique latine, aux Pays Bas et en Roumanie. De même, des expositions de peinture ou de photographie sont organisées, en Espagne et au Brésil. Et bien entendu, le Service organise des concerts : Vincent d'Indy est en Italie en 1916, et en Espagne l'année suivante. La Suisse, pays neutre où la France et l'Allemagne rivalisent d'influence, n'est pas oubliée : Cortot y organise une tournée de la Société des concerts du Conservatoire en mars-avril 1917, alors qu'un orchestre allemand sillonne au même moment les cantons suisses ; en juillet, c'est l'orchestre philharmonique de Vienne qui effectue une tournée en Suisse[6].

On notera également, au chapitre des stratégies déployées par l'État français, la présence à l'Exposition universelle de San Francisco en 1915 d'un pavillon de la pensée française. Le gouvernement y expose ses œuvres d'art, comme à toutes les expositions universelles depuis 1855, mais également une bibliothèque de plus de mille ouvrages représentant « la science française » qui est « offerte symboliquement au peuple américain[7] ». Pendant ce temps, les comités de l'Alliance française à l'étranger continuent les activités engagées avant 1914, en particulier dans certains pays comme l'Empire russe, mais aussi l'Argentine, le Mexique, le Canada et les États-Unis, où se créent vingt-deux nouveaux comités pendant la guerre, et où le nombre d'élèves suivant des cours de français dans les établissements secondaires passe de 130 000 en 1914 à 540 000 dix ans plus tard[8]. L'Alliance publie un *Bulletin* de guerre traduit en six langues, publié à 38 millions d'exemplaires jusqu'en 1919, un chiffre qui, s'il ne préjuge pas de l'effet d'une telle publication, dit au moins l'effort considérable engagé par le gouvernement français, comme par les autres pays belligérants, dans ce domaine.

L'Allemagne est également très active en matière de propagande à l'étranger[9]. Le Zentralstelle für Auslandsdienst assure la production et surtout la diffusion à l'étranger de matériel de propagande traduit en plusieurs langues, notamment sous forme de journaux, livres, pamphlets, brochures et affiches, et possède également à partir de 1917 un département consacré à la photographie et au film. La Suisse, les pays d'Europe du Nord, la Bulgarie, l'Empire ottoman, le Brésil, la France et surtout les États-Unis sont les principales cibles de la propagande allemande, qui exporte son matériel via l'Italie puis, après son entrée en guerre aux côtés des Alliés, via la Scandinavie. Certains lieux sont particulièrement visés : par exemple, les centres de santé de Suisse, très fréquentés par une clientèle de diplomates et d'entrepreneurs influents, sont abondamment fournis en presse de propagande. Mais comme les autres pays, l'Allemagne utilise aussi les expositions et les tournées d'orchestres. L'orchestre philharmonique de Berlin se produit ainsi dans Bruxelles occupée en 1915 ; deux ans plus tard, il donne des concerts à Copenhague, Stockholm, Göteborg et Malmö, dans le cadre d'une opération de séduction de l'Allemagne à destination de la Suède, de la Norvège et du Danemark restés neutres. Et en 1918, il se rend aussi à Vienne, dans une tentative de symboliser l'alliance indéfectible entre l'Allemagne et l'Autriche-Hongrie[10]. Aux États-Unis, l'objectif de la propagande est de faire en sorte que le pays reste neutre. Le matériel est envoyé à plusieurs dizaines de milliers de personnes dont les noms et les adresses ont été compilés à l'aide des listes de passagers des compagnies transatlantiques, mais aussi aux membres du Congrès ou de l'administration fédérale, ou encore à des bibliothèques publiques, des universités ou des clubs, soit l'ensemble des institutions supposées influentes sur l'opinion publique. Mais le torpillage du paquebot *Lusitania* le 7 mai 1915, puis le lancement de la guerre sous-marine à outrance en janvier 1917 réduisent à néant tous les efforts déployés par le Zentralstelle.

L'entrée en scène des États-Unis

Si l'on considère souvent que la diplomatie culturelle n'émerge aux États-Unis qu'en 1938 avec la création de la Division of Cultural Relations du département d'État, on a vu au chapitre précédent que cette périodisation devait être sérieusement révisée. C'est ce que confirme la création en 1917 du Committee on Public Information (CPI), qui, loin d'être seulement l'organe de propagande habituellement décrit par l'historiographie, peut être considéré comme l'acte fondateur de la diplomatie culturelle étatsunienne, tant il combine la diffusion à grande échelle de messages politiques et de contenus culturels, notamment cinématographiques et musicaux. Sa création est le résultat de l'entrée en guerre du pays au printemps 1917. Mais plus profondément, il est la manifestation de l'arrivée à maturité d'un universalisme étatsunien désormais certain d'incarner un modèle pour le reste du monde, ce que formule clairement le président Woodrow Wilson lorsqu'il déclare la guerre à l'Allemagne. La guerre va lui fournir l'opportunité de se déployer en Europe[11]. Créé en avril 1917, dirigé par le journaliste George Creel, et actif jusqu'en juin 1919, le CPI a pour mission de coordonner la propagande de guerre étatsunienne : il s'agit d'une agence fédérale, et son financement est public. À son *board* siègent le secrétaire d'État, le secrétaire à la Guerre et le secrétaire à la Marine. Sans doute inspirée des exemples européens, elle possède des moyens et des ambitions plus larges : il s'agit à la fois de convertir à la guerre une opinion publique qui vient de réélire Wilson sur un credo isolationniste, mais aussi de contrôler l'information et les communications, de mettre en place une censure, et de dénoncer les oppositions à la guerre. Mais il s'agit également d'expliquer les buts de guerre du pays au reste du monde, et de promouvoir le modèle politique étatsunien. La création du CPI est l'une des manifestations les plus évidentes de l'émergence du messianisme démocratique qui caractérise l'action internationale des États-Unis pendant une très grande partie du XXe siècle. Son fil conducteur : la défense de la démocratie contre la tyrannie des empires, une démocratie dont les États-Unis se présentent comme l'incarnation ultime. C'est dans le cadre de cet argumentaire global que le CPI va contribuer à l'exportation de productions culturelles étatsuniennes, notamment le cinéma.

L'agence est composée de quatre départements : radiotélégraphie, presse, photographie, cinéma, le tout témoignant d'une stratégie fondée sur l'utilisation massive des médias. Elle possède en outre de nombreux bureaux à l'étranger, au Mexique, en France, Hollande, Suisse, Italie, Espagne, Danemark, Chine, Argentine, Uruguay, Paraguay, Pérou, Équateur, Bolivie, Suède, Norvège et Russie. D'autres régions sont atteintes indirectement, comme l'Inde ou l'Australasie.

On dira seulement quelques mots de l'activité de propagande à proprement parler. Elle consiste en l'envoi d'articles aux journaux du monde entier, mais aussi de photographies et de rouleaux de films de propagande (environ 6 200 entre 1917 et 1918). Par ailleurs, aux États-Unis même, des équipes d'historiens et de journalistes rédigent des discours courts et percutants déclamés ou chantés par des *four minute men* dans les cinémas pendant les quatre minutes que dure le changement de bobine du film de fiction au programme. Entre 1917 et 1919, on estime que ces 15 000 orateurs express ont prononcé 750 000 discours devant 315 millions de personnes[12]. Les activités du CPI se déploient aussi à l'étranger : c'est le cas en Russie où un bureau a été ouvert avant la révolution d'Octobre, et où le CPI participe à la propagande antibolchévique, faisant courir le bruit, repris par de nombreux journaux, que les bolchéviques sont des agitateurs agissant sur ordre de l'Allemagne pour déstabiliser la Russie et la faire sortir de la guerre, ce qui aboutit à la fermeture rapide du bureau du CPI par le nouveau pouvoir soviétique. L'agence est également active dans les pays neutres, notamment les Pays-Bas, le Danemark et la Suisse, avec des résultats inégaux, en particulier dans ce dernier où son installation est trop tardive pour réellement contrebalancer la propagande allemande, très active auprès de la presse suisse[13].

Mais c'est surtout son utilisation du cinéma qui permet de qualifier le CPI d'agence de diplomatie culturelle, dans la mesure où il intègre le nouveau média et ses productions dans l'entreprise politique de présentation au monde du modèle étatsunien, et joue le rôle d'interface dans la synergie qui se met en place entre le gouvernement et la jeune industrie hollywoodienne. La division des films du CPI travaille en effet avec le gouvernement et avec les studios, qui ont, de leur côté, créé le War Cooperating Committee. Celui-ci participe à la campagne d'information gouvernementale, mobilisant les vedettes pour porter le message parmi la population, mais participe aussi à la conception des documentaires de propagande tout en parsemant les films de fiction de thèmes patriotiques.

L'imbrication de la diplomatie culturelle et de la propagande est manifestée par le fait que le CPI décide d'emblée que tous les films commerciaux exportés doivent être accompagnés par des films de propagande destinés à être projetés en première partie de séance. Alors que l'industrie hollywoodienne connaît une hausse spectaculaire de ses exportations pendant le conflit, il s'ensuit que les films de propagande sont également de plus en plus largement diffusés. Il s'ensuit également que le public des pays alliés découvre en même temps, dans les mêmes salles et au cours des mêmes séances, l'argumentaire délivré par les films présentant les buts de guerre étatsuniens, et les histoires racontées par les films de fiction qui font aussi des références à l'actualité immédiate. Des films tels que *Pershing's Crusaders, America's Answer* et *America's Answer to the Hun* sont ainsi diffusés en première partie de séance, véhiculant l'idée que les troupes étatsuniennes se battent contre l'Allemagne, et pour la civilisation. Quant aux films de fictions, ils mélangent aussi intimement l'histoire et le message de propagande, comme *Shoulder Arms,* réalisé par Charlie Chaplin. Sorti en France au printemps 1919 sous le titre *Charlot Soldat,* le film met en scène le personnage de Charlot combattant dans les tranchées puis capturant l'empereur allemand.

Par ailleurs, en avril 1918, le gouvernement étatsunien a promulgué le Webb-Pomerene Act, qui exempte des lois antitrust un certain nombre d'entreprises essentielles à l'effort de guerre, dont l'industrie cinématographique. Cette législation va constituer l'un des bases de l'expansion très rapide du cinéma hollywoodien en Europe, car elle permet aux studios de se grouper pour concurrencer et rapidement écraser les cinématographies nationales concurrentes, avec l'appui systématique du gouvernement étatsunien. Entretemps, le CPI, très critiqué pour son usage massif de la propagande, est dissous dès 1919. Au cours des années d'entre-deux-guerres, le gouvernement étatsunien se retire de toute activité de promotion culturelle, laissant le champ aux acteurs privés, et notamment aux fondations philanthropiques dont il sera question plus loin. Il est toutefois à noter que le soutien du secrétaire au Commerce à l'industrie du cinéma sera constant tout au long de l'entre-deux-guerres, en particulier lorsqu'il s'agira de forcer des pays européens (Allemagne, France, Grande-Bretagne) à démanteler des quotas mis en place pour éviter l'envahissement de leurs écrans par les films hollywoodiens.

Structuration et professionnalisation entre les deux guerres

L'organisation des appareils diplomatiques

Au cours de l'entre-deux-guerres, la structuration et la professionnalisation de la diplomatie culturelle se poursuivent, si bien qu'à la fin de la période, celle-ci est partie intégrante des appareils diplomatiques un peu partout en Europe.

Au sortir de la guerre, l'appareil institutionnel développé pendant le conflit est soit conservé soit modifié, mais sert de toute façon de base aux développements ultérieurs de la diplomatie culturelle. En France, le gouvernement est d'abord décidé à démanteler l'appareil de propagande mis en place, mais, conscient que la culture est une arme de poids, il pérennise sous une autre forme les structures créées pendant la guerre. La Maison de la presse disparaît, mais le ministère des Affaires étrangères (MAE) récupère son budget pour créer en 1920 le Service des œuvres françaises à l'étranger (SOFE) , qui est la continuation du Bureau des écoles et des œuvres à l'étranger. Rapidement, il y intègre l'Alliance française, même si elle conserve son autonomie.

Le SOFE est organisé en quatre sections : section universitaire et des écoles (qui mobilise 90 % des crédits[14]), section artistique et littéraire, section tourisme et sports, section des œuvres diverses. Enfin, l'ordonnance du 13 avril 1922 institue une Direction générale des Affaires culturelles au MAE. L'ensemble de ces structures va permettre de constituer au cours des années suivantes un important réseau international chargé de mettre en œuvre la diplomatie culturelle. Il est composé de multiples organismes, depuis les ambassades et consulats jusqu'aux comités de l'Alliance française en passant par les écoles françaises à l'étranger ou le réseau des instituts français qui s'étoffe dans l'entre-deux-guerres, sans oublier les instituts de recherche et les réseaux tissés par les universités. Par ailleurs, c'est désormais le ministère des Affaires étrangères qui prend la direction des opérations, même si le ministère de l'Instruction publique et des Beaux-Arts (MIPBA) continue ses actions en la matière. Mais le SOFE a désormais sous sa tutelle la diplomatie universitaire et scientifique, et prend en charge tant la mobilité académique que le développement des instituts à l'étranger ou les bourses attribuées aux étudiants étrangers pour venir en France. Quant aux directeurs des instituts français, ils ne sont plus nommés par les universités ou le MIPBA comme avant la guerre, mais par le Quai d'Orsay, qui les choisit de plus en plus parmi les diplomates. De ce point de vue, l'entre-deux-guerres est marqué par une professionnalisation de la diplomatie en général, et de la diplomatie culturelle en particulier.

Du côté du MIPBA, on démantèle aussi le Service d'études d'action artistique à l'étranger, mais on l'encourage à se transformer en association de loi 1901 qui prend en 1922 le nom d'Association française d'expansion et d'échanges artistiques (AFEEA) avant d'être renommée Association française d'action artistique (AFAA) en 1934. Organisme privé mais placé sous la tutelle du MIPBA (elle est dirigée par Paul Léon, directeur des Beaux-Arts), elle peut également être qualifiée d'agence paragouvernementale ; elle coopère avec le MAE autant qu'avec des acteurs privés et, outre les cotisations de ses membres, reçoit des subventions croissantes de la part des deux ministères au cours de l'entre-deux-guerres, tandis que le directeur des Beaux-Arts et le directeur du SOFE sont membres de droit de son conseil d'administration. La structuration dont témoignent toutes ces créations s'accompagne d'une division du travail entre l'Alliance française, qui s'occupe de la langue, du livre et des conférences, et l'AFEEA, qui prend en charge la promotion de la musique, des arts plastiques et du théâtre, le tout sous la coordination du SOFE et de la Direction générale des Affaires culturelles qui définit les grandes orientations thématiques et les priorités géographiques, donne des directives et distribue les subventions. La diplomatie culturelle est clairement passée sous coordination gouvernementale.

Dans ce dispositif, les hommes (les femmes sont très peu représentées) de culture occupent une place de choix ; les écrivains, en particulier, sont nombreux dans le corps diplomatique. La France n'est pas la seule dans ce cas : on peut citer l'exemple du chilien Pablo Neruda, qui entre dans la carrière consulaire en 1927, ou du russe A.Y. Iarossiev, responsable de la Société pour les relations culturelles entre l'URSS et l'étranger (VOKS) au début des années 1930. Côté français, les exemples sont légion, d'Alexis Léger (alias Saint-John Perse) entré à la Maison de la presse en 1914, à Jean Giraudoux, directeur du SOFE entre 1921 et 1924, en passant par Paul Morand (responsable de la section littéraire et artistique du SOFE pendant la même période), ou Paul Claudel, entré dans la carrière diplomatique dès la fin du XIXe siècle. Ce dernier cas est, sinon représentatif, du moins significatif du rôle que peuvent jouer ces agents doubles dans la diplomatie culturelle. Claudel a en effet combiné parfaitement sa double carrière de diplomate et d'écrivain : fin connaisseur de l'Extrême-Orient, il est envoyé en 1921 au Japon avec pour mission de profiter du reflux allemand dans la région pour ouvrir des marchés aux entreprises françaises ; mais il est également connu dans le pays en tant que poète, et le Quai d'Orsay compte sur lui pour y favoriser la diffusion du français. Claudel prendra sa mission très à cœur[15], et jouera un rôle important dans la création de la Maison franco-japonaise qui ouvre à Tokyo en 1925.

Mais si le MAE, et donc l'administration gouvernementale, prend en main la diplomatie culturelle, celle-ci reste – et restera jusqu'à nos jours – un mélange d'acteurs publics et privés, en France comme ailleurs. Non seulement l'Alliance et l'AFEEA sont des associations de droit privé, mais leur financement est assuré en partie par des acteurs privés qui complètent les subventions du MAE. Parmi les donateurs privés de l'AFEEA, on compte par exemple la Banque de France et la Banque de Paris et des Pays-Bas, dont le soutien permet de faire venir l'opéra de Vienne à Paris en 1924. Mais on compte aussi des étrangers, comme le collectionneur britannique Joseph Duveen, son compatriote Henri de Rothschild (dramaturge, entrepreneur et trésorier de l'AFEEA), ou encore le banquier étatsunien Otto Kahn, qui avait créé le Théâtre-Français à New York pendant la Grande Guerre. On y ajoutera le Comité des femmes de l'AFEEA : dirigé par la marquise de Ganay et la comtesse de Ségur, il organise des événements destinés à financer l'association, poursuivant les initiatives en matière de philanthropie culturelle mises en œuvre pendant la guerre par ses animatrices.

En Allemagne aussi, structuration et professionnalisation sont à l'agenda des années 1920, processus largement inspiré du modèle français et stimulé par la volonté de rivaliser avec lui. Le contraste avec l'avant 1914 et sa quasi-inexistence d'initiatives en la matière est flagrant : en 1920, on assiste au tir groupé qui voit la création du département des Affaires culturelles (Kulturabteilung) au sein du ministère des Affaires étrangères, du Bureau pour la promotion du tourisme, et de l'Union des universités allemandes. En 1923, c'est au tour de la DeutschAkademie (ancêtre de l'Institut Goethe) et du Service des échanges académiques allemand (Deutscher Akademischer Austauchdienst, DAAD), né d'une initiative privée mais financé par le gouvernement[16]. Enfin, en 1925, le ministère des Affaires étrangères créé la Humboldt Stiftung, fondation destinée à soutenir les échanges scientifiques. Dans ce processus, le rôle de Gustav Stresemann doit être souligné : ministre des Affaires étrangères de 1923 à sa mort en 1929, artisan du rapprochement avec la France conjointement avec Aristide Briand, il est conscient que l'Allemagne démilitarisée doit développer son influence d'une autre manière qu'avec des divisions blindées. Au cours des années 1920, l'Allemagne va donc faire de la diplomatie culturelle un instrument au service de sa politique visant à réviser le traité de Versailles, mais aussi un moyen de briser son isolement diplomatique, en particulier auprès de quelques pays comme les États-Unis, auprès desquels elle s'attache à changer l'image catastrophique laissée par la guerre. Les officiels allemands multiplient les rapports et les mémorandums analysant la politique française aux États-Unis et préconisant de s'en inspirer : de fait, la diplomatie culturelle allemande se construit largement sur fond de rivalité avec la France, et la crise de la Rhur en 1923 est clairement l'occasion de lui donner un coup d'accélérateur.

Outre-Manche, la chronologie est un peu plus tardive : il faut attendre le début des années 1930 pour voir s'organiser une diplomatie culturelle en tant que telle, puisque la création du British Council[17], autre agence paragouvernementale, n'intervient qu'en 1934. Cette date, assez tardive par rapport à d'autres voisins européens, s'explique sans doute par la volonté de donner un nouvel élan à la projection nationale britannique désormais menacée par la concurrence étatsunienne, mais aussi, très directement, par l'arrivée au pouvoir de Hitler en 1933, qui fait prendre conscience au gouvernement de Sa Majesté de la nécessité de se pencher plus avant sur la coordination de l'action culturelle à l'étranger pour promouvoir les valeurs de la démocratie libérale face à l'internationalisme révisionniste des fascismes et à la propagande antibritannique qu'ils déploient, notamment en Afrique et au Moyen-Orient. L'initiative de créer le British Council revient à des membres du Foreign Office News Department, marquant là encore la frontière poreuse entre diplomatie culturelle et propagande, puisque l'idée première du nouvel organisme est de redorer le prestige de l'Angleterre, et pour cela, de s'inspirer de l'Alliance française et de sa propagande pour la langue. De fait, au cours de ses premières années, le British Council est avant tout une organisation de propagande et d'enseignement de la langue. Ce n'est qu'à partir de la Deuxième Guerre mondiale que la promotion des productions culturelles britanniques va être progressivement intégrée à ses missions. Et s'il est une création du gouvernement, celui-ci en délègue largement, au moins dans un premier temps, le financement à l'initiative privée.

En Espagne, malgré la création en 1907 de la Junta para Ampliacion de estudios e investigaciones scientificas, destinée à développer les relations universitaires et scientifiques avec l'étranger (un rôle équivalent à celui de l'ONUEF), c'est au début des années 1920 que se développe timidement une diplomatie culturelle[18]. Mais celle-ci n'apparaît pas tant comme une initiative d'un gouvernement espagnol plutôt replié sur lui-même, que comme une conséquence de la volonté des autres pays européens de développer chez eux l'enseignement de l'espagnol pour avoir accès au marché latino-américain en pleine expansion. C'est ainsi que dès 1917, la France crée un Comité de rapprochement franco-espagnol pour promouvoir l'enseignement de la langue en France, et que l'Allemagne crée dans le même but la Verband Deutschland Spanien l'année suivante. Par ailleurs, en 1917 a été créé un Institut ibéro-américain à l'université de Hambourg, qui constitue alors le principal port de commerce allemand avec l'Amérique latine ; dans l'immédiat après-guerre, il développe des recherches sur les cultures ibériques, organise des échanges académiques avec l'Espagne et dispense des cours d'espagnol et de portugais. En Angleterre, de même, un département d'études espagnoles est créé à l'université de Leeds en 1916. Ces initiatives continuent dans l'entre-deux-guerres, avec par exemple la création d'un Institut ibéro-américain à l'université de Bonn en 1923, ou le lancement de la construction du collège espagnol de la Cité universitaire de Paris en 1927 (le bâtiment sera inauguré en 1935). C'est en quelque sorte sous la pression de ces multiples initiatives que le gouvernement espagnol se lance dans la création de plusieurs structures, notamment l'Oficina de Relaciones Culturales Espaniolas en 1921, dédié à la promotion de l'enseignement de l'espagnol à l'étranger, et de la Junta de Relaciones Culturales en 1926, destinée à lancer et coordonner une véritable diplomatie culturelle, notamment en direction de l'Amérique latine. L'ensemble est réorganisé par un décret de 1931 qui marque le véritable lancement d'une politique volontariste de rayonnement à l'étranger. Mais le manque de fonds et le déclenchement de la guerre civile en 1936 empêcheront toute réalisation notable au cours de l'entre-deux-guerres.

Hors d'Europe, les États-Unis sont le seul pays où la diplomatie culturelle apparaît déjà bien développée au cours de l'entre-deux-guerres (j'exclus le cas de l'URSS qui sera traité plus loin), malgré le démantèlement du CPI dès 1919. Et ce, pour deux raisons. D'abord parce que l'État, s'il intervient peu directement dans le domaine culturel avant la fin des années 1930, joue tout de même un rôle dans l'exportation de ses productions culturelles par le biais de sa politique de soutien à la conquête des marchés étrangers, en particulier du cinéma. Certes, ce soutien, formalisé par le Secrétaire au commerce Herbert Hoover, est avant tout conçu comme une diplomatie économique, mais il n'en reste pas moins qu'il joue un rôle important dans l'essor considérable du cinéma étatsunien sur les écrans européens au cours des années 1920. L'internationalisation du cinéma hollywoodien est avant tout la résultante des stratégies commerciales agressives des studios privés, mais ce soutien étatique tout comme l'impact culturel majeur du cinéma et son rôle dans l'américanisation culturelle de l'Europe nécessitent de l'intégrer à une réflexion sur la diplomatie culturelle.

Le deuxième signe de l'existence d'une diplomatie culturelle étatsunienne au cours de cette période est l'importance du rôle des fondations philanthropiques dont les actions internationales connaissent un grand essor dès le début des années 1920. Alors que le gouvernement fédéral se replie sur des positions isolationnistes, l'universalisme étatsunien est pris en charge par la grande philanthropie[19], qui préempte en quelque sorte la fonction diplomatique et met en place ce que plusieurs auteurs ont appelé une « diplomatie philanthropique[20] », un terme justifié par le fait que ces organisations, pour privées qu'elles soient, sont peuplées de personnalités politiques ou en lien avec les milieux de l'administration fédérale ou de la politique internationale : ainsi Raymond Fosdick, président de la fondation Rockefeller, est-il ancien sous-secrétaire général de la Société des Nations, nommé par Woodrow Wilson ; ainsi le président de la Carnegie Endowment for International Peace, Elihu Root, est-il ancien secrétaire à la Guerre de Theodore Roosevelt. Par ailleurs, ces organisations ont la certitude d'être porteuses d'un modèle à exporter, et c'est en partie à ce titre qu'elles mettent en place pendant l'entre-deux-guerres de nombreuses initiatives dont nous verrons quelques exemples plus loin, créant ainsi des réseaux intellectuels et scientifiques très denses qui constituent autant de relais d'influence sur lesquels pourront s'appuyer les initiatives du gouvernement fédéral. C'est seulement à la fin de la période, et sous la pression de la propagande allemande à l'étranger, que celui-ci entre vraiment en scène, avec la création en 1938 de la Division of Cultural Relations du département d'État. Mais la synergie avec les acteurs privés va rester profonde, et à tout prendre, contrairement à ce que l'on suggère souvent, il ne s'agit pas d'une spécificité étatsunienne : avant eux, les diplomaties culturelles française, on l'a vu, et soviétique, on va le voir, se sont appuyées sur une nébuleuse d'acteurs privés et publics. De ce point de vue, il est bien plus pertinent, comme le remarque Jean-François Fayet, d'étudier la diplomatie culturelle sous l'angle de la « circulation internationale des modèles organisationnels[21] » plutôt que sous l'angle de « modèles » nationaux plus ou moins artificiels et essentialisés.

Ailleurs sur le continent américain, on observe des créations institutionnelles qui témoignent de l'émergence de diplomaties culturelle dans plusieurs pays. C'est surtout le cas, au lendemain de la Grande Guerre, du Brésil, où ce processus se situe « aux confins des débats sur l'identité nationale et sur la définition de la politique étrangère[22] ». En 1920, le ministère des Affaires étrangères (Itamaraty) commence à intégrer la culture dans son répertoire d'actions, sous l'impulsion de José Manuel de Azevedo Marques, qui promeut les échanges commerciaux, mais aussi intellectuels et culturels. L'arrivée de l'Estado Novo en 1930 marque un nouveau palier, avec une volonté gouvernementale d'affirmation d'une identité culturelle brésilienne, à la fois en direction de la population et de l'étranger. À cet effet, l'Itamaraty crée en 1934 le Service d'expansion intellectuelle, qui devient Service de coopération intellectuelle (SCI) en 1937 et Division de coopération intellectuelle en 1938. Mais il existe aussi le Service d'échanges intellectuels relevant du ministère de l'Éducation, ainsi que le département de la Propagande (Departamento de Imprensa e Propaganda, DIP) créé en 1939 au sein du cabinet de la présidence de la République. Ce dernier organisme s'inspire du ministère de la Propagande nazi. Il censure la publication de livres portant atteinte à l'image du Brésil, mais s'occupe aussi de susciter la tenue d'événements culturels, tels que congrès et conférences. Pour autant, ces créations institutionnelles ne suffisent pas à caractériser une vraie diplomatie culturelle : d'abord parce que les initiatives sont éparses et marquées par des rivalités entre plusieurs administrations, sans que l'une d'entre elles exerce une certaine forme de coordination. D'autre part, et peut-être surtout, ses moyens sont presque inexistants : en 1938, la Division de coopération intellectuelle n'a pas encore de budget autonome.

Dans les autres pays latino-américains, la diplomatie culturelle est encore plus en pointillé. Au Chili, le gouvernement a intégré en 1927 parmi les missions du ministère des Affaires extérieures la promotion de la culture et de l'image du pays à l'étranger, et les premières réalisations arrivent au cours des années suivantes. En Argentine, il faut attendre 1937 pour qu'apparaissent les premiers frémissements, avec la création de l'Oficina de difusion de la cultura y propaganda argentina en el exterior au sein du ministère des Relations extérieures[23], mais il s'agit avant tout d'un organisme de propagande où la culture n'occupe qu'une place très réduite.

La fixation du répertoire d'actions

Outre la structuration des appareils diplomatiques, la cristallisation de la diplomatie culturelle se caractérise aussi par la fixation du répertoire d'actions repéré au chapitre précédent, et que l'on retrouve peu ou prou dans toutes les diplomaties culturelles, signe que la pratique est désormais balisée et identifiée comme un domaine à part entière par les gouvernements. Les domaines d'intervention identifiés dans les chapitres précédents continuent à se développer, tandis que de nouveaux apparaissent, notamment du côté des États totalitaires, comme on le verra dans la partie suivante.

La diplomatie linguistique

La promotion de la langue est le domaine le plus visible de la diplomatie culturelle pendant la période considérée, en particulier au regard du réseau d'institutions qu'elle mobilise. C'est particulièrement net dans le cas français. Les années 1920 et 1930 sont en effet le moment où l'Alliance française et ses comités prennent la forme d'un grand réseau international. En 1931, celui-ci compterait 600 comités et 450 000 membres, dont 300 000 élèves suivant des cours de français. Ces chiffres masquent toutefois de grandes disparités. Les États-Unis compteraient 275 comités tandis que la Chine en compte 5, la Hollande 19, la Grande-Bretagne 39, la Suède 10, la Pologne 13, la Bulgarie 8 et la Yougoslavie 13[24]. La présence de l'Alliance est moindre en Espagne, en Italie et en Égypte ; elle est très faible en Asie (Chine, Japon). Quelques territoires sont particulièrement privilégiés. Parmi eux, il faut mentionner la Tchécoslovaquie et l'Argentine. Dans la première, la Fédération tchécoslovaque de l'Alliance française compte 70 comités, et peut s'appuyer sur deux autres institutions : le lycée français de Prague et l'Institut français de Prague, tous deux créés en 1920. Dans la deuxième, le nombre de comités est inconnu mais tout indique une activité importante, et l'Alliance est là aussi secondée par l'Institut français de Buenos Aires créé en 1922. Elle est également bien implantée au Mexique, au Brésil et au Chili, où la France possède encore une bonne image, et où la volonté des populations locales d'échapper à l'impérialisme nord-américain joue en sa faveur. Si l'on considère l'ensemble de l'Amérique latine, les comités de l'Alliance comprendraient un total de 15 000 élèves en 1931. À ce réseau déjà dense, il faut ajouter celui des instituts français qui continue à se développer après la guerre : Prague, Buenos Aires mais aussi São Paulo (1923), Bucarest (1925), ou encore la Maison franco-japonaise (1925), et la liste n'est pas exhaustive. Enfin, le réseau des écoles mentionné au chapitre précédent continue ses activités, et il est complété par la création de lycées français dont l'histoire reste à faire : le lycée français de Kaboul, créé en 1922, ou celui de New York en 1935 ne sont que quelques exemples. Au total, l'enseignement de la langue est le cœur de la diplomatie culturelle française, le soutien aux écoles absorbant 90 % des crédits accordés au SOFE.

Par comparaison, la diplomatie linguistique de la Grande-Bretagne est en apparence bien moins importante, même si elle ne constitue en réalité que la partie émergée de l'iceberg, étant donné que la Grande-Bretagne dispose parallèlement dans son empire d'un réseau important d'écoles et d'universités qui assurent dès la fin du XIXe siècle une présence mondiale de l'anglais. C'est sans doute pour cette raison que la Grande-Bretagne ne ressent pas la nécessité de développer précocement un réseau d'organisations similaire à celui de la France. Les premières antennes étrangères du British Council sont créées en 1938 et se comptent sur les doigts d'une main avant la Seconde Guerre mondiale : Bucarest, Le Caire, Lisbonne, Varsovie. Elles s'occupent de l'enseignement de la langue, en particulier en Égypte, mais aussi à Bucarest, dont l'antenne compte 2 000 étudiants à la veille de la Seconde Guerre mondiale[25]. Par ailleurs, le Council accorde des bourses à des élèves venus d'écoles situées sur le pourtour méditerranéen pour étudier l'anglais à l'antenne du Caire, et crée également un centre d'apprentissage à Athènes. Dans les pays où il n'existe pas d'antenne permanente, il s'appuie sur des professeurs d'anglais locaux. Mais dans l'ensemble, sa politique est assez modeste. En revanche, la Grande Bretagne dispose avec la BBC d'une radio d'État créée en 1922 et qui en 1932 crée un « empire service » pour émettre à l'étranger[26], d'abord dans son empire et à destination de la diaspora anglaise, puis pour un public plus large. La radio s'affirme ainsi comme un instrument potentiel de la diplomatie linguistique, et il semble que dès 1943, des émissions d'apprentissage de l'anglais existent à la BBC, inaugurant une pratique qui sera progressivement reprise par les grandes radios internationales et dont l'histoire resterait à faire.

La diplomatie universitaire et scientifique

- Mobilités étudiantes

La diplomatie universitaire et scientifique qu'on a vue se déployer dès la fin du XIXe siècle connaît un nouvel essor après 1919, et ce, dans de nombreux pays. Les programmes de bourses en sont un aspect majeur, chaque pays souhaitant attirer le plus d'étudiants possible pour faire rayonner son système universitaire, sa recherche, mais aussi son économie. La nouveauté des années 1920, du point de vue des programmes de bourses, est la multiplication de programmes d'échanges : alors que les programmes étaient majoritairement à sens unique auparavant, les programmes réciproques se multiplient. Plusieurs pays sont particulièrement dynamiques de ce point de vue.

C'est le cas de la France, avec la poursuite de l'activité de l'ONUEF. Pendant la guerre, il a dû gérer l'arrivée de milliers d'étudiants serbes, ce qui a conduit à la conclusion d'un accord d'échange franco-serbe en 1916. Cette politique est poursuivie et élargie après la guerre. Les États-Unis en sont le premier bénéficiaire, et particulièrement les soldats démobilisés présents sur le sol français : en 1919, l'ONUEF conclut un accord avec l'American University Union et le département de l'Éducation de la branche étatsunienne des YMCA pour accueillir plus de 5 000 étudiants soldats dans les universités françaises[27].

Dans les années suivantes, la France devient une destination majeure pour les étudiants étatsuniens : on en compte 1 348 en 1921 et 4 000 en 1925[28].

Par ailleurs, la construction de la Cité universitaire de Paris contribue à faire de la capitale française une destination étudiante majeure ; son premier bâtiment ouvre en 1925, et en 1939, elle accueille des étudiants de cinquante-deux nationalités. Dans le domaine de la diplomatie universitaire, le ministère de l'Instruction publique et des Beaux-Arts garde une capacité d'initiative malgré la montée en puissance du ministère des Affaires étrangères. Il centralise au cours des années 1920 et 1930 une activité qui était à l'initiative des universités avant 1914, et met en place des échanges d'étudiants et d'enseignants avec plusieurs pays comme l'Italie et la Roumanie (1919), la Yougoslavie (1920), la Belgique (1921), la Pologne (1922) ou la Tchécoslovaquie (1923). Au total, entre la fin du XIXe siècle et les années 1930, la France a réussi à devenir l'une des destinations les plus attractives pour les étudiants étrangers : en 1931, elle occupe la première place de loin, avec 17 000 personnes sur son sol, soit 20 à 25 % du total des mobilités étudiantes, contre 9 000 pour les États-Unis, 7 000 pour l'Allemagne et 5 000 pour la Grande-Bretagne[29].

La France n'est pas la seule à déployer une diplomatie universitaire et scientifique : alors qu'avant 1914 il n'y avait que quatre pays possédant des offices centralisant la mobilité académique (France, Espagne, Allemagne et Grande-Bretagne), ils se multiplient après 1919 : dans les années 1920, une douzaine d'organismes similaires sont établis, notamment l'Institute of International Education (IIE) aux États-Unis (1919), mais aussi en Roumanie (1923) et dans les pays européens nés de la désagrégation des empires, pour faire la promotion des systèmes universitaires nationaux et organiser l'accueil d'étudiants étrangers. Le cas étatsunien est particulièrement intéressant : on a affaire à l'un des pays les plus dynamiques en la matière, qui entre brutalement sur un marché académique international largement dominé avant-guerre par l'Allemagne, la France et la Grande-Bretagne. En quelques années, l'IIE, créé par des représentants de la philanthropie Carnegie très liés à l'appareil d'État (Elihu Root et Nicholas Murray Butler sont des barons du Parti républicain), réussit à faire des États-Unis une destination majeure de la mobilité étudiante. Alors que le pays vote des lois d'immigration extrêmement restrictives, Stephen Duggan, cheville ouvrière de l'IIE, convainc en effet l'administration fédérale d'exclure les étudiants des quotas d'immigrations de la loi de 1921. Au même moment se multiplient les programmes de bourses signés par des universités étatsuniennes, le plus souvent avec des financements privés, notamment de fondations philanthropiques, qui s'affirment comme des actrices majeures de la diplomatie universitaire étatsunienne de l'entre-deux-guerres. Par ailleurs, l'IIE signe des conventions d'échanges avec la France (1921), mais aussi la Tchécoslovaquie (1922), l'Allemagne (1924), la Suisse (1925) ou l'Espagne (1930).

Les échanges ne se limitent pas à l'Europe : avec la Chine, on l'a vu, les États-Unis en ont établi dès la fin du XIXe siècle. Ils se développent après 1918 et sur une base réciproque, de sorte qu'ils relèvent autant de la diplomatie universitaire chinoise qu'étatsunienne, même si la relation entre les deux est asymétrique en faveur des États-Unis. Elle s'appuie sur des institutions en Chine et aux États-Unis : outre le Tsinghua Junior College mentionné au chapitre précédent, il faut citer la Nankai University créé en 1919 sur le modèle étatsunien, également pour former des étudiants à l'occidentale et en préparer certains pour des études ultérieures aux États-Unis. Les cours y sont dispensés en anglais. Quelques années plus tard, en 1926, est créé le China Institute in America. Son fondateur Paul Zhi Meng a un itinéraire intéressant : éduqué par un missionnaire étatsunien qui lui a enseigné l'anglais, il a étudié à la Nankai Middle School puis au Tsinghua Junior College. En 1919, il obtient une *Tsinghua fellowship* et reste deux ans à Davidson College en Caroline du Nord, où il est le premier étudiant chinois, puis rejoint le Columbia University Teachers College où il décroche son doctorat en 1925, avant de créer le China Institute in America, conçu comme l'équivalent chinois de l'IIE, avec lequel il collabore pour coordonner les programmes d'échanges entre la Chine et les États-Unis. Mais il établit aussi des liens avec d'autres institutions étatsuniennes, les universités bien sûr, mais aussi la YMCA, bien implantée en Chine. Au début des années 1930, il centralise les ressources financières et les informations relatives aux flux étudiants chinois vers les États-Unis. Mais d'autres institutions contribuent au développement des échanges, ainsi du Harvard Yenching Institute créé par l'université de Harvard en 1928, qui établit des accords bilatéraux. Si les relations avec la Chine se tendent après 1919 après que les États-Unis ont accepté que les colonies allemandes en Chine soient rétrocédées au Japon, les flux étudiants, eux, se densifient : en 1923-1924, on compte 1 467 Chinois aux États-Unis sur un total de 6 800 étudiants étrangers[30], et sur l'ensemble de la période 1923-1945, les Chinois constituent la première population étudiante étrangère aux États-Unis. Le projet étatsunien de s'ouvrir le marché chinois et le projet chinois de modernisation à l'occidentale apparaissent bien engagés à la veille du second conflit mondial : en 1939, 71 % des membres du *Who's Who in China* avaient étudié à l'étranger, dont 36 % aux États-Unis alors qu'ils n'étaient que 9,5 % en 1916. L'invasion de la Chine par le Japon et le renversement du rapport de force entre le Parti communiste et le Guomindang, qui se traduit par la prise de pouvoir du premier en 1949, marquera finalement l'échec de ce projet. Mais il en reste quelque chose aujourd'hui, les universités Nankai et Tsinghua comptant parmi les meilleures de Chine et les plus ouvertes sur l'international.

L'Allemagne est un autre pays qui fait des programmes d'échanges un élément important de sa diplomatie culturelle, afin de se réintégrer dans les circuits internationaux et casser le boycott intellectuel et scientifique dont elle faisait l'objet au lendemain de la guerre[31]. Les créations du DAAD et de la Humboldt Stiftung produisent des résultats rapides, quoique les chiffres restent modestes : 13 étudiants d'échange en 1924, 150 en 1929-1930 ; quant au nombre de boursiers de la fondation Humboldt, il est de 66 la même année, tandis que le nombre de bureaux internationaux dans les universités allemandes est passé de 2 à 25 entre 1924 et 1929. Le principal pays destinataire de la diplomatie universitaire et scientifique allemande est les États-Unis : les Humboldt *fellows* sont majoritairement sélectionnés dans ce pays, tandis que c'est aux États-Unis que le DAAD envoie le plus d'étudiants. On ajoutera qu'en 1924, l'IIE a également signé un accord d'échanges avec l'Allemagne.

En Amérique latine aussi, les pays qui entrent dans le champ de la diplomatie culturelle initient des programmes d'échanges, comme le Chili, qui établit des liens avec ses voisins, via notamment sa Commission nationale de coopération intellectuelle, mais aussi via l'Institut interaméricain de coopération intellectuelle. Là encore, les chiffres sont modestes, mais ils doivent être compris à l'aune d'une population étudiante mondiale qui n'est pas encore entrée dans l'ère de la massification. En 1940, on compte ainsi 617 étudiants étrangers à l'université du Chili, dont 141 Européens, 455 venus d'Amérique latine, 12 Étatsuniens et 9 du reste du monde[32]. De con côté, le Mexique envoie dès 1925 des professeurs se former aux États-Unis, et en 1936, à la conférence de l'Institut interaméricain de coopération intellectuelle, est signé entre les États-Unis et l'ensemble des pays d'Amérique latine un accord pour développer les flux étudiants. Il faut cependant attendre 1939 pour qu'il soit réellement opérationnel. Ces exemples ne sont pas limitatifs, car d'autres pays investissent le domaine de la diplomatie universitaire et scientifique : au Japon, est mis sur pied dès 1923 un Bureau des affaires culturelles chinoises au sein du ministère des Affaires étrangères, pour organiser la venue d'étudiants chinois vers l'archipel : plusieurs milliers en bénéficieront jusqu'à la Deuxième Guerre mondiale. Ces programmes, comme leurs équivalents latino-américains, mériteraient des études spécifiques.

- Échanges d'enseignants et missions scientifiques

Les échanges d'enseignants et les missions scientifiques sont l'autre volet important de la diplomatie universitaire et scientifique. La France est très active dans ce domaine dans les années 1930, notamment sous la conduite de Jean Marx, universitaire et diplomate, responsable du SOFE de 1933 à 1940[33], qui « donne à la diplomatie culturelle française une dimension universitaire et scientifique qu'elle n'avait pas jusqu'alors[34] ». Le développement de ces deux activités traduit l'importance des universitaires dans l'appareil de la diplomatie culturelle française au cours de cette période. Le SOFE organise ainsi des missions scientifiques destinées à faire rayonner la science française à l'étranger.

L'exemple du Brésil est caractéristique. Comme pour le cas sino-étatsunien, il est marqué par des initiatives fortes d'une des parties, ici la France, mais l'autre ne reste pas inactive, loin de là. Si à la fin du XIXe siècle, l'influence française au Brésil est largement à sens unique (l'enseignement supérieur brésilien est organisé en grande partie suivant le modèle français), les relations universitaires qui se développent à partir de l'entre-deux-guerres fonctionnent beaucoup plus sur le mode de la co-construction et doivent être considérées comme des réalisations de la diplomatie culturelle française mais aussi brésilienne, même si la deuxième est encore en gestation alors que la première arrive à maturité. C'est ce que montre la création en 1923 de l'Institut franco-brésilien de haute culture (IFBHC) à Rio de Janeiro[35], créé dans la foulée des cérémonies commémoratives du centenaire de l'indépendance du Brésil l'année précédente. Il s'inscrit dans la vague de création d'instituts français à l'étranger à partir du début des années 1920, mais il est aussi le fruit des initiatives brésiliennes : son financement est assuré par les deux gouvernements, auxquels il faut ajouter quelques subsides privés, et il est placé sous la tutelle conjointe des recteurs des universités de Rio et de Paris. Son objectif est de mettre en place des échanges d'enseignants des deux pays sur une base réciproque, même si dans les faits, l'initiative est largement française, ainsi que le choix des enseignants, y compris des Brésiliens sélectionnés pour venir à Paris. Au total, entre 1923 et 1940, l'institut fait venir quarante professeurs au Brésil et trente en France[36]. On notera par ailleurs que ces relations impliquent aussi le Portugal, puisqu'en 1936, à l'initiative de l'IFBHC, et en liaison avec les autorités brésiliennes et portugaises, est créée une chaire professorale d'études portugaises et brésiliennes à la Sorbonne[37]. On voit ici tout l'intérêt qu'il y a à dépasser le cadre purement monographique dans l'étude des diplomaties culturelles, pour mettre en évidence des coopérations multilatérales.

Outre l'Institut de Rio, l'université de São Paulo est l'autre pôle majeur des relations franco-brésiliennes. Le SOFE a participé en 1934 à sa création, avec le soutien de l'Alliance française. Georges Dumas, professeur à l'université de Paris, membre du Conseil d'administration de l'Alliance et cheville ouvrière des relations scientifiques franco-brésiliennes dans l'entre-deux-guerres, a été particulièrement impliqué dans le processus. Il joue un rôle important dans la mise sur pied de ce programme qui constitue un des exemples les plus significatifs de l'impact de la diplomatie universitaire française dans l'entre-deux-guerres, les Français ayant eu une influence déterminante sur la « constitution de l'histoire comme champ disciplinaire[38] » au Brésil. Là encore, ce projet est autant français que brésilien : l'objectif de Paris d'accroître l'influence de la science française en Amérique du Sud rencontre la volonté de certaines élites brésiliennes opposées au renforcement du pouvoir fédéral de l'Estado Novo de Getulio Vargas. La création de l'université de São

Paulo en 1934 est l'expression de ces ambitions combinées. Ses promoteurs vont recruter à l'étranger des professeurs, notamment pour sa faculté des Lettres et sciences humaines. C'est vers la France qu'ils se tournent entre autres. Au cours des années 1934-1954, 29 enseignants français ont fait le voyage, dont 10 historiens (il ne semble pas y avoir eu d'historiennes), qui ont joué un rôle important dans la formation de deux premières générations d'historiens brésiliens. Le plus connu d'entre eux est Fernand Braudel, qui y séjourne régulièrement de 1935 à 1938. En 1950, la *Revista de História* est créée sur le modèle des *Annales*, témoignant de l'impact à long terme de l'initiative.

Il est à noter que sont créés au cours des années 1920 et 1930 d'autres instituts bilatéraux en Amérique latine, qui organisent des échanges sur une même base, que ce soit en Argentine (Buenos Aires), en Uruguay (Montevideo), au Mexique et au Pérou (Lima). Par ailleurs, d'autres pays fondent des instituts bilatéraux, notamment au Brésil : il existe ainsi des instituts germano-brésilien, italo-brésilien et belge-brésilien de haute culture, qui mettent en place des activités similaires. De telles créations bilatérales existent aussi entre les pays d'Amérique latine eux-mêmes : ainsi de l'Institut Chili-Argentine (1934), qui a des antennes à Santiago et à Buenos Aires, tandis que d'autres instituts sont créés en Bolivie, au Costa Rica et en Équateur. En 1943, on compte quatorze instituts binationaux qui témoignent de l'élaboration progressive par les pays d'Amérique latine de diplomaties universitaires et scientifiques, et sont manifestement aussi des points d'appui pour la diplomatie linguistique ainsi que pour la diplomatie intellectuelle et artistique des pays d'Europe et d'Amérique du Nord. Toutes ces activités mériteraient des études approfondies.

La diplomatie intellectuelle et artistique

La diplomatie intellectuelle et artistique est le troisième secteur qui se développe pendant la période de l'entre-deux-guerres. Elle comprend elle-même plusieurs sous-catégories.

- La politique du livre

La politique du livre, amorcée avant 1914, se poursuit après 1918. Les États-Unis sont ici les plus actifs, à travers notamment le rôle des fondations : le livre est un des secteurs d'intervention les plus précoces de la diplomatie philanthropique, qui a systématiquement accompagné son soutien à la recherche scientifique et au développement des universités de subventions pour construire et surtout équiper des bibliothèques. C'est le cas des organisations de la galaxie Carnegie, qui financent la construction de bibliothèques aux États-Unis, mais développent aussi cette activité à l'international dans l'entre-deux-guerres, une dimension encore mal connue de leur activité, mais qui peut être qualifiée de politique du livre, et qui contribue à l'exportation de la production intellectuelle et scientifique étatsunienne. Il faut mentionner surtout la fondation Rockefeller, qui finance après la Première Guerre mondiale le rééquipement de bibliothèques universitaires en revues, notamment étatsuniennes : en 1923, la fondation fournit ainsi des abonnements à près de deux mille revues scientifiques anglaises et étatsuniennes à 271 bibliothèques de facultés de médecine de 15 pays européens comme la France, l'Autriche l'Allemagne, le Portugal, la Russie, la Roumanie, mais aussi, l'année suivante, la Bulgarie, la Suisse et la Finlande. Le programme dure jusqu'en 1929, et même jusqu'en 1937 en Russie soviétique[39]. La fondation contribue aussi à l'internationalisation des sciences sociales étatsuniennes, à travers ses subventions à des bibliothèques spécialisées pour acheter des productions étatsuniennes comme c'est le cas au Centre de documentation sociale de l'École normale supérieure à Paris au début des années 1930[40]. D'autres initiatives relèvent de cette logique : après le tremblement de terre de Tokyo en 1923, qui a détruit la bibliothèque impériale, John D. Rockefeller, Jr. finance sur ses fonds personnels la reconstruction et le rééquipement de la bibliothèque, dont le nouveau bâtiment est achevé en 1928. D'autres pays contribuent à ce rééquipement : au total, les États-Unis fournissent 78 000 volumes, la Grande-Bretagne 27 300, l'Allemagne 22 800, la Chine 20 000, et la France 15 000.

En France, la diffusion du livre n'est pas une priorité de la diplomatie culturelle dans l'entre-deux-guerres. Elle se caractérise par une discontinuité des initiatives, un certain désintérêt du ministère (qui consacre, on l'a vu, 90 % de ses moyens aux soutiens aux écoles) et l'imperfection du système de diffusion du livre français à l'international, ainsi qu'à une articulation faible entre les autorités politiques et le secteur de l'édition. Alors que la politique étatsunienne en la matière articule intimement la dimension culturelle et la dimension économique, ce point est alors, et est sans doute toujours aujourd'hui, le talon d'Achille de la diplomatie culturelle française. Les décrets signés par le gouvernement de Front populaire, les 26 novembre 1936 et 9 octobre 1937, tentent de corriger cette tendance en augmentant les crédits à la disposition du SOFE pour développer l'achat et la diffusion de livres, mais les moyens restent modestes.

Le Brésil est un autre exemple de diplomatie du livre, qui articule acteurs privés et publics. En 1931, est en effet créée la *Coleção Brasiliana* (Collection brésilienne) consistant à créer un corpus de publications représentatives de la littérature, et plus généralement, de la culture brésilienne. Elle est le résultat d'une initiative privée regroupant éditeurs et intellectuels engagés dans l'entreprise d'affirmation d'une culture nationale. Si leur objectif est de toucher d'abord la population brésilienne, il dépasse rapidement les frontières, notamment à partir du moment où le gouvernement crée en 1937 L'Instituto

Nacional do Livro (Institut national du livre)[41], qui entreprend la diffusion de la production livresque dans les pays voisins, notamment dans les universités et les centres culturels, mais aussi aux États-Unis, puisque la bibliothèque du Congrès ainsi que plusieurs grandes universités nord-américaines (Columbia, Cornell, Duke, Stanford, entre autres) en sont les destinataires. L'Institut national du livre semble susciter des émules, puisqu'en 1943, une publication guatémaltèque le mentionne comme un modèle à suivre. Là encore, la piste de recherche mériterait d'être poursuivie.

En marge de la diffusion du livre, il faut aussi signaler que toutes les diplomaties culturelles s'appuient, à des degrés divers, sur une diffusion d'imprimés de toutes sortes, notamment des revues et des brochures qui sont autant de moyens de diffuser des informations sur leurs activités (annonces de conférences ou de tournées), mais aussi de faire rayonner la langue (informations sur les cours dispensés). Il est très difficile de les quantifier, mais on les voit apparaître à peu près partout. En France, on a évoqué le *Bulletin de guerre* de l'Alliance française. Mais le réseau des comités de l'Alliance publie bien d'autres matériaux. En Tchécoslovaquie par exemple, l'Institut français de Prague et l'Alliance s'allient pour publier la *Revue française de Prague*. Quant à la Fédération des Alliances françaises d'Amérique du Nord, elle a aussi son périodique. Au Chili, la revue *Chile* est publiée à partir de 1925, alors même que le Service d'information officiel ne sera créé qu'en 1937 ; le gouvernement chilien y ajoute la publication d'abécédaires du Chili en espagnol, anglais, allemand, français, et des bulletins d'information cablographiés sont diffusés deux fois par semaine dans le monde à destination des radios. Il en va de même en Argentine où est créée en 1938 la revue *Informaciones Argentinas*, dont on repère des éditions en espagnol, français, anglais, allemand, italien et portugais. En Grande-Bretagne, le British Council crée en 1939 le journal *Britain To-day*, qui sera publié jusqu'en 1954. Il s'agit essentiellement d'un périodique destiné à présenter le modèle de société libéral et les valeurs britanniques, et à souligner le rôle qu'elles peuvent jouer dans la construction d'un nouvel ordre international lorsque la guerre sera finie, mais les informations sur les activités culturelles du Council y sont aussi présentes. Tous ces périodiques sont difficiles à suivre à la trace, ont une durée de vie inégale et un impact très difficile à évaluer, mais leur rôle ne doit pas être sous-estimé. Pour se limiter à *Informaciones Argentinas*, l'ensemble des éditions entre 1939 et 1940 totalise 1 856 articles et 1 093 photos[42], alors même que le réseau de diffusion argentin est relativement peu développé à l'époque par rapport à celui des puissances comme la France, l'Allemagne, la Grande-Bretagne, les États-Unis ou l'URSS.

• Conférences et tournées

La pratique des conférences est une autre sous-catégorie de la diplomatie universitaire et scientifique. Inaugurée par l'Alliance française avant 1914, elle se développe dans l'entre-deux-guerres. Il n'est pas de comité de l'Alliance ou d'Institut français qui ne cherche à en organiser pour faire venir du monde dans ses murs. Vraies conférences ou simples événements mondains, visites d'écrivains connus (Georges Duhamel, Paul Valéry) ou causeries improvisées par le consul local pour pallier l'absence d'une vedette parisienne, le spectre est large. Mais la conférence est un *must* de la diplomatie culturelle, pas seulement française, dans l'entre-deux-guerres.

Outre les écrivains, ce sont les artistes qui voyagent. À partir de sa création, l'AFEEA organise de nombreuses tournées à l'étranger avec le soutien du ministère des Affaires étrangères ou du ministère de l'Instruction publique et des Beaux-Arts. Les États-Unis sont une destination privilégiée. Après Jacques Copeau en 1917-1919, c'est la troupe du théâtre de l'Odéon de Firmin Gémier qui est envoyée outre-Atlantique, mais aussi en 1927 la pianiste Lucie Caffaret, ou encore Nadia Boulanger en 1938-1939. Ces tournées témoignent bien de la nature fondamentalement mixte de la diplomatie culturelle française, malgré une tutelle de plus en plus visible de l'État : l'organisation repose en effet en partie sur les acteurs privés, à la fois français et locaux, qui constituent des relais d'influence indispensables pour établir des contacts sur place et assurer le suivi au quotidien. C'est ce que montre bien le cas étatsunien étudié par Alain Dubosclard : le réseau consulaire dans ce pays immense est « très lâche[43] » dans l'entre-deux-guerres, et les initiatives de la diplomatie française s'appuient sur des bonnes volontés locales, francophiles ou non : par exemple, pour organiser des tournées, elle fait appel aux services de l'imprésario new-yorkais Solomon Hurok. L'organisation conjointe par l'AFEEA et des imprésarios du pays n'est pas une spécificité étatsunienne : on la retrouve certainement partout où le réseau diplomatique français n'est pas assez serré pour pouvoir prendre en charge toutes les étapes de l'organisation, notamment dans les grands pays d'Amérique latine que sont l'Argentine et le Brésil. Mais c'est sans doute en Europe que la diplomatie des tournées est la plus visible, avec des institutions de prestige comme la Comédie-Française, dont la troupe entreprend sous l'égide de l'AFEEA de nombreuses tournées au cours de la période : Pays-Bas (1920), Allemagne et Danemark (1921), Norvège et Suède (1922), Luxembourg (1926), Espagne (1928), mais aussi en Europe centrale, notamment les pays de la Petite Entente – la première tournée dans la région, au printemps 1936, passe par la Tchécoslovaquie, la Pologne, la Roumanie et la Yougoslavie[44]. Sa dimension politique est évidente, au moment même où Hitler remilitarise la Rhénanie, et où la France essaye de constituer une alliance de revers face à une Allemagne de plus en plus agressive.

De l'autre côté de l'Atlantique, les tournées sont aussi intégrées au répertoire d'actions de la diplomatie culturelle brésilienne naissante : le nouvel ambassadeur du pays nommé à Paris en 1922, Luiz Martins de Souza Dantas, fait en sorte de promouvoir les artistes brésiliens présents dans la capitale : il organise les premières auditions des œuvres de Heitor Villa-Lobos à l'exposition d'art d'Amérique latine au musée Galliera en mars et avril 1924. Et la légation brésilienne aide les orchestres de musique populaire qui font leurs premières tournées en Europe, comme les Batutas, le Carlitos Jazz-Band ou le Jazz-Band Sul Americano. Mais ces initiatives sont loin de revêtir le caractère systématique et organisé de celles de l'Alliance française ou de l'AFEEA. À ce moment, la diplomatie culturelle brésilienne dépend encore du bon vouloir de quelques diplomates intéressés par la culture, et du soutien de mécènes privés, ainsi les frères Carlos (1883-1869) et Arnaldo Guinle (1884-1964) qui participent, conjointement avec le gouvernement brésilien, au financement du séjour d'études de Villa-Lobos à Paris à partir de 1923. D'autres initiatives existent : par exemple la diffusion de programmes musicaux en Allemagne par la *Rádio Nacional*, ou des concerts brésiliens aux Jeux olympiques de Los Angeles en 1932. Sur le continent américain, le Brésil répond aux initiatives de la politique de bon voisinage de Franklin D. Roosevelt : il envoie des artistes à l'exposition universelle de New York en 1939, notamment l'actrice Carmen Miranda, invitée d'honneur du pavillon du Brésil, et avec elle la samba, symbole de la culture populaire brésilienne que le régime essaye de promouvoir. Alors que Miranda est aussi invitée à tourner à Broadway, le manager étatsunien refuse de payer le transport de son orchestre, le groupe de samba Bando da Lua ; le gouvernement Vargas prend alors en charge les frais, permettant à Miranda et ses collègues d'arriver au mois de mai 1939. Succès à Broadway, apparition à l'exposition universelle, émissions de radio, rencontre avec le président Roosevelt, engagement immédiat par Hollywood avec qui elle tourne son premier film en 1940, *Down Argentine Way* : l'escapade étatsunienne de Carmen Miranda est une *success story* personnelle, mais aussi une bonne opération de communication pour le Brésil, même si l'image donnée du pays dans les films reste empreinte de clichés que le pays voudrait gommer. Miranda tournera de nombreuses comédies musicales jusqu'à la fin de la Deuxième Guerre mondiale.

- Expositions universelles

Les expositions universelles reprennent après la Grande Guerre et continuent de jouer un rôle de représentation des productions culturelles nationales. L'Exposition internationale des arts et des techniques tenue à Paris en 1937 est à cet égard caractéristique. Elle est l'occasion pour la France de présenter sa peinture, très à l'honneur avec les travaux de Robert et Sonia Delaunay, à qui ont été confiées les décorations du palais de l'Air et du palais des Chemins de fer, tandis que Raoul Dufy réalise l'immense fresque de la *Fée électricité* pour le palais de la Lumière. Mais ce sont les pavillons soviétique et allemand qui attirent le plus de regards. Les deux bâtiments, qui se font face de part et d'autre de la tour Eiffel, sont emblématiques de la mobilisation de l'architecture et de l'art en général aux services de la politique de rayonnement international des régimes totalitaires. Le premier a été réalisé par l'architecte Boris Iofane, le plus en vue du régime soviétique : il a construit à la demande de Staline la Maison sur le Quai à Moscou en 1931, un des symboles de l'architecture stalinienne. Le pavillon soviétique est à la fois un manifeste technique et esthétique. Sur le plan technique, le bâtiment, haut de 160 mètres et large de 21, combine le béton et le métal. Sur le plan esthétique, les références Art déco, mêlées au caractère monumental et dépouillé, symbolisent la force du régime, tandis que l'intérieur du bâtiment est décoré par des bas-reliefs réalisés par d'autres artistes officiels tels que Joseph Tchaïkov, Vladimir Favorsky ou Nikolaï Souetine. Au sommet du pavillon trône la sculpture *L'Ouvrier et la Kolkhozienne*, réalisée par Vera Moukhina. Œuvre monumentale de 24 mètres de haut et pesant près de 80 tonnes, ce couple symbolise l'esthétique du réalisme socialiste autant le projet politique par l'alliance des mondes paysan et industriel, et des deux instruments qui la résument, le marteau et la faucille. Du point de vue technique, il s'agit de la première sculpture en acier inoxydable soudé, témoin du savoir-faire de l'industrie soviétique.

En face, le pavillon allemand se veut aussi la preuve par l'architecture de la vitalité du régime nazi. Il a été réalisé par Albert Speer, devenu en 1934 architecte en chef du Reich. Outre sa virtuosité de bâtisseur, il excelle dans la mise en scène esthétique : concepteur du complexe architectural du Reichsparteitagsgelände à Nuremberg, qui accueille les congrès du Parti nazi, il a aussi réalisé la mise en lumière des congrès grâce à un ensemble de projecteurs qui accentuent le caractère monumental du bâtiment et des tribunes. C'est dans le même esprit qu'il réalise le pavillon de l'exposition de 1937, d'inspiration néoclassique, haut de 140 mètres et pour lequel Speer a également prévu un système d'éclairage nocturne nurembergien. Le bâtiment est surmonté d'un aigle monumental en bronze qui fait face à la sculpture de Vera Mouhkina. Il est également flanqué à sa base de sculptures réalisée par l'artiste officiel du Reich Josef Thorak.

L'expression esthétique de la rivalité des deux régimes totalitaires n'échappe pas au public. De fait, les deux pavillons sont parmi les plus visités et constituent, encore aujourd'hui, les images les plus marquantes de l'exposition dans la mémoire collective, signe de la force des symboles artistiques. Ils témoignent du rôle des expositions universelles comme vitrines de la création nationale, tout autant que de la promotion de celle-ci au rang de propagande politique par les régimes totalitaires[45]. Deux ans plus tard, à l'exposition de

New York, l'art tient toujours une place importante, cette fois-ci pour mettre en avant les États-Unis. L'exposition contient deux pavillons des arts, dont l'un, le Contemporary Art Building, est financé par le gouvernement fédéral[46] pour exposer des œuvres d'art national contemporain : en 40 000 mètres carrés et 23 salles, l'exposition « American Art Today » présente plus de 800 œuvres sélectionnées à travers l'ensemble des États-Unis par des comités locaux, afin d'assurer la représentativité des régions et de l'ensemble des sensibilités, pour présenter au monde une image globale de l'art étatsunien. L'exposition est placée sous le signe de la démocratie dans l'art, le processus de sélection décentralisée symbolisant la nature intrinsèquement démocratique du système politique étatsunien, qui donne à tout artiste une chance égale d'être sélectionné, prenant le contrepied du système ultra-centralisé des régimes totalitaires et de ses artistes d'État. Quant au bâtiment lui-même, conçu par les architectes Frederick L. Ackerman et John van Pelt, il illustre à la fois l'influence de l'esthétique Art déco sur l'architecture étatsunienne mais aussi sa réappropriation par les architectes locaux.

L'élargissement du répertoire (1) : le *lobbying* auprès des organisations internationales

Le lendemain de la Première Guerre mondiale est marqué par une nouveauté importante dans les relations internationales : la création d'une organisation destinée à réguler la vie politique mondiale et à éviter le retour d'un conflit comme celui qui vient de s'achever. Il n'est pas lieu ici de présenter en détail cette création bien explorée par la littérature scientifique, mais il faut souligner qu'elle n'est pas sans conséquences sur le développement des diplomaties culturelles nationales. Car la Société des Nations, on le sait, n'est pas seulement un organe politique composé d'une assemblée des États : c'est aussi un système d'organisations appelées à l'époque « sections techniques », intervenant dans de nombreux domaines, qu'il s'agisse de la santé (Organisation d'hygiène), l'économie (Organisation économique et financière), mais aussi la culture, à travers la Commission internationale de coopération intellectuelle (CICI) créée en 1922. Celle-ci va devenir au cours des années suivantes une partenaire et une destinataire des diplomaties culturelles nationales, ouvrant un chapitre encore mal connu des diplomaties culturelles qui se poursuit jusqu'à nos jours. On exposera ici quelques pistes de réflexion qui mériteraient d'être poursuivies. La CICI, en effet, n'est pas une institution déconnectée des réalités nationales. Dès sa création, elle est mise en relation avec les appareils diplomatiques nationaux, en particulier à partir de la création par la France de l'Institut international de coopération intellectuelle (IICI) en 1926[47]. En général absent des analyses portant sur la diplomatie culturelle française, celui-ci me semble y appartenir incontestablement. Son objectif est en effet non seulement d'assurer le lien avec la CICI qui se réunit à Genève, mais aussi, plus fondamentalement, de constituer un organisme permanent, alors que la CICI ne se réunit que quelques jours par an, et, *in fine*, de coordonner l'ensemble des activités de la CICI. À cet égard, il peut être considéré comme l'une de ces agences paragouvernementales évoquée dans la typologie du chapitre I. Il s'inscrit en tout cas pleinement dans la politique d'influence française et constitue un moyen pour le pays de restaurer une partie de son statut international abîmé par la Grande Guerre mais aussi par ses suites, notamment l'occupation de la Ruhr en 1923, en investissant un domaine dans lequel le magistère français est encore incontesté. L'IICI peut donc être considéré, au même titre que l'Alliance française et les différents organismes gouvernementaux, comme un des piliers de la diplomatie culturelle française de l'entre-deux-guerres. Il est révélateur que son premier directeur soit Julien Luchaire, qui était, on s'en souvient, le premier directeur de l'Institut français de Florence. Universitaire ayant bifurqué vers la carrière administrative, Luchaire avait préconisé dès 1919 la création d'un Office national des relations intellectuelles chargé de donner à la politique culturelle française à l'étranger la coordination dont elle avait, selon lui, manqué pendant la guerre. Si le projet n'aboutit pas, la création de l'IICI quelques années plus tard, et dans un autre contexte, apparaît comme sa continuation. Il s'agit d'une organisation de droit français, et dans l'esprit de Luchaire, nul doute qu'elle doive devenir une sorte de ministère des Affaires culturelles internationales dans un esprit centraliste qui va rapidement faire grincer des dents à Genève, où l'on voit avec réticence le projet français de faire de Paris le centre de la « coopération intellectuelle ». Les membres de la CICI vont rapidement s'opposer aux projets français, un processus qui aboutit quelques années plus tard au départ de Luchaire, puis, dans les années 1930 à la remise en cause de l'influence française, à travers notamment l'intervention de plus en plus prononcée des fondations étatsuniennes, signe que l'IICI est bien un lieu de rivalités nationales relevant de l'histoire de la diplomatie culturelle.

Outre l'activisme français, le deuxième élément qui concourt à relier la coopération intellectuelle à la diplomatie culturelle est la création des commissions nationales, qui doivent faire le lien entre l'IICI et les milieux gouvernementaux et culturels nationaux. Celles-ci ont été instituées dès 1923 par la CICI, mais c'est l'IICI, à travers son caractère permanent, qui noue avec elle des relations continues. Au nombre de vingt-cinq en 1929, les commissions nationales sont représentées lors des réunions annuelles de la CICI, et elles constituent le canal par lequel les États participent, de manière inégale il est vrai, aux activités de l'organisation genevoise et de son bras armé français, et tentent d'y faire valoir leur position. Leur activité est encore mal connue et constitue en soi un sujet de recherche, d'autant plus qu'elles seront reconduites lors de la création de l'Unesco ; mais si elles sont présentes dans les travaux portant sur l'entre-deux-guerres, elles disparaissent presque complètement du radar des historiens pour la période postérieure à la Deuxième Guerre mondiale.

Quelques remarques sur leur activité au cours de l'entre-deux-guerres montreront bien cette connexion avec la diplomatie culturelle. Le cas de la Commission brésilienne est emblématique : créée en 1925 et composée d'universitaires et d'intellectuels, elle est placée sous la tutelle du ministère des Affaires étrangères. À travers elle, le Brésil cherche à asseoir son *leadership* intellectuel en Amérique latine, à se présenter comme « un trait d'union entre l'Europe et l'Amérique[48] », mais aussi à promouvoir ses productions culturelles : en 1937, alors même que le Brésil a quitté la SdN, il continue de participer à la coopération intellectuelle. Le Service de coopération intellectuelle du gouvernement, en collaboration avec l'Institut national de musique, fait enregistrer des disques de musique brésilienne et collecte des partitions pour les diffuser à l'étranger en liaison avec les autres commissions nationales. Et en 1939, il fait publier un essai du poète et musicologue Mario de Andrade aux presses de l'IICI. Autre exemple : en 1930, le Chili crée à son tour une commission de coopération intellectuelle, qui agit de concert avec le gouvernement pour promouvoir la culture chilienne, par exemple en organisant des expositions de livres à Buenos Aires, Lima, La Paz, Rio de Janeiro et Bogotá. Quant à la Commission argentine de coopération intellectuelle, créée en 1936, elle publie à partir de l'année suivante un *Boletín Bibliográfico Argentino* envoyé aux autres commissions nationales ainsi qu'aux bibliothèques privées et publiques d'Amérique et d'Europe, y compris pendant la Deuxième Guerre mondiale, comme en témoignent les expositions de Rio de Janeiro, Santiago et Lima à l'automne 1940, et de La Paz en juillet 1944.

Mais à tout prendre, c'est peut-être le cas de la Commission américaine de coopération intellectuelle qui est le plus significatif. Créée en 1925 et financée par la philanthropie Carnegie, dont les dirigeants sont également des responsables politiques de haut rang (Nicholas Murray Butler a été candidat républicain à la vice-présidence en 1912, et Elihu Root a brigué sans succès l'investiture républicaine en 1916), elle a pour objet explicite de concurrencer la France sur son propre terrain. De loin la plus richement dotée de toutes les commissions, elle a des moyens d'action plus importants et constitue un vecteur d'influence étatsunienne au sein de la SdN, dont les États-Unis ne sont pas officiellement membre, mais où les fondations sont très actives. Par le biais de son représentant, l'historien James T. Shotwell, son activisme se traduit au milieu des années 1930 par une prise de pouvoir étatsunienne au sein de la CICI et de l'IICI, amenant à ce que j'ai appelé « l'américanisation de la coopération intellectuelle[49] », notamment à travers la prise en main par les fondations de la manifestation la plus importante de l'IICI, à savoir la Conférence permanente des hautes études internationales. Enfin, les fondations seront aussi à l'origine de la création en 1928 de l'Institut interaméricain de coopération intellectuelle, destiné à concurrencer l'IICI et à l'expulser du continent américain que les fondations considèrent comme leur domaine réservé. Manifestement, une grande partie des activités des diplomaties culturelles nationales latino-américaines, notamment ce qui concerne leurs relations avec les États-Unis, vont désormais passer par lui ainsi que par l'Union panaméricaine à laquelle il est rattaché, et non plus par la SdN. Il s'agit là aussi d'une recherche qui resterait à approfondir.

Les régimes totalitaires en quête d'hégémonie culturelle

Les régimes totalitaires qui se mettent en place en 1917, 1922 et 1933 marquent une nouveauté radicale dans le paysage européen en raison de la nature de leur projet politique et de leur conception du pouvoir. Mais ils représentent aussi une nouveauté dans la manière de concevoir la diplomatie culturelle. C'est à ce titre qu'ils seront regroupés ici. Cela ne veut pas dire que le concept englobant de totalitarisme, proposé par Hannah Arendt et devenu classique, doive être appliqué de manière unilatérale : il a fait, à juste titre, l'objet de critiques, notamment en raison de la sous-estimation des spécificités des situations allemande, italienne et soviétique. Toutefois, du point de vue de l'histoire de la diplomatie culturelle, il y a une certaine pertinence à regrouper ces trois pays dans une catégorie intitulée « diplomaties culturelles totalitaires ». D'une part parce que la culture y est un instrument de promotion de ces nouveaux modèles politiques que sont le communisme, le fascisme et le nazisme, qui se présentent comme des révolutions culturelles, et que leurs diplomaties culturelles vont s'attacher à légitimer. Si elles ne procèdent pas toutes de la même façon pour atteindre leurs objectifs, elles ont en commun de mener un combat culturel au sens le plus fort du terme, qui va les conduire toutes les trois à l'abolition complète de la frontière séparant diplomatie culturelle et propagande. L'un des points communs les plus flagrants entre ces trois totalitarismes est en effet le fait que la culture n'y existe pas pour elle-même : elle y est tout entière subordonnée au politique et instrumentalisée au service de sa légitimation, notamment à travers la mobilisation de la population via des techniques de diffusion qui sont aussi des techniques d'endoctrinement, en particulier l'utilisation systématique des médias. Promotion de la culture et promotion du régime sont donc absolument indissociables. La deuxième raison qui milite en faveur du regroupement de ces trois régimes est que leurs diplomaties culturelles sont spécifiques. Si leur répertoire d'actions est en partie identique à celui des autres pays, ils en introduisent de nouvelles. Ceci étant, la catégorie « diplomatie culturelle totalitaire » a ses limites, car il existe des différences assez nettes entre la diplomatie soviétique d'un côté, et l'ensemble formé par l'Italie et l'Allemagne de l'autre.

L'appareil culturel d'État

La Russie soviétique

La Russie est une nouvelle venue dans la diplomatie culturelle après la Première Guerre mondiale, et elle doit largement son entrée dans cette arène au changement de régime : arrivés au pouvoir en 1917, les bolchéviques entendent mobiliser la culture pour faire la promotion du nouveau régime. Les premières manifestations culturelles à l'extérieur du territoire datent de 1921. Mais c'est la création en 1925 de la Société pour les relations culturelles entre l'URSS et l'étranger (VOKS) qui marque le début de la diplomatie culturelle soviétique. Cet organisme, que je classe parmi les organisations paragouvernementales, a pour objectif de faire connaître la culture et le modèle soviétiques (c'est une seule et même chose dans l'esprit des responsables bolchéviques) à l'étranger, et vice versa. Son inspiratrice directe est l'Alliance française, mentionnée dans les sources soviétiques. Organisation officiellement non gouvernementale, elle est en réalité partie intégrante de la bureaucratie soviétique, qui y est bien représentée. Sa première présidente, Olga Kameneva, sœur de Trotski et épouse de Lev Kamenev, a exercé plusieurs fonctions dans l'appareil d'État bolchévique depuis 1917, notamment celles de responsable du théâtre au sein du Commissariat du peuple à l'instruction publique, puis de membre de la Commission centrale pour la lutte contre les conséquences de la famine, des postes où elle s'est familiarisée avec les méthodes de propagande. Par ailleurs, on retrouve dans les différentes sections de la VOKS des représentants des organismes chargés de la propagande d'État. Enfin, la Société collabore avec la nouvelle agence de presse Tass, mais aussi avec le NKVD, la police politique créée en 1917.

La VOKS est organisée en deux grandes sections, celle des sciences et celles des arts, elles-mêmes divisées en sous-sections et en zones géographiques qui témoignent de son ambition internationale. Mais derrière cette organisation d'apparence rigoureuse qui donne l'impression d'une centralisation extrême de la diplomatie culturelle soviétique, la situation de terrain est plus contrastée. D'abord parce que, comme toute structure bureaucratique, *a fortiori* dans un état immense comme l'URSS, elle connaît une période de rodage qui dure plusieurs années. Ensuite parce que le régime soviétique, comme souvent les régimes totalitaires, excelle dans l'art de faire proliférer des structures administratives dont les attributions se recoupent et se font concurrence. La diplomatie culturelle soviétique est donc bien plus protéiforme qu'il n'y paraît. Jean-François Fayet argumente à juste titre que le cas soviétique est de ceux qui rendent largement inopérante l'artificielle division public/privé, autant que l'idée réductrice des « modèles » nationaux souvent essentialisés en l'absence de comparaison réelle avec d'autres « modèles ». La diplomatie culturelle soviétique, selon Fayet, « s'incarne dans un très grand nombre d'acteurs officiels et officieux, une multitude de structures, souvent extrêmement imbriquées, parfois concurrentes, que les Soviétiques dénomment organisations culturelles [...]. Les Soviétiques, et plus généralement les communistes, font en effet preuve d'une extraordinaire créativité dans la formation de réseaux internationaux investis dans le champ culturel[50] ». Parmi ces organisations il faut mentionner la multitude de bureaux de relations internationales dont se dotent les différents commissariats du peuple (à l'instruction publique, à la santé publique, à l'économie, au plan), mais aussi les académies, les instituts et les syndicats, auxquels il faut ajouter, hors d'URSS, une « multitude de mouvements annexes », créés et encouragés par le Komintern, « dont la mission consiste à influencer les masses non communistes et les membres de l'intelligentsia petite bourgeoise dans un sens favorable à la Russie ».

L'URSS dispose ainsi d'un appareil de diplomatie culturelle à plusieurs étages : il comprend d'abord les « instruments d'État classiques de la politique extérieure (l'appareil diplomatique et consulaire ainsi que les bureaux internationaux des commissariats du peuple) », ensuite le réseau des partis communistes étrangers (chapeautés par l'Internationale communiste), et enfin tout un réseau d'organisations soviétophiles plus ou moins structurées selon les pays, formant un ensemble de relais d'influence que Jean-François Fayet et Bernhard H. Bayerlein nomment le Kultintern. Une des premières manifestations internationales de la force de frappe que représente ce dernier groupe est le premier Congrès mondial des Amis de l'Union soviétique organisé en 1927, auquel participent des délégations de quarante-trois pays. C'est dans cette prolifération de réseaux formels et informels que réside, selon Fayet, l'originalité de la diplomatie culturelle soviétique. Cette originalité doit à mon sens être relativisée, car la diplomatie culturelle d'avant 1914 se caractérise déjà par sa capacité à s'appuyer sur des réseaux internationaux d'organisations ou d'individus qui assurent sa promotion ; mais il n'en reste pas moins que l'URSS va plus loin dans ce sens, systématisant et contrôlant cette nébuleuse d'acteurs de façon plus approfondie, notamment via le Komintern et les partis communistes à l'étranger. Dès 1919, les dirigeants russes ont imposé à ces derniers la création de sections d'agitation et de propagande (*agit-prop*) qui doivent faire la promotion du modèle politique tout autant que de la culture soviétiques. Ceci étant dit, malgré l'importance de cette nébuleuse, le bilan de la diplomatie culturelle soviétique au cours de l'entre-deux-guerres se révèle « relativement modeste, ou du moins mitigé, même s'il faut souligner de fortes disparités d'un pays à l'autre ». Cela est dû sans doute à la grande méfiance qu'inspire l'Union soviétique dans beaucoup de pays. Mais il faut aussi invoquer des causes internes : non seulement la concurrence entre les organismes, qui réduit leur efficacité ; mais aussi le fait que la VOKS perd de son influence à partir de l'arrivée de Staline, au détriment d'autres organisations comme l'Intourist, et elle finit par être considérée par le pouvoir comme un nid d'espions et de traîtres, une partie non négligeable de ses membres tombant victimes des purges au cours des années 1930. C'est le cas d'Olga Kameneva, dont la disgrâce suit celle de Lev Kamenev et de Trotski : arrêtée en 1936, elle sera exécutée par le NKVD en 1941.

L'Italie

La diplomatie culturelle italienne, déjà opérationnelle avant 1914, connaît une croissance à partir de l'arrivée du fascisme au pouvoir. Son objectif originel, préserver l'italianité de la diaspora, demeure inchangé, mais s'y ajoute un nouveau, celui de promouvoir le projet culturel fasciste, présenté comme une alternative au modèle libéral. Promotion de la culture italienne et du modèle fasciste, comme dans le cas soviétique, ne font qu'un : comme le souligne Marie-Anne Matard-Bonucci, la caractéristique de la diplomatie culturelle italienne de l'entre-deux-guerres est d'abolir « la frontière entre italianité et fascisme[51] ». À son arrivée au pouvoir le régime de Mussolini hérite d'un certain nombre de structures, et notamment la société Dante Alighieri, avec son réseau de comités et d'écoles. Le régime apporte une nouveauté en 1926 avec la création des instituts culturels italiens, destinés à favoriser l'internationalisation de la langue et la culture italiennes ainsi que la diffusion des cultures étrangères en Italie, même si, étant donné la nature du projet fasciste, ce deuxième objectif restera purement théorique. Mais il faut attendre 1928 pour que se précise une diplomatie culturelle fasciste à la fois distincte de celle d'avant 1914 et plus affirmée. Cette année sont en effet créés l'Institut interuniversitaire italien et l'Institut international du cinéma éducatif, mais sont également votés les statuts définitifs des Faisceaux de l'étranger, antennes du Parti national fasciste dédiés à la fascisation de la diaspora, en particulier à travers le contrôle sur les écoles : l'imbrication entre le politique et le culturel est ici totale. La fascisation de la diplomatie culturelle s'inscrit dans le processus plus large de la fascisation de l'État qui a franchi un pas décisif au lendemain de l'affaire Matteoti, avec le vote des lois fascistissimes de 1926. Dès lors, le contrôle de l'État sur la culture se renforce, ce que confirme la création en 1932 de la Direzio generale degli Italiani all'estero (Direction générale des Italiens de l'étranger), qui supervise à la fois la gestion de la diaspora mais aussi les actions d'exportation de la culture italienne et la propagande à l'étranger. L'année précédente, la Société Dante Alighieri a été réorganisée : d'organisation semi-autonome, elle est désormais sous le strict contrôle de l'État, qui en expulse les responsables considérés comme non loyaux au régime ou trop libéraux. L'étatisation de l'activité culturelle est complétée en septembre 1934 par la création du sous-secrétariat à la Propagande, devenu ministère l'année suivante et renommé Minculpop (ministère de la Culture populaire) en 1937. La mise en place de l'architecture de la diplomatie culturelle/propagande fasciste aura ainsi pris une quinzaine d'années.

L'Allemagne

En Allemagne, le processus est plus rapide. En l'espace de quelques semaines, le régime nazi met en place une architecture gouvernementale totalement nouvelle, y compris dans le domaine culturel, avec des objectifs précis : légitimer le nouveau régime, bien sûr, mais aussi renverser l'ordre culturel international libéral et instaurer un nouvel ordre culturel européen et international sous domination nazie. Le principal adversaire est naturellement la France, à la fois ennemie sur laquelle l'Allemagne doit prendre sa revanche, et puissance culturelle dominante en Europe, qu'il s'agit de renverser. Hitler expose l'ensemble du projet nazi en matière de culture en septembre 1933 devant les dignitaires du NSDAP. L'organisme qui va cordonner cette entreprise est le ministère de l'Éducation du peuple et de la Propagande créé en mars 1933, avec pour triple mission de mettre en place une propagande destinée à embrigader la population et à légitimer le régime, mais aussi à contrôler l'ensemble des secteurs de la production culturelle, et enfin à assurer la promotion du régime et de la culture allemande (là encore, les deux ne font qu'un) à l'extérieur de ses frontières. Son organisation est calquée sur celle de la direction nationale de la propagande du parti nazi, témoignant de la politisation de la politique et de la diplomatie culturelles. Il est composé de sept sections : les services administratifs et juridiques ; la propagande ; la radio (centre nerveux du dispositif) ; la presse ; le film ; le théâtre, la musique et les arts plastiques ; et enfin la contre-propagande. En résumé, le nouvel organisme possède à la fois les prérogatives d'un ministère de l'Information, de la Culture et de la Diplomatie culturelle. Sous la férule de son responsable Joseph Goebbels, il met en place rapidement des institutions de contrôle, qui sont regroupées en novembre dans la Chambre de la culture du Reich, laquelle est aussi divisée en sept sections : littérature, musique, théâtre, beaux-arts, presse, radio, télévision et cinéma. Il s'agit d'organiser l'ensemble de la vie culturelle afin de favoriser l'émergence d'une identité nationale allemande structurée autour du racisme, de l'expansionnisme et de la valorisation inconditionnelle du régime et de son chef. Au cours des mois suivants, l'édifice est perfectionné par un certain nombre de mesures, notamment la réorganisation de la Société nationale de radiodiffusion (Reichs-Rundfunk-Gesellschaft, RRG), qui place celle-ci sous tutelle du ministère de la Propagande, tandis que les stations radiophoniques des Länder perdent toute autonomie et lui sont également subordonnées, faisant de Goebbels le seul décisionnaire en matière d'organisation des programmes radiophoniques[52]. Par ailleurs, en 1936, un phénomène similaire intervient avec le cinéma, de facto nationalisé par le biais de l'acquisition de parts majoritaires de l'État dans les studios de production de la UFA (alors les plus importants du pays). Le ministère a désormais la main sur tous les instruments de production culturelle, et son périmètre concerne non seulement le territoire allemand, mais aussi, à terme, les territoires à conquérir, et enfin l'organisation de la propagande dans les pays étrangers. Pour ce faire, les effectifs du personnel radiophonique croissent de manière exponentielle : le service des émissions à l'étranger de la RRG passe de quelques personnes à 500 employés entre 1933 et 1940. Le nombre de programmes est à l'avenant : deux heures d'émissions quotidiennes dans deux langues en 1933, 147 heures quotidiennes dans 53 langues dix ans plus tard[53]. Dès 1934, grâce aux émissions en haute fréquence, la RRG est capable de créer des programmes à destination de l'Amérique du Nord, l'Amérique latine, l'Afrique, puis, l'année suivante, l'Indonésie et l'Australie, grâce à un réseau important d'émetteurs : on en compte près de trente en 1943 rien que pour les hautes fréquences.

Le répertoire d'actions classiques des diplomaties culturelles totalitaires

Les diplomaties culturelles totalitaires puisent largement dans le répertoire d'actions existant depuis la fin du XIXe siècle, qu'elles aménagent toutefois en fonction de leurs objectifs.

C'est le cas, bien sûr, de la diplomatie linguistique, comme le montre le cas des écoles italiennes. Le régime fasciste hérite d'un réseau d'écoles situées en Europe de l'Ouest, aux Amériques, mais surtout dans le pourtour du bassin méditerranéen : dans cette dernière région, on compte en 1924, 300 écoles qui accueillent environ 34 000 élèves, essentiellement issus de la diaspora italienne, mais les écoles sont aussi ouvertes aux élèves non italophones[54]. Au cours des années suivantes, le régime favorise la région méditerranéenne au détriment des Amériques et de l'Europe de l'Ouest, non seulement parce que les communautés expatriées y sont nombreuses, mais aussi parce qu'il a pour objectif d'étendre son empire colonial dans cette direction : à cet égard, l'Égypte, protectorat britannique, et la Tunisie sont particulièrement stratégiques. Mais la diplomatie linguistique est aussi menée dans le cadre des instituts culturels italiens créés à partir de 1926, et dont le nombre augmente à partir des années 1930, notamment dans les pays latins (Espagne, Portugal, France, Roumanie), ainsi que dans les Balkans, où le régime s'attache à diffuser l'enseignement de l'italien au-delà des communautés expatriées.

La diplomatie universitaire et scientifique est relativement peu développée par les pays totalitaires. Sous réserve d'un inventaire exhaustif de la bibliographie disponible, on peut avancer plusieurs explications à ce fait. Côté soviétique, il existe relativement peu d'échanges en raison de la politique du cordon sanitaire menée par les puissances occidentales après 1917, mais aussi en raison de la désorganisation due à la guerre civile qui dure jusqu'en 1921, et enfin en raison de la fermeture de l'URSS à partir de l'installation au pouvoir de Staline en 1927. En Allemagne, l'arrivée au pouvoir de Hitler se traduit par un durcissement des relations avec ses voisins et par une critique systématique de l'internationalisme libéral qui n'est guère favorable au développement d'une politique d'échanges. En Italie, l'organisation d'échanges scientifiques relève du périmètre des instituts culturels italiens, mais les universitaires qui les dirigent à leurs débuts sont progressivement remplacés des fonctionnaires du régime moins érudits mais plus politisés, qui orientent à partir du début des années 1930 les activités des instituts dans un sens plus propagandiste, mettant l'accent sur la production de contenu de propagande à destination de la presse, de l'édition et de la radio, et moins tournés vers l'organisation d'échanges scientifiques, sauf peut-être avec l'allié allemand[55], qui devient d'ailleurs rapidement, dès 1935-1936, un concurrent. Le fossé entre la culture académique des universitaires italiens et l'objectif politique du régime semble avoir nui au développement de la diplomatie universitaire et scientifique. Cela ne signifie pas qu'elle n'existe pas, mais elle n'est de toute évidence pas un secteur prioritaire dans les pays totalitaires.

La diplomatie intellectuelle et artistique est également utilisée par les régimes totalitaires. On peut en donner plusieurs exemples. Le premier est celui des conférences organisées par le régime italien. Après l'arrivée du fascisme, les conférenciers, le plus souvent universitaires, font l'objet d'un contrôle plus strict de la part de l'administration, et notamment des consuls. Par ailleurs, les institutions qui organisent les conférences sont entre les mains du pouvoir : c'est évidemment le cas des instituts culturels italiens, mais aussi de la Dante Alighieri, qui suit un processus de fascisation se traduisant par le remplacement de ses responsables, en commençant par ceux de ses antennes à l'étranger, à l'aide des responsables des Faisceaux de l'étranger, et par l'emploi croissant de conférenciers acquis aux thèses fascistes. Par ailleurs se déroule un processus de centralisation du système des conférences, qui voit l'autonomie des antennes de la Dante Alighieri rognée, et l'invitation des conférenciers de plus en plus soumise à autorisation du pouvoir central, si bien que l'on arrive au milieu des années 1930 à un système contrôlé par l'État qui tend à gérer depuis Rome l'ensemble de la programmation culturelle à l'étranger, transformant les conférenciers d'universitaires exposant librement leurs recherches en représentants officiels de l'Italie et du fascisme : « on observe ainsi, selon la doctrine corporatiste si chère au régime fasciste, l'émergence d'un nouveau corps de métier, celui des conférenciers du régime[56] ».

La politique du livre est un autre exemple d'actions classiques menées par les États totalitaires. Le cas de la bibliothèque Roubakine est intéressant : elle est créée en 1907 par Nicolas Roubakine, socialiste révolutionnaire exilé en Suisse après l'échec de la révolution de 1905. En 1922, elle est installée à Lausanne, et joue le rôle de plaque tournante de la diffusion de livres soviétiques en Suisse. Elle reçoit, à partir de 1918, l'ensemble des livres publiés par les éditions d'État et les envoie à son tour à de nombreuses bibliothèques universitaires suisses ainsi qu'aux organisations internationales du système genevois, tandis que sa salle de lecture est un lieu d'information unique sur l'actualité soviétique[57]. À sa fermeture en 1946, la bibliothèque compte de 80 000 à 100 000 ouvrages, soit la plus grande collection de livres russes en Europe.

Enfin, l'exportation des produits culturels nationaux fait aussi partie des actions mises en œuvre. Pour les tournés d'artistes, l'Italie est très active et signe des conventions culturelles comprenant des tournées et des échanges éducatifs avec de nombreux pays d'Europe centrale dans les années 1930[58]. Mais il y a aussi les beaux-arts, comme le montre l'exemple de la première exposition de peinture organisée par l'URSS à Berlin en novembre 1922[59]. Un tel événement peut paraître paradoxal étant donné la situation russe à ce moment. Non seulement le pays sort à peine de la guerre civile et a d'autres préoccupations plus urgentes, mais il se refuse également, dans l'immédiat, à entretenir des relations diplomatiques avec le monde capitaliste et impérialiste. Enfin, la notion même de diplomatie culturelle n'est guère compatible avec l'idéologie marxiste-léniniste : d'une part, celle-ci entend faire table rase du passé tsariste, et l'idée de mobiliser un quelconque patrimoine culturel national en vue de le valoriser à l'étranger paraît tout à fait en dehors de ses préoccupations ; par ailleurs, la diplomatie culturelle est liée à une stratégie d'image et à l'idée de conquérir l'opinion publique pour changer l'image de son pays. Or, la notion d'opinion publique n'a pas sa place dans la théorie léniniste fondée sur la lutte des classes et le rôle des minorités agissantes. Bref, tout concourt à ce que le principe même d'une diplomatie culturelle soit rejeté par les responsables du régime. De fait, l'exposition de Berlin ne se présente pas comme une action de diplomatie culturelle, mais avant tout comme un événement destiné à collecter des fonds en vue de venir en aide à la population russe décimée par la famine de 1921-1922. Elle est également une manifestation concrète du traité d'assistance mutuelle signé à Rapallo entre les deux parias de la paix de Versailles, l'Allemagne et la Russie. L'exposition présente un millier d'œuvres allant du XIXe siècle jusqu'aux créations les plus récentes issues de la révolution. Elle montre la vitalité de la peinture russe, en particulier l'avant-garde développée depuis les années 1900 et immédiatement après la révolution : constructivistes et suprématistes au premier rang, avec des figures comme Kazimir Malevich, Marc Chagall (alors installé en France), Vladimir Tatline ou Alexander Rodchenko. Mais la peinture réaliste du XIXe siècle y occupe aussi une place importante. Si les autorités bolchéviques n'ont que mépris pour le patrimoine culturel issu du tsarisme, ils ont compris que son utilisation pouvait être positive en termes d'image. De fait, l'exposition est un succès et légitime aux yeux du public allemand la signature du traité de Rapallo. Elle ouvre aussi des perspectives au régime, puisqu'en 1924, celui-ci envoie près de 600 œuvres à la Biennale de Venise, faisant de l'URSS le deuxième pays le mieux représenté après l'Italie[60]. Le mouvement qui va aboutir à la création de la VOKS en 1925 est lancé. La nouvelle organisation est le signe que le régime bolchévique réintègre la diplomatie conventionnelle, tout en ayant des objectifs de subversion de l'ordre libéral auquel va s'attacher la VOKS.

L'élargissement du répertoire (2) : la diplomatie touristique

Mais si les régimes totalitaires s'inscrivent dans un répertoire d'actions classiques, qu'ils contribuent d'ailleurs à transformer (comme le montrent les conférences fascistes), ils en développent de nouvelles. C'est le cas de la diplomatie touristique, pratique inaugurée par l'Union soviétique. Converties au cours des années 1920 à l'idée que l'opinion publique occupe un rôle important dans les relations internationales, les autorités bolchéviques imaginent un moyen original de faire la promotion de leur régime : organiser des voyages touristiques pour montrer l'excellence de ses réalisations. Le public principal visé est constitué par les intellectuels, écrivains et autres publicistes, dont le rôle est considéré comme majeur dans le façonnage de l'opinion publique des régimes bourgeois[61]. Le voyage est donc un outil de propagande pour fabriquer des amis de l'URSS. Entre 1917 et 1939, on peut estimer à plusieurs dizaines de milliers le nombre de touristes venus en URSS, dont environ 10 000 français, soit environ 1 000 par an entre 1931 et 1937. Ce tourisme a un but à la fois économique (faire entrer des devises) et politique (donner une bonne image de l'URSS). Il est organisé par l'Intourist, créée en 1929. Celle-ci travaille en lien avec la VOKS, mais les deux organisations s'avèrent rapidement concurrentes, et la première finira par éclipser la seconde. À partir de 1931, l'Intourist met en place une politique élaborée, ouvrant des agences en Europe, notamment en France en 1932. La division du travail est en théorie claire : à la VOKS les contacts avec les voyageurs avant et après le voyage ; à l'Intourist l'organisation logistique. Mais d'autres organisations sont aussi mobilisées, comme les services des ambassades, les sociétés d'amis de l'URSS (la Société française est créée en 1928). Les intellectuels sont particulièrement visés. Feront ainsi le voyage en URSS, entre autres, André Malraux (1935-1936), Jean-Richard et Marguerite Bloch (1934), Romain Rolland (1935), André Gide (1936), Louis Aragon (qui encadre d'autres intellectuels pendant ou après leur voyage), ou encore Louis-Ferdinand Céline (1936). Au cours de ces voyages extrêmement encadrés, on leur fait visiter les monuments russes, mais aussi les réalisations soviétiques, notamment les usines et les kolkhozes ; les plus célèbres, comme Romain Rolland (accompagné dans son voyage par son épouse russe Maria Koudacheva), ont le privilège de rencontrer Staline. Tout est sous contrôle, qu'il s'agisse des photos prises par les touristes, qui doivent être développées sur place et vérifiées par les guides, ou des dialogues avec la population locale qui doivent se dérouler sous leur surveillance. André Gide, pourtant parti avec un préjugé favorable, dresse un récit désabusé de son voyage dans *Retour de l'URSS*, publié en 1936, puis dans *Retouches à mon retour de l'URSS* l'année suivante. Les deux ouvrages, qui ont un fort impact, témoignent de l'efficacité mitigée de la diplomatie touristique soviétique. Interrompus en 1939, les voyages ne reprendront qu'après la mort de Staline[62], et encore, de façon très limitée et contrôlée : en 1959, l'URSS accueille 12 000 touristes étatsuniens et n'envoie que 376 ressortissants à l'étranger[63], par peur des défections. De ce point de vue, le tourisme comme outil de diplomatie culturelle se limite à l'URSS de l'entre-deux-guerres.

L'élargissement du répertoire (3) : la diplomatie sportive

L'autre nouveau venu dans le répertoire d'action de la diplomatie culturelle est le sport. Non pas que son utilisation politique soit une invention des régimes totalitaires, mais ceux-ci ont poussé son utilisation et son intégration au dispositif de valorisation de leur régime plus loin que les autres. C'est le cas de l'URSS, qui refuse de rejoindre le mouvement olympique, et décide dès 1921 de créer une organisation sportive concurrente, ainsi que des jeux spécifiques, les Spartakiades, dont la première édition a lieu à Moscou en 1928, la deuxième à Berlin en 1931 et la troisième à Paris en 1934. Mais leur rayonnement reste limité, et la fermeture du pays à partir des années 1930 semble avoir raison de cette compétition. De fait, c'est surtout après 1945 que le sport deviendra un outil majeur de propagande pour le régime soviétique. En revanche, l'Italie fasciste et surtout l'Allemagne nazie utilisent d'emblée le sport comme moyen de valorisation du régime. La première s'investit dès les années 1920 dans les instances du mouvement olympique. Elle accueille les championnats du monde de cyclisme en 1932, la Coupe du monde de football en 1934, et envisage dès 1933 d'être candidate aux Jeux olympiques de 1936, avant de se désister en faveur de son allié allemand, puis à ceux de 1940, laissant à nouveau la place au Japon. En 1939, elle est désignée pour accueillir les Jeux prévus en 1944, qui ne se tiendront pas, tout comme ceux de 1940. C'est donc surtout l'Allemagne qui bénéficie de cette vitrine prestigieuse.

Les Jeux de 1936 sont sans doute la première instrumentalisation à grande échelle du sport au service d'un modèle national. Ils donnent lieu du début à la fin à une opération de mise en scène du régime parfaitement calibrée et orchestrée par un comité d'organisation formellement indépendant, mais composé de personnalités importantes du régime et de représentants de tous les grands ministères (de l'intérieur, des armées, de la propagande), ce qui en fait « une agence de l'appareil d'État nazi[64] » et non une organisation agissant sous la responsabilité du Comité international olympique (CIO), comme le voulait la charte olympique. Par ailleurs, Hitler suit personnellement, depuis 1933, la préparation des Jeux et la construction du stade, qu'il trouve trop petit malgré ses 100 000 places. Les cérémonies d'ouverture et de clôture des Jeux d'hiver à Garmisch-Partenkirchen, les 6 janvier et 17 février, servent de répétition générale à celles des Jeux d'été. Omniprésence de la Reichswehr et des SA dans le défilé, musiques militaires, dispositif visuel organisé sur le modèle des congrès du Parti nazi à Nuremberg : tous les ingrédients de la mise en scène du régime y sont présents. On les retrouve lors de la cérémonie d'ouverture des Jeux d'été, le 1er août, où l'armée et les gigantesques banderoles à croix gammées sont partout dans le stade et dans le parc olympique, tandis que la musique de la cérémonie d'ouverture est composée et dirigée par Richard Strauss, accompagné d'un orchestre comprenant un chœur de plusieurs centaines de personnes. On notera également l'entrecroisement permanent et voulu entre les symboles olympiques et nazis, dont le salut romain est le symbole le plus visible, mais que l'on retrouve jusque dans les moindres détails, comme dans les badges attribués aux arbitres des rencontres sportives, qui entremêlent les anneaux olympiques et l'aigle accompagné de la croix gammée. Mais les Jeux sont aussi l'occasion de mettre en scène l'art nazi. En effet, le parc olympique est parsemé de statues et de bas-reliefs qui en font presque une exposition de sculptures à ciel ouvert. On y retrouve des réalisations d'artistes officiels du régime qui représentent les disciplines sportives et sont l'occasion d'affirmer une esthétique néoclassique et monumentale : les lanceurs de disque de Karl Albiker, les conducteurs de chevaux de Joseph Wackerle, la Nikè (déesse de la victoire) de Willy Meller, le décathlonien d'Arno Brecker, l'athlète au repos de Georg Kolbe, ou encore le boxeur de Josef Thorak. Par ailleurs, dans le cadre des Jeux se tient une compétition d'œuvres artistiques. Ce n'est pas une innovation allemande : de telles compétitions se tiennent depuis les Jeux de 1912 et dureront jusqu'en 1948. Elles montrent que les Jeux olympiques ont repris à leurs débuts le modèle épistémologique de l'exposition universelle, en combinant plusieurs domaines où les nations se mettent en scène, ici la compétition sportive et l'exposition d'art. Ces compétitions, qui mériteraient une étude approfondie, comprennent plusieurs catégories : architecture, peinture, sculpture, musique et littérature. Les œuvres sont exposées dans une salle dédiée, les jurys chargés d'examiner les œuvres sont largement composés de membres des institutions culturelles nazies, ce qui permet aux artistes allemands, autrichiens et italiens (tous les lauréats sont des hommes) de remporter la grande majorité des médailles. Il faut noter par ailleurs que les autorités allemandes ont tenté d'ajouter de nouvelles catégories, notamment le cinéma et la danse, une demande refusée par le CIO. Cette déconvenue conduit le régime nazi à organiser un concours international de danse en marge des Jeux[65] : en l'absence des pays les plus en pointe dans ce domaine (Grande-Bretagne, France, États-Unis, Russie, Suède), les Allemands dominent la compétition, qui prend la forme d'une entrée en force de la danse allemande dans un paysage international d'où elle était auparavant largement absente. Et lors de la cérémonie de clôture des Jeux le 1er août 1936, est présenté dans le stade le spectacle *La Jeunesse olympique*, dont la chorégraphie a été conçue par le metteur en scène Hanns Niedecken-Gebhard et la musique composée par Carl Orff. À bien des égards, les Jeux olympiques jouent ainsi le rôle de vitrine internationale de l'art nazi.

La mise en scène de celui-ci est largement imbriquée avec la logique militaire qui traverse toute l'organisation des Jeux, comme le symbolisent les projecteurs utilisés pour réaliser les immenses faisceaux lumineux accompagnant la chorégraphie de *La Jeunesse olympique* : il s'agit de projecteurs de batteries antiaériennes. Mais surtout, tout au long de la compétition, un impressionnant dispositif policier et militaire est présent, en ville et dans le parc olympique, dans les rues mais aussi dans la foule, afin d'éviter tout débordement, et jusque dans le village olympique, où chaque délégation nationale est placée sous la responsabilité d'un officier. Du point de vue de la communication, les Jeux bénéficient d'une couverture sans précédent, par voie de presse bien sûr, mais aussi à la radio (41 sociétés de radiodiffusion y sont présentes), et, première mondiale, à la télévision. Ils sont aussi un succès sportif pour l'Allemagne, qui termine au premier rang du nombre de médailles. Pendant ce temps, Hitler poursuit son objectif politique sans dévier de sa route : deux mois après la clôture des Jeux d'hiver, le 7 mars 1936, il annonce la remilitarisation de la Rhénanie ; et le 18 juillet, quelques jours avant la cérémonie d'ouverture des Jeux d'été, le gouvernement nazi de Dantzig signe une série de décrets qui abolissent pratiquement la constitution de la ville libre.

L'élargissement du répertoire (4) : l'internationale culturelle totalitaire

La troisième nouveauté de la diplomatie culturelle totalitaire consiste à utiliser les institutions internationales existantes et surtout à en créer de nouvelles pour en faire des vectrices de promotion nationale. L'Italie inaugure cette pratique dès le milieu des années 1920, notamment dans le domaine du cinéma. Le régime s'est intéressé très tôt à ce média, créant en 1924 l'institut LUCE pour tourner des films documentaires de propagande, dont la projection devient obligatoire dans toutes les salles de cinéma en première partie de séance à partir de 1926. Ces films sont aussi diffusés auprès des communautés italiennes à l'étranger, dans les consulats, mais aussi dans des salles de cinéma fréquentées par le public local[66]. L'institut LUCE devient rapidement un outil de la diplomatie culturelle : dès 1927, il est représenté à la conférence européenne du film d'enseignement à Bâle. Il est alors considéré comme un modèle par les autres pays participants. Ce succès conduit le gouvernement italien à répliquer le système à l'échelle internationale, et à en faire un instrument de propagande pour le régime fasciste. En 1927, Mussolini propose donc à la SdN la création d'un Institut international du cinéma éducatif (IICE), qui sera créé l'année suivante. Comme l'IICI, c'est un organisme de droit italien, et, à ce titre, entièrement financé par l'Italie. En 1934, il compte vingt comités nationaux ou institutions affiliées dans le monde[67]. Son activité est importante : il publie une revue en cinq langues (*La Revue internationale du cinéma éducateur*), à la fois destinée à approfondir la réflexion sur le cinéma éducatif mais aussi à présenter le modèle italien en la matière. En 1934 également, le Congrès international de la cinématographie d'enseignement et d'éducation a lieu à Rome : à cet effet, pendant la phase de préparation, Mussolini fait distribuer dans les ambassades italiennes une circulaire leur enjoignant de faire la publicité du congrès. La stratégie est manifestement efficace puisque le congrès réunit 419 participants de 45 pays[68], qui sont invités à visiter l'exposition de la révolution fasciste, mais aussi des lieux tels que les marais pontins asséchés et transformés en espaces agricoles, une des grandes fiertés du régime.

Mais l'Italie va plus loin en créant aussi ses propres organisations internationales dans d'autres domaines. Dès 1929, elle met sur pied la Fédération internationale de concerts qui tiendra plusieurs congrès à Bruxelles (1929, 1932), Rome (1931) et Paris (1933), avec des délégués d'une quinzaine de pays qui débattent de sujets variés tels que les problèmes d'organisation de concerts, de droits d'auteur ou encore des relations avec la radio. En 1933, l'Italie crée également la Fédération internationale de l'industrie phonographique (actuelle IFPI), destinée à défendre les droits de l'industrie du disque. Mais sa plus grande réalisation est sans doute la transformation de la Biennale de Venise, jusque-là manifestation élitiste consacrée aux beaux-arts, en événement de grande ampleur dédié à la promotion nationale et internationale de la culture fasciste[69]. Créée en 1895, la Biennale est au début des années 1920 un rendez-vous incontournable de la grande bourgeoisie et de l'aristocratie des collectionneurs. Entre 1928 et 1932, le régime entreprend, comme avec la Dante Alighieri, un processus de fascisation en remplaçant ses dirigeants, puis en la nationalisant en 1930. La même année, il lui adjoint un festival de musique dédié à la promotion du retour à l'ordre néoclassique, en réaction contre l'avant-garde dodécaphonique de l'école de Vienne. En 1932, pour élargir le public, sont ajoutés un festival de théâtre, une exposition d'arts décoratifs, un festival de poésie et surtout un festival de cinéma. Il s'agit de faire de la Biennale une vitrine de l'art et de la culture fasciste et un carrefour culturel international. Venise devient alors une sorte d'exposition universelle en format réduit, avec des pavillons en nombre croissant, une fréquentation qui augmente (450 000 visiteurs en 1934) et ses multiples festivals spécialisés. Parmi eux, le régime compte surtout sur le festival de cinéma pour se donner une visibilité internationale : la première édition voit la participation de neuf pays (dont l'Allemagne, les États-Unis et la France), un nombre qui monte à dix-sept en 1934, succès qui conduit le gouvernement à annualiser le festival à partir de 1935 et à le placer sous la direction du ministère de la Presse et de la propagande. L'objectif du régime est d'en faire non seulement un événement grand public, mais aussi un lieu de rencontre de l'ensemble de l'industrie du cinéma. C'est à cet effet que sont créés des prix en 1934. Mais il s'agit aussi d'en faire la vitrine de l'industrie cinématographique italienne que le pouvoir est en train de mettre au pas pour en faire un outil de sa propagande : en 1934 est créée la Direction générale de la cinématographie au sein du sous-secrétariat pour la Presse et la Propagande ; en 1935 suivent le Centre expérimental de la cinématographie, destiné à former des professionnels, et l'Ente Nazionale Industrie Cinematographiche (ENIC), société de production et de distribution ; en 1937, c'est l'ouverture du complexe de Cineccità, le Hollywood italien ; et en 1938, l'ENIC se voit attribuer le contrôle de la production des films italiens et le monopole de la distribution de films étrangers en Italie. À ce moment, l'ensemble du monde cinématographique est sous contrôle fasciste. Le festival de Venise peut alors jouer pleinement son rôle de vitrine internationale pour les productions italiennes : en 1937, *Scipion l'Africain*, réalisé par Carmine Gallone à la demande de Mussolini, est primé. L'année suivante, le documentaire de Leni Riefenstahl *Olympia* (traduit en français par *Les Dieux du stade*), tourné à l'occasion des Jeux olympiques de Berlin, le sera également.

La stratégie inaugurée par l'Italie à la fin des années 1920 est adoptée par l'Allemagne nazie, qui va la pousser encore plus loin en créant un ensemble d'organisations internationales concurrentes de celles que le régime considère comme des piliers de l'ordre libéral qu'il entend remplacer par l'ordre nazi. En 1934 est ainsi créé un Conseil permanent pour la coopération internationale des compositeurs. Placé sous la tutelle du ministère de la Propagande et dirigé par Richard Strauss, il est destiné à concurrencer l'International Society for Contemporary Music et créer un circuit de festivals alternatifs, d'abord pour les compositeurs allemands et italiens, mais ambitionnant à terme d'attirer d'autres pays. L'idée de Strauss est également de supplanter artistiquement l'International Society for Contemporary Music que les nazis accusent de promouvoir la musique atonale, juive par essence, et plus généralement de lutter contre l'influence pernicieuse du modernisme cosmopolite en valorisant les styles musicaux nationaux. Rapidement, elle se pose également en concurrente de la Fédération internationale de concerts :

dès 1934, les Allemands font comprendre à leurs collègues italiens qu'ils ne toléreront pas une organisation rivale ; de fait, le Conseil permanent va rapidement supplanter la Fédération internationale. En juin 1935, il organise son premier festival à Hambourg ; trois mois plus tard, en septembre, un autre est organisé en France, à Vichy, avec quinze pays et soixante-dix artistes représentés, sous la présidence du compositeur français Albert Roussel, vice-président du Conseil permanent.

Le même phénomène se produit avec le cinéma : en avril 1935, pour faire pièce au festival de Venise, l'Allemagne organise son premier Congrès international du film, auquel assistent deux mille participants. Par ailleurs, la même année est créée la Chambre internationale du film (Internationale Filmkammer, IFK), extension directe de la Chambre cinématographique du Reich. Son objectif est de créer un marché unifié des films sous domination allemande. Elle constitue la première pierre d'une stratégie allemande visant à réorganiser l'ensemble de l'industrie cinématographique européenne sous la férule de l'industrie allemande. Ce projet se heurte au dynamisme de l'industrie italienne : à la fin des années 1930, les deux pays se disputent le *leadership* cinématographique européen. C'est à la faveur de la guerre et de ses succès militaires que l'Allemagne prendra la direction des opérations pour unifier le marché du cinéma européen sous la houlette de son industrie, et marginaliser l'industrie italienne.

La Deuxième Guerre mondiale

L'éclatement de la Deuxième Guerre mondiale change les conditions d'exercice de la diplomatie culturelle. Les actions traditionnelles menées en temps de paix, telles que les conférences, les échanges universitaires ou les tournées d'artistes, sont désormais impossibles, sauf exception. En revanche, les activités situées aux confins de la diplomatie culturelle et de la propagande se développent considérablement. Du côté des dictatures, elles ne sont que la continuation de celles menées avant la guerre. Du côté des démocraties, on assiste au développement d'une propagande de guerre qui utilise les mêmes méthodes que celle de l'adversaire, mais s'en distingue sur le plan du contenu et des objectifs.

L'ordre culturel nazi

L'offensive menée par l'Allemagne en Europe entre l'automne 1939 et le printemps 1940 donne l'occasion au régime nazi de réaliser le projet de rassembler l'Europe culturelle sous sa bannière. Dans ce contexte, il devient impossible de distinguer ce qui relève de la diplomatie culturelle, de la propagande et de la politique d'occupation des territoires vaincus. La diplomatie culturelle totalitaire, qui allie coercition et propagande à outrance, parvient à ses fins le temps de la guerre. Dans l'immédiat, l'objectif de l'Allemagne est d'instaurer un nouvel ordre politique et culturel européen, tout en préparant l'affrontement futur avec les États-Unis, qui, dans l'esprit de Hitler, aura lieu tôt ou tard.

C'est à la réalisation de cet ordre culturel que s'attellent les organisations internationales créées par l'Allemagne citées plus haut. Alors que leur succès était mitigé avant 1939 en dehors des pays satellites de l'Allemagne, elles sont réactivités à la faveur du nouveau contexte militaire d'occupation de l'Europe : la Chambre internationale du film est refondée en juillet 1941, de même que le Conseil permanent de la coopération des compositeurs, qui n'avait pas eu d'activité depuis 1939, mais renaît de ses cendres lors d'une réunion tenue en grande pompe à Berlin en juin 1942, animée par Richard Strauss. Dans tous ces organismes, les pays occupés ont des représentants.

Par ailleurs, d'autres structures sont créées et mettent sur pied de nombreux événements sur le thème du nouvel ordre européen. C'est en fait tout un système d'organisations qui traduit bien la volonté de l'Allemagne d'étendre sa politique culturelle à l'échelle de l'ensemble de l'Europe occupée, et selon le principe de l'ultracentralisation. On trouve notamment les organisations suivantes, toutes placées sous la tutelle du ministère de la Propagande entre 1940 et 1942 : l'Union des associations de journalistes nationaux, l'Union des écrivains européens ou encore la Fédération européenne d'échecs. Il faut y ajouter la création en 1942 de la UFI, qui parachève le processus de nationalisation de la UFA en lui donnant la dimension d'un trust destiné à contrôler l'ensemble du cinéma européen, et à faire du continent un marché unique pour le cinéma allemand. Selon Goebbels, la centralisation des ressources est aussi nécessaire dans le domaine cinématographique que dans le domaine militaire, car elle seule permet d'acquérir la force suffisante pour affronter le cinéma étatsunien. De même que celui-ci avait l'avantage, par rapport aux cinématographies européennes, de disposer d'un important marché intérieur, l'Allemagne se doit d'unifier le marché européen, non seulement pour capter la position dominante qu'y occupaient avant-guerre les studios hollywoodiens, mais aussi pour acquérir la force de frappe nécessaire pour leur faire concurrence sur le marché mondial. Cette logique se traduit par une diffusion sans précédent du cinéma allemand, qui connaît pendant la guerre sa plus grande expansion internationale, alors que les cinématographies nationales sont marginalisées, à l'exception du cinéma français qui conserve une part importante de son marché intérieur, tout en étant étroitement contrôlé par l'occupant. Par ailleurs, le cinéma étatsunien est interdit dans tous les territoires occupés par l'Allemagne à partir d'août 1940, puis en Allemagne même à partir du début 1941. Les pays satellites qui ne l'ont pas encore fait subissent des pressions tout au long de l'année 1941, avant que cette incitation ne se transforme en interdiction pure et simple après l'entrée en guerre des États-Unis. La mainmise allemande sur le marché européen est alors totale, non seulement pour ce qui concerne la production, à travers la UFI, mais aussi pour ce qui concerne la distribution, à travers Transit-Film.

Cette stratégie d'unification possède son pendant dans le domaine radiophonique, avec la société Interradio qui fabrique et diffuse des émissions dans l'ensemble de l'Europe, dans plus de cinquante langues, en collaboration avec les stations locales, placées sous la supervision de la Propaganda Abteilung, ainsi de Radio-Paris en France, Radiojournal en Tchécoslovaquie ou Radio Belgrade en Yougoslavie. Le Service radiophonique à l'étranger a été réorganisé au printemps 1941 pour tenir compte de l'augmentation considérable du territoire désormais sous sa juridiction. En plus de la division chargée de l'information, il possède son propre service musical qui produit à destination des pays occupés et du reste du monde un contenu très différent de celui qui est autorisé en Allemagne même. À cet effet, la RRG crée en février 1942 deux sections, l'une consacrée à la musique « légère », l'autre à la musique « sophistiquée ». Plusieurs orchestres sont formés pour exécuter des programmes quotidiens de musique de danse et même de jazz à destination de l'étranger, alors même que cette musique est strictement interdite en Allemagne, et ce, pour inciter les populations à écouter la radio allemande. De fait, les émissions musicales occupent une très grande partie du temps d'antenne[70].

Si la propagande par l'image et le son se taille la part du lion dans ce qu'il faut appeler désormais la politique culturelle européenne de l'Allemagne nazie, les activités classiques de la diplomatie culturelle ne disparaissent pas. Les conférences, par exemple, continuent : on citera celle intitulée « L'Europe et la philosophie allemande », organisée par le ministère de l'Éducation à Nuremberg en octobre 1942. Mais aussi les expositions d'art : ainsi l'exposition des sculptures d'Arno Brecker organisée à l'Orangerie de Paris en mai 1942. Même si elle est organisée à l'initiative du ministre français Jacques Benoist-Méchin, elle n'en constitue pas moins une opération de propagande réussie pour le Reich en raison de son impact médiatique et du nombre de personnalités des milieux artistiques et intellectuels parisiens présents[71]. On mentionnera aussi la publication de livres, qui permettent de donner à la propagande un emballage scientifique : ainsi en 1943 le ministère de la Propagande charge l'historien d'art Rolf Hetsch, qui s'était occupé de la gestion des œuvres d'art dégénéré à la Chambre des arts plastiques du Reich avant la guerre, de réunir un ensemble d'auteurs pour réaliser une encyclopédie des beaux-arts européens destinée à mettre en avant la domination de l'art allemand. Sur cinquante volumes prévus, quarante seront publiés[72].

La propagande de guerre des pays alliés

Face à la propagande culturelle totalitaire, les autres pays ne restent pas inactifs. L'Europe est dès le printemps 1940 sous domination allemande, mais la Grande-Bretagne, et surtout les États-Unis, mènent une intense activité dans ce domaine. Si la propagande démocratique se différencie nettement de la propagande totalitaire sur la forme et surtout sur le fond, la frontière entre diplomatie culturelle et propagande est à peine plus nette que dans les pays totalitaires.

En Grande-Bretagne, la diplomatie culturelle, qui a commencé au milieu des années 1930, connaît un développement important pendant la guerre, à la fois dans la perspective de contrer les activités des puissances de l'Axe, mais aussi en raison des tensions de plus en plus grandes qui agitent l'empire colonial, où la Grande-Bretagne entend continuer à exercer son influence. Cela se traduit par l'augmentation du budget du British Council, ainsi que de ses activités. Les actions désormais classiques de la diplomatie culturelle continuent[73] : financement d'écoles et enseignement de l'anglais, distribution de livres et de brochures, de périodiques, expositions de peintures ou de photographies, diffusions de films, concerts radiodiffusés par la BBC, développement de la pratique sportive… Les pays d'interventions sont très nombreux : pendant la guerre, le nombre d'antennes du British Council augmente, qu'il s'agisse de l'Europe (Espagne), de l'Afrique ou de l'Asie ; on note des créations en Chine, en Turquie, en Argentine, en URSS, au Portugal, ou en Suède. Certaines zones sont plus ciblées que d'autres : c'est le cas du Moyen-Orient, où la Grande-Bretagne essaye de conserver le contrôle de la région. Ainsi sont ouvertes des antennes à Haïfa, Jaffa et Tel Aviv, mais aussi à Aden en 1941. Dans cette même ville est également créé un lycée dont l'objectif est de recruter sur l'ensemble de la région des étudiants ayant vocation à se perfectionner ensuite en Grande-Bretagne et/ou à enseigner l'anglais dans la région. La Chine est un pays important : les autorités britanniques y envoient en 1943 le sinologue et historien des sciences Joseph Needham pour une tournée de conférences mais aussi pour élaborer, en lien avec les services gouvernementaux, un plan de coopération scientifique et culturelle, comprenant la fourniture par la Grande-Bretagne de littérature scientifique, mais aussi de matériel de recherche destiné aux universités dont Needham fait le tour pendant un long voyage de plusieurs mois qui l'emmène dans une centaine d'institutions chinoises. La tournée de Needham est un exemple caractéristique du fait que la diplomatie culturelle continue et même s'intensifie en temps de guerre, avec pour objectif de préparer les relations futures avec la Chine. Enfin, il faut noter que le British Council participe à la Conférence des ministres alliés de l'éducation (CMAE), antichambre de l'Unesco : s'y discutent à partir de 1942 les problèmes culturels et éducatifs du monde d'après-guerre, ainsi que, très concrètement, les besoins énormes en livres, travaux scientifiques, formations d'enseignants, qui vont être ceux des pays détruits par la guerre. La Grande-Bretagne se positionne ainsi très tôt, à travers son agence principale de diplomatie culturelle, dans la réorganisation du monde d'après-guerre sur le plan culturel.

Mais plus que la Grande-Bretagne, ce sont les États-Unis qui développent de façon spectaculaire leur diplomatie culturelle pendant la guerre. On a vu qu'en 1938 avait été créée une Division of Cultural Affairs au sein du département d'État, amorçant la prise en main gouvernementale de ce secteur. Elle connaît une brusque accélération à partir de 1941, dans le cadre d'une restructuration en profondeur du dispositif de gestion de l'information et des activités culturelles au sein de l'administration fédérale, et d'un approfondissement de la collaboration avec les acteurs privés.

Dès juillet 1940 est créé l'Office of the Coordinator of Inter-American Affairs (OCIAA), exemple typique d'agence paragouvernementale, puisqu'il s'agit d'une agence fédérale chapeautée par le département d'État, mais dont le financement provient en grande partie de la philanthropie Rockefeller. L'OCIAA est créé en grande partie pour constituer un contre-feu à la propagande nazie en Amérique latine ; son directeur Nelson Rockefeller, petit-fils du magnat du pétrole John D. Rockefeller, Sr., est un bon connaisseur de la région puisqu'il gère depuis les années 1930 les affaires de la Standard Oil au Venezuela. Il est par ailleurs bien introduit dans les milieux culturels en tant que président du Museum of Modern Art fondé par sa mère Abby Aldrich Rockefeller. Enfin, il deviendra en 1944 Assistant Secretary of State chargé de l'Amérique latine. Son profil et son parcours sont bien représentatifs de ces acteurs de la diplomatie culturelle étatsunienne situés à l'interface de plusieurs mondes (industrie, banque, politique, culture), et dont le va-et-vient entre la sphère publique et la sphère privée rend largement inopérante l'idée d'une division stricte entre les deux mondes, peut-être encore plus aux États-Unis qu'ailleurs. Dès le début de son mandat à la tête de l'OCIAA, Rockefeller multiplie les initiatives, tandis que le budget de l'organisation monte en flèche : 3,5 millions de dollars en 1940, 38 millions en 1942, et un personnel qui se monte à 1 500 personnes en 1943. Les actions, qui ont pour objectif de solidifier la relation entre les États-Unis et l'Amérique latine afin de faire pièce à l'influence allemande, comprennent à la fois la diffusion de productions culturelles étatsuniennes en Amérique latine, mais aussi l'inverse, ainsi que la mise en scène de l'amitié entre les peuples du continent américain. Elles concernent des domaines variés (film, radio, littérature, peinture)[74].

L'exposition de peinture « Contemporary North American Painting Exhibition », qui circule dans une grande partie de l'Amérique latine entre l'été 1941 et le printemps 1942 est un bon exemple. Organisée par l'OCIAA en collaboration avec des grands musées étatsuniens (Museum of Modern Art, Metropolitan Museum, Whitney Museum), des galeristes ainsi que des collectionneurs, elle fait l'objet d'un long travail de préparation effectué par l'historienne de l'art Grace Morley, qui parcourt les capitales latino-américaines au printemps 1941 et négocie avec les responsables politiques locaux, ainsi qu'avec les musées, sans oublier de mobiliser le réseau des ambassades étatsuniennes. L'exposition s'appuie donc sur une importante logistique. Elle présente plus d'une centaine d'artistes de sensibilités variées (Maurice Pendergrast, Edward Hopper, George Bellows...) et vise à montrer au public latino-américain qu'il n'y a pas d'art qu'européen.

Mais l'exemple le plus connu de la diplomatie de l'OCIAA en Amérique latine est celui de la mobilisation de l'industrie du cinéma hollywoodien pour organiser des voyages d'« ambassadeurs de bonne volonté ». Le plus célèbre est celui de Walt Disney entre août et octobre 1941, en particulier parce que c'est celui qui illustre le mieux la connexion entre communication politique (ou diplomatie publique), diplomatie culturelle, intérêts économiques et américanisation. Walt Disney vient en effet en Amérique latine à la fois comme envoyé gouvernemental, mais aussi en tant que patron de studio à la recherche d'idées et de marchés à conquérir. Il emmène ses collaborateurs, scénaristes, photographes, preneurs de son, dessinateurs (le groupe est constitué de quinze membres du studio, dont deux sont accompagnés de leurs femmes), et traverse pendant plusieurs mois le Mexique, le Pérou, la Bolivie, l'Équateur, le Panama et le Brésil, pour s'imprégner de la géographie et des spécificités culturelles de la région. À l'issue de son voyage, il a amassé de nouvelles idées d'histoires, de paysages et de personnages qui vont se retrouver dans sa production des années suivantes. Dans l'immédiat, le voyage se traduit par la réalisation, avec la collaboration de la section cinématographique de l'OCIAA, du dessin animé *Saludos Amigos*, qui met en scène, à travers l'histoire de Ze Carioca et de Donald Duck, l'amitié entre le Brésil et les États-Unis, habituant ainsi le public latino-américain à la figure de Donald Duck, qui devient l'un des personnages importants de l'univers Disney à partir de ce moment. Mais Walt Disney n'est pas le seul représentant de l'industrie hollywoodienne mobilisé comme ambassadeur de bonne volonté : c'est aussi le cas du réalisateur Orson Welles et de l'actrice Rita Hayworth, qui effectue un voyage au Brésil au printemps 1942 et enregistre pour le compte du réseau radiophonique CBS des émissions destinées au public latino-américain. Le Brésil est un des pays privilégiés de la *Good Neighbor policy* entreprise par les États-Unis : l'OCIAA y envoie également le réalisateur John Ford, alors l'un des plus réputés de Hollywood, pour réaliser des documentaires mettant en avant l'amitié entre les États-Unis et le Brésil, ainsi que la contribution de celui-ci à l'effort de guerre contre l'Allemagne.

Dans le cadre du partenariat mis en place avec l'industrie hollywoodienne, l'OCIAA s'attache à promouvoir l'idée d'échanges mutuels entre les États-Unis et ses voisins américains, même si dans les faits, ceux-ci sont réduits, notamment en raison du fait que les responsables de l'OCIAA connaissent peu la culture des pays latino-américains et portent sur elle un regard condescendant. C'est ce que montre bien le parcours de la chanteuse et actrice brésilienne Carmen Miranda aux États-Unis. Venue à Broadway en 1939, on l'a vu, elle est immédiatement repérée par Hollywood et tourne son premier film en 1940. L'OCIAA la mobilise alors dans le cadre de sa stratégie visant à améliorer l'image des États-Unis au Brésil, et celle du Brésil aux États-Unis[75]. C'est dans cette perspective que la section cinématographique de l'OCIAA travaille à modifier le contenu des films des deux pays, considérant que le cinéma hollywoodien donne une mauvaise image des États-Unis à l'étranger en mettant en scène la violence et le gangstérisme, tandis que l'image des Brésiliens, et des Latino-Américains en général, sur les écrans hollywoodiens, est imprégnée de clichés exotiques, racistes et primitivistes. La section entreprend alors de visionner tous les films projetés au Brésil et demande aux studios de retourner les scènes problématiques. Le gouvernement brésilien appuie ce processus : en 1940, l'ambassade demande que la comédie *Une nuit à Rio*, où joue Carmen Miranda, retire « les références hispaniques que les scénaristes nord-américains avaient par ignorance insérées dans la reconstitution du paysage carioca », mais aussi « les scènes dans lesquelles Carmen Miranda dansait la samba entourée de musiciens noirs[76] ».

Outre l'OCIAA, l'autre grande organisation en charge de la diplomatie culturelle étatsunienne de guerre est l'Office of War Information (OWI), agence fédérale chargée de coordonner la politique d'information aux États-Unis et dans le reste du monde, à l'exception de l'Amérique latine où elle exerce cette activité en coordination avec l'OCIAA. À cet effet, l'OWI établit des contacts étroits avec les médias et l'industrie du divertissement, en particulier la presse, la radio, l'industrie de la musique et l'industrie du cinéma. De ce fait, son activité dépasse le cadre de la diplomatie publique et du traitement de l'information proprement dite, que je laisserai de côté ici. Dans le domaine radiophonique, sa principale activité est la direction de la radio Voice of America, qui commence à émettre au printemps 1942, à la fois sur le continent américain, mais aussi en Asie (un émetteur est installé aux Philippines) et en Europe. Si la radio diffuse des bulletins d'information, elle diffuse aussi de nombreuses émissions musicales. Une partie importante de son matériau vient de l'industrie de la chanson, Tin Pan Alley, mobilisée pour l'effort de guerre : en novembre 1942, l'OWI crée en effet le National Wartime Music Committee, qui, comme pendant la Première Guerre mondiale, va produire en masse des chansons destinées à soutenir le moral des soldats et promouvoir auprès du public l'idée d'une guerre juste pour défendre la démocratie. Par ailleurs, dans le cadre de la division du travail entre l'OWI et l'OCIAA en Amérique latine, Voice of America est associée à la conception et la diffusion de programmes radiophoniques dans cette région, notamment la célèbre émission *Viva América*, diffusée par les relais locaux du réseau Columbia Broadcasting System. Pendant toute la guerre, elle fait entendre sur les ondes de nombreux orchestres de musique symphonique, de chanson et de jazz, comprenant des musiciens étatsuniens, mais aussi latino-américains tels que le chanteur mexicain Juan Arvizu, le compositeur argentin Terig Tucci ou la chanteuse portoricaine Elsa Miranda.

Le cinéma est l'autre activité majeure de l'OWI. Si une partie de l'industrie cinématographique a déjà intégré le thème de la guerre dans sa production (la Warner Bros sort par exemple en septembre 1941 *Sergeant York*), c'est le gouvernement qui donne l'impulsion décisive pour faire entrer Hollywood dans la propagande cinématographique de guerre. Au printemps 1942 est en effet créé le Bureau of Motion Pictures, dont la première initiative consiste à rédiger des instructions à l'usage de l'industrie cinématographique afin que sa production ajoute à sa fonction divertissante une fonction d'explication des buts de guerre étatsuniens, à destination de la population domestique, mais aussi de l'étranger. En juin est ainsi envoyé aux studios hollywoodiens le *Government Information Manual for the Motion Picture Industry*. Sa première section est intitulée « Why We Fight ». Au même moment, l'OWI commissionne un des réalisateurs phare de Hollywood, Frank Capra, pour tourner un film documentaire en sept épisodes portant ce titre, où Capra déploie tout son savoir-faire, à la charnière de l'information et du cinéma de fiction (au sens où le film est parfaitement scénarisé), pour mettre en scène la justesse du combat étatsunien pour la liberté. Si le film est d'abord à destination du public étatsunien, il sera diffusé également dans les pays libérés à partir de 1943. Pendant tout le conflit, Hollywood multiplie les films dont l'intrigue met en scène la guerre. Tout comme *Why We Fight*, s'ils sont d'abord vus par le public étatsunien, ils le seront aussi après 1945 par le public international, lorsque les marchés étrangers seront rouverts, contribuant à forger la renommée mondiale des États-Unis, comme c'est le cas de *Casablanca* (Warner Bros, 1942), qui met en scène Humphrey Bogart et Ingrid Bergman, et remporte un grand succès en France en 1947.

Au cours de la période 1914-1945, la diplomatie culturelle s'est donc institutionnalisée, son répertoire d'actions s'est élargi, et le nombre d'États qui l'utilisent a augmenté. L'unité de cette période est donnée par les deux guerres qui l'encadrent et qui ont un effet considérable sur la manière dont les États mobilisent la culture au service de leur politique extérieure. Désormais, la culture n'est plus seulement un instrument de promotion nationale, mais également une arme de guerre. Dans cette évolution, outre les guerres, l'autre facteur important est évidemment l'arrivée dans le paysage politique d'un nouveau type de régime, le totalitarisme, qui fait de la culture un usage intensif, encore plus important que les démocraties, et qui la mobilise pleinement au service de son projet politique, entraînant sans doute les démocraties sur ce terrain, même si celles-ci maniaient déjà avant 1914 une forme de propagande, de façon cependant plus feutrée. C'est à ce moment qu'il devient très difficile de distinguer diplomatie culturelle et propagande. La période de la guerre froide qui s'ouvre après 1945 va confirmer cette tendance.

Chapitre IV

Guerre froide et nationalismes : la prolifération des diplomaties culturelles (1947-1989)

Deux ans après 1945, le monde entre dans une nouvelle guerre, froide cette fois. Une guerre dont la caractéristique est d'être indirecte, puisque les nouvelles superpuissances, États-Unis et URSS, ne s'affronteront jamais directement. Mais aussi une guerre qui se déroule sur tous les plans : militaire, bien sûr, par partenaires interposés (guerre de Corée, guerre du Vietnam), mais aussi économique, technologique, idéologique et, bien entendu, culturel. Dans ce dernier domaine, il s'agit de convaincre le monde que chaque superpuissance possède le meilleur modèle politique et le meilleur projet de société. Au sein des diplomaties culturelles de l'époque de la guerre froide, les deux superpuissances se distinguent, et les États-Unis encore plus que l'URSS, par le caractère massif, systématique et mondial de leurs actions, qui mobilisent une quantité impressionnante d'acteurs de tous niveaux. C'est à ces deux pays que sera consacrée la première partie du chapitre. Mais ils ne résument pas à eux seuls la diplomatie culturelle de cette période. Celle-ci est abondamment mobilisée par bien d'autres pays qui feront l'objet des parties suivantes, et que l'on peut diviser en trois catégories : les pays vaincus qui y ont recours pour restaurer une réputation internationale abîmée, compenser leur capacité militaire désormais limitée, et réintégrer le concert des nations (Japon et Allemagne) ; les puissances déclassées qui l'utilisent, entre autres stratégies, pour continuer à exister sur la scène mondiale (France et Grande-Bretagne) ; les pays émergents qui entrent plus ou moins vite dans un domaine encore largement monopolisé avant 1939 par les puissances classiques, et dont le Brésil, la Suisse et le Sénégal constituent quelques exemples.

Les superpuissances : l'affrontement des modèles

Les diplomaties culturelles des deux superpuissances sont le plus souvent étudiées séparément, illustration parmi d'autres du nationalisme méthodologique qui irrigue encore l'histoire de la diplomatie culturelle et occulte les interactions qui se déploient entre leurs multiples acteurs. J'ai donc choisi ici de les traiter ensemble, ce qui paraît logique, dans la mesure où chacune est dirigée en grande partie contre l'autre et réagit à ses initiatives.

Une guerre idéologique

La diplomatie culturelle mise en place par les superpuissances est l'une des composantes essentielles d'une guerre idéologique dans laquelle chacune tente de démontrer l'excellence de son modèle, et symétriquement, de discréditer celui de l'adversaire. Dans ce processus, les États-Unis sont les premiers à structurer un arsenal institutionnel aux composantes extrêmement nombreuses[1], et qui capitalise sur les expériences acquises dans l'entre-deux-guerres par la diplomatie philanthropique, et pendant la Deuxième Guerre mondiale par les actions de l'OCIAA et de l'OWI. Le Smith-Mundt Act de janvier 1948 lance la construction d'un dispositif dont la pièce centrale est la United States Information Agency (USIA), créée en 1953 et placée sous la supervision du département d'État afin de coordonner l'ensemble des initiatives qui se sont accumulées depuis 1947. Cette agence fédérale s'occupe de tout ce qui concerne la gestion et la diffusion de l'information tout autant que des contenus culturels. C'est elle qui supervise par exemple la station Voice of America, mise en sommeil en 1945 avant d'être réactivée au début de la guerre froide. C'est elle qui s'occupe aussi de la production d'articles de presse envoyés aux agences internationales, de la diffusion du livre, de la réalisation de documentaires et de films publicitaires, ou des relations avec l'industrie hollywoodienne. C'est elle enfin qui gère directement à partir de 1977 le programme Fulbright.

Mais si le département d'État est l'organe central de la diplomatie culturelle, il n'est pas le seul : le Pentagone joue aussi sa propre partition, par le biais, entre autres, du bureau ouvert en 1950 à Hollywood pour utiliser le cinéma afin d'améliorer l'image de l'armée. Il faut mentionner également la Central Intelligence Agency (CIA), qui finance et gère notamment les radios émettant derrière le rideau de fer : Radio Free Europe, Radio Liberty et Radio Free Asia ; par ailleurs, on le verra, elle est impliquée dans l'organisation d'expositions internationales de peinture. En dehors de l'administration gouvernementale, les acteurs privés participant à la diplomatie culturelle sont nombreux : parmi d'autres, on mentionnera les fondations philanthropiques, les musées, les universités, ou encore l'industrie hollywoodienne. Enfin, les réseaux internationaux tissés par les acteurs publics et privés sont importants : l'un des plus connus est le Congrès pour la liberté de la culture, qui regroupe à partir des années 1950 des intellectuels atlantistes étatsuniens et européens. Mais il faut évoquer aussi les réseaux scientifiques très denses tissés depuis l'entre-deux-guerres par les fondations philanthropiques, à travers leurs multiples programmes de financements d'institutions scientifiques et surtout de *fellowships* individuelles, notamment les programmes de la galaxie d'organisations rockefelleriennes. Enfin, n'oublions pas les multiples relais d'influence formels ou informels tels que les associations d'amitiés bilatérales (comme le comité France-Amérique(s), créé en 1909 et toujours actif aujourd'hui) ou les associations d'*alumni* des programmes de bourses, notamment le Fulbright. Comme déjà mentionné plus haut à propos de la France et de l'URSS, il y a là toute une nébuleuse d'associations et d'individus qui jouent, à des degrés divers et à des moments divers, le rôle de relais d'influence, que la diplomatie culturelle étatsunienne sait entretenir et développer de multiples manières. Cette diplomatie déploie ses initiatives dans le monde jusqu'à la fin des années 1960, date à laquelle elle commence à se gripper, sous le double effet de la guerre du Vietnam, qui suscite des critiques jusque dans les milieux culturels étatsuniens rechignant de plus en plus à se joindre aux initiatives gouvernementales, et de la révélation en 1966 par une enquête du *New York Times* du soutien de la CIA à plusieurs initiatives, ce qui qui jette le discrédit sur une entreprise apparaissant dès lors plus comme une propagande que comme de la diplomatie culturelle. Il faudra la relance de la guerre froide par Ronald Reagan au début des années 1980 pour voir à nouveau les crédits de l'USIA remonter et les activités se développer, notamment en matière radiophonique, jusqu'à la chute de l'URSS en 1991.

En face du dispositif institutionnel étatsunien, la diplomatie culturelle soviétique, on l'a déjà vu, peut également s'appuyer sur un ensemble d'organismes étatiques et privés, soviétiques et étrangers, qui s'est progressivement structuré depuis les années 1920, même si les purges staliniennes et la Deuxième Guerre mondiale lui ont porté de sérieux coups : ainsi la VOKS n'est plus à la fin des années 1930 que l'ombre d'elle-même. À l'étranger, les révélations sur les purges, mais aussi le pacte germano-soviétique d'août 1939 et la guerre, vont distendre bien des liens, même si ceux-ci seront réactivés par le rôle déterminant joué par l'URSS dans la victoire, avant de se distendre à nouveau au moment de la déstalinisation puis des interventions militaires soviétiques en Hongrie en 1956, ou en Tchécoslovaquie en 1968. En 1945, la diplomatie culturelle soviétique fonctionne au ralenti, et malgré la création du Kominform en 1947 (qui ne s'occupe que marginalement de culture), il faut attendre la mort de Staline pour qu'elle soit vraiment relancée. Dès le 19 mars 1953, soit deux semaines après la disparition du Petit père des peuples, un département destiné à assurer les liens entre le Parti communiste soviétique et les partis frères est créé, dont l'une des missions consiste à relancer les activités de la VOKS et à mieux les coordonner, ce qui revient à placer la diplomatie culturelle sous le contrôle du parti et non plus du Commissariat aux affaires étrangères comme auparavant[2]. Et surtout, en septembre 1957, prenant acte du fait que la VOKS ne remplit plus sa mission, elle est remplacée par l'Union des sociétés soviétiques d'amitié et de relations culturelles avec les pays étrangers (SSOD). La même année, le Comité d'État pour les liens culturels (GKKS) est créé pour coordonner l'activité de diplomatie culturelle. Avant lui, seules les relations avec les pays communistes avaient fait l'objet d'une coordination ; désormais, l'URSS souhaite étendre son activité aux pays non communistes, ou n'ayant pas de parti communiste puissant. Comme dans toutes les administrations gouvernementales, le contrôle de la diplomatie culturelle fait l'objet, au sein de la bureaucratie soviétique, de querelles entre les départements dont l'histoire administrative garde les traces : le contrôle du GKKS par le Parti suscite des tensions avec le Commissariat aux Affaires étrangères ; en 1967, il est dissous et remplacé par un nouveau département des Relations culturelles placé cette fois sous la tutelle du Commissariat. À côté de ces structures liées au parti et à l'État, la nébuleuse d'organisations présentes à l'étranger, déjà identifiée au chapitre précédent, existe toujours, ou renaît dans les pays où elles étaient en sommeil du fait de la guerre. En 1945, l'Association France-URSS est ainsi créée, prenant la suite de la section française de l'Association des amis de l'Union soviétique. Mais on trouve aussi ses équivalents en Grande Bretagne et en Allemagne de l'Ouest[3].

Les dispositifs élaborés par les deux superpuissances sont relativement peu tournés vers l'adversaire, et l'on peut dire que dans un premier temps, il en va de la guerre froide culturelle comme de l'affrontement militaire : il est indirect. Les échanges bilatéraux sont en effet peu développés jusqu'à la fin des années 1950. Ils ont été amorcés pendant la Deuxième Guerre mondiale pour supporter la grande alliance contre le nazisme, mais ont été rapidement freinés par Staline qui craint la contamination de l'URSS par le mode de vie occidental. À l'été 1947, la mission Simmons envoyée en URSS fait face à des obstructions systématiques et à la volonté du Commissaire aux affaires étrangères, Viatcheslav Molotov, de contrôler très strictement toute forme d'échange. Quant à Staline et Jdanov, ils pensent qu'il n'y a pas de place possible pour des échanges culturels entre pays rivaux. De fait, les années d'immédiat après-guerre sont marquées du côté soviétique par une charge anti-impérialiste et antibourgeoise qui ne laisse place à aucune forme de coopération. Les États-Unis en tirent les conclusions : en 1950 et 1952, les deux *McCarran Acts* interdisent pratiquement à tous les ressortissants de pays du bloc soviétique d'entrer aux États-Unis. De fait, pendant la période des années 1950, il n'y aura presque pas de relations entre les deux pays. Leurs diplomaties culturelles vont donc se déployer vers des pays tiers. Avec la déstalinisation, l'idée d'une coexistence et d'une compétition pacifiques fait cependant son chemin au sein du pouvoir soviétique. Au plenum du Comité central du parti en 1955, le nouveau Premier secrétaire, Nikita Krouchtchev, se prononce en faveur du développement d'initiatives en ce sens, tout comme Molotov et le secrétaire d'État John Foster Dulles lorsqu'ils se rencontrent à Genève la même année. En décembre 1955, premier signe concret, l'opéra de George Gerschwin *Porgy and Bess* est joué à Moscou et Leningrad : il s'agit de la première tournée en URSS d'une troupe étatsunienne depuis la révolution de 1917. Quelques mois plus tard, le National Security Council, dans son rapport NSC-5607 du 29 juin 1956, encourage explicitement les échanges culturels comme moyen d'introduire de nouvelles idées en URSS et donc de favoriser un changement de régime. Mais le véritable point de départ des échanges bilatéraux a lieu le 27 janvier 1958, avec la signature de l'accord Lacy-Zarubin qui formalise les échanges dans les domaines éducatif, scientifique et culturel. Ceux-ci seront cependant suspendus aux à-coups de la politique soviétique : à partir du milieu des années 1970, l'URSS revient à une position défensive et restreint ses échanges avec les États-Unis comme avec le reste des pays capitalistes. Il faudra attendre l'arrivée au pouvoir de Mikhaïl Gorbatchev en 1985 pour assister à une nouvelle ouverture.

Expositions nationales et universelles

La première conséquence concrète de l'accord Lacy-Zarubin est l'organisation d'une exposition nationale soviétique à New York du 30 juin au 10 août 1959, et son symétrique, l'exposition nationale étatsunienne tenue à Moscou du 25 juillet au 4 septembre[4]. Elles s'inscrivent dans la continuité d'un répertoire d'actions classiques remontant aux expositions universelles dans lesquelles les nations se mettent en scène. On y trouve d'ailleurs bien des éléments qui avaient déjà été présentés par les deux pays dans leurs pavillons respectifs lors de l'Exposition universelle de Bruxelles en 1958. À New York, l'exposition soviétique met l'accent sur la science et la technologie, domaines dans lesquels l'URSS a pris une avance notable depuis le premier vol du Spoutnik en 1957. Une section est réservée à la culture, y compris à l'art vestimentaire, qui occupe une bonne place. Au même moment, le corps de ballet du Bolchoï, en tournée aux États-Unis et au Canada, donne des représentations au Madison Square Garden et remporte un vif succès, de même que les chants et danses folkloriques ouzbeks, arméniens et ukrainiens, et l'exposition elle-même, qui attire un million de visiteurs[5]. L'exposition étatsunienne à Moscou, elle, met délibérément l'accent sur la modernité de l'*American way of life*, et le fait qu'il est à la portée de toute la population. Elle présente les arts ménagers, l'automobile, mais aussi la musique, la photographie, l'architecture, et bien sûr le cinéma. Des films documentaires présentent le mode de vie étatsunien, la semaine type d'un salarié, tandis qu'un documentaire tourné par les studios Disney est consacré aux principales villes et aux sites touristiques, et qu'un ordinateur IBM répond à 3 500 questions sur les États-Unis. Une section spécifique est consacrée à la peinture dont elle présente les différentes tendances, du réalisme social à l'expressionnisme abstrait. Mais le clou de l'exposition est la reconstitution d'une maison étatsunienne et de tous ses équipements électroménagers. C'est elle qui donne lieu à un échange immédiatement appelé *kitchen debate* entre le vice-président Richard Nixon, venu inaugurer l'exposition, et Nikita Krouchtchev, au cours duquel les deux hommes débattent de l'utilité et des mérites des équipements proposés et du mode de vie qu'ils symbolisent, sans arriver à se mettre d'accord. L'exposition remporte un vif succès auprès de la population soviétique, ce qui explique sans doute que l'URSS refuse d'organiser d'autres événements de ce type.

Les centres culturels

Comme tous les pays qui mettent en place une diplomatie culturelle, les deux superpuissances se dotent de vitrines à l'étranger sous la forme de centres culturels permanents. Les États-Unis constituent à partir de la fin des années 1940 un vaste réseau : en 1964, on compte 228 centres culturels dans 105 pays, et sur tous les continents : Amérique latine (Argentine), Europe, bien sûr (Allemagne, France, Grande-Bretagne, Grèce), Afrique (Burundi, Congo), Asie (Japon, Corée du Sud, Vietnam, Inde, Malaisie), Moyen-Orient (Liban, Iran). Ces lieux à tout faire sont la vitrine des États-Unis et de leur culture : on y dispense des cours d'anglais, mais on y trouve aussi des bibliothèques, des salles d'exposition ou de conférences. Le département d'État évalue leur fréquentation à 23 millions de personnes en 1949 et 30 millions en 1964, bien que ces chiffres soient difficilement vérifiables. Dans certains pays, ils ont beaucoup de succès, notamment en Autriche et en Allemagne, où ils servent de relais à la rééducation démocratique du pays. Entre 1945 et 1947, vingt-cinq sont créés en Allemagne dans des grandes villes comme Berlin, Munich ou Francfort. On y trouve toute une série de manifestations culturelles étatsuniennes. Ainsi, en 1957, une exposition sur le jazz est présentée à celui de Francfort. Celui de Munich est un bon exemple de longévité : en 1945, l'armée étatsunienne ouvre une bibliothèque fournie en ouvrages et périodiques sur la Beethovenplatz, en plein centre de la ville ; elle est rapidement ouverte au grand public et son fonds de livres augmente : en 1948, l'Amerika Haus, comme la surnomme la population, en possède déjà 36 000. Bientôt s'adjoignent à la librairie une section de périodiques, mais aussi de livres pour enfants, un fonds de films et de disques, et des salles permettant d'organiser conférences, projections de films ou expositions. En 1953, la gestion du centre est transférée à l'USIA. Et en 1957, un nouveau bâtiment est construit, financé en grande partie par le Land de Bavière. À la fin des années 1950, il est fréquenté par 80 000 personnes chaque mois. Et lorsque les États-Unis réduiront le budget de l'USIA dans les années 1990, son financement sera pris en charge partiellement par le Land de Bavière (qui en est toujours propriétaire aujourd'hui), ainsi que par des entreprises allemandes et des donations privées. Aujourd'hui, il est le principal centre culturel étatsunien en Allemagne.

L'URSS a aussi des institutions similaires : les palais de la culture et de la science, tout d'abord, créés dans l'empire russe puis dans les républiques soviétiques et le bloc de l'Est. Le plus souvent, ce sont des bâtiments imposants regroupant de nombreuses activités culturelles, depuis les bibliothèques jusqu'aux salles de cinéma en passant par des cours de langue, ou encore des institutions scientifiques. Vitrines de l'Union soviétique dans les pays amis, ils se développent au cours des années 1950, à l'image de ceux de Varsovie (1955), de Prague (1956) ou de Riga (1958), ou encore le Centre d'expositions de Shanghai (1959). Mais il y a aussi des relais de taille plus modeste, avec les centres russes pour la science et la culture ouverts hors du bloc de l'Est. Leur nombre est inconnu, mais si l'on en juge par le nombre de centres culturels que les agences russes gèrent dans les années 2010, dont il sera question au chapitre suivant, une partie importante existait manifestement déjà pendant la guerre froide. On en trouve sans doute beaucoup en Europe, mais leur nombre semble également élevé en Afrique, sous réserve d'un inventaire qui reste à mener. Celui de Tunis semble être créé en 1966, tandis que ceux d'Addis-Abeba, du Caire, de Rabat, de Brazzaville, de Dar-es-Salam et de Lusaka sont créés entre la fin de la Deuxième Guerre mondiale et les années 1980. On ajoutera qu'il existe de nombreux lieux plus informels tels que des bibliothèques ou des librairies spécialisées qui peuvent également jouer le rôle de lieux de rencontres, comme la librairie du Globe à Paris, créée en 1953. Enfin, les relais d'influence qui ont pris la suite des Amis de l'URSS sont aussi des lieux de diffusion de la culture soviétique : ainsi de l'association Italie-URSS, qui constitue au cours des années 1950 la principale cinémathèque de films soviétiques en Occident[6].

La radio : Voice of America contre Radio Moscou

L'utilisation de la radio par la diplomatie culturelle pendant la guerre froide coïncide avec l'expansion considérable de ce média : si elle est devenue d'usage courant aux États-Unis et en Europe à partir des années 1930, c'est seulement dans les années 1950 et 1960 qu'elle se répand massivement dans les pays en développement, et permet d'atteindre non plus seulement les populations urbaines, mais aussi rurales. Les deux superpuissances en font une utilisation intensive. Coté étatsunien, Voice of America (VOA) passe en 1945 sous le contrôle du département d'État, avant d'être intégrée en 1953 à l'USIA. En février 1947, elle diffuse à Moscou sa première émission en russe. En 1948, elle possède quatre stations mobiles, localisées respectivement à Munich, Wooferton, Tanger et Salonique, qui lui permettent de couvrir l'ensemble de l'Europe et une partie de l'URSS. La croissance de ses activités est à l'avenant : dès 1950, elle émet dans 25 langues, un chiffre porté à 36 en 1964, avec 800 heures de programme hebdomadaires. Il faut ajouter à ce dispositif les radios soutenues par la CIA : Radio Free Europe pour l'Europe centrale (créée en 1950), Radio Liberty pour l'URSS (1953), et Radio Free Asia (1951).

Si toutes ces stations diffusent de l'information et des programmes documentaires, qui appartiennent au domaine de la diplomatie publique, la culture y est également présente. Dès 1952, une émission de jazz est créée à VOA, mais c'est surtout en 1955 qu'est créée l'émission quotidienne *Music USA*, animée par Willis Conover, qui devient l'un des vecteurs de diffusion mondiale du jazz sans doute les plus importants, l'émission ayant touché entre sa création et le milieu des années 1960 un public estimé à 100 millions de personnes. Outre son originalité musicale, la symbolique attachée au jazz est significative de son rôle comme porte-drapeau du modèle étatsunien : les représentants du département d'État voient dans l'orchestre de jazz un condensé du modèle démocratique, où chaque soliste prend la parole à tour de rôle, respecte ses partenaires, et où la cohabitation entre noirs et blancs symbolise la tolérance de la société étatsunienne, répondant ainsi aux critiques formulées par les Soviétiques sur la ségrégation raciale. Si le succès de VOA est difficile à évaluer, il peut être supposé, *a contrario*, à l'aune des tentatives russes pour brouiller la station, ainsi que les autres stations susmentionnées, mais aussi les programmes de la BBC. Dès 1948, les Soviétiques tentent de brouiller les émissions étatsuniennes, surtout lorsqu'à partir de 1950 VOA multiplie les émetteurs pour pouvoir diffuser plus largement. La station dispose de deux grands émetteurs en Caroline du Nord et au Liberia, ainsi que des quatre stations mobiles mentionnées plus haut, qu'elle peut transporter dans n'importe quel point du globe pour s'adapter aux tentatives de brouillage soviétique. Par ailleurs, l'USIA distribue massivement des transistors dans les pays en développement afin que ses émissions puissent être écoutées : ce point souvent négligé de la guerre froide mériterait une analyse détaillée.

Du côté soviétique, on n'est pas en reste. L'URSS dispose, avec Radio Moscou, créée en 1929, d'une des radios les plus importantes du monde, peut-être même la plus importante pendant la guerre froide. C'est le fleuron de la propagande radiophonique russe. Elle émet dans plus de soixante langues et alterne émissions d'information présentant le point de vue soviétique, et programmes musicaux, littéraires ou artistiques. Son développement s'accélère à partir de la deuxième moitié des années 1950, à mesure que la décolonisation progresse. En Afrique, le nombre d'heures d'émission quotidienne passe ainsi de 1,5 en 1958 à 7 en 1961 et 18 en 1963[7]. Radio Moscou est ici en compétition avec Voice of America, mais aussi la BBC ou encore Radio Beijing. Mais malgré un message en tout point opposé à celui de la radio étatsunienne, Radio Moscou semble partager avec elle le même *modus operandi* : si les émissions sont en langue locale, en revanche leur conception et la rédaction des textes ont lieu à Moscou pour être ensuite traduits, et le contenu des émissions est très majoritairement russe. Si cette tendance est probablement moins poussée du côté de Voice of America, il n'en reste pas moins que dans les deux cas, la superpuissance est présentée comme un modèle de référence, et que peu d'émissions semblent consacrées aux différentes régions du monde pour elles-mêmes, en dehors de leur rapport à l'une ou l'autre des superpuissances.

Les programmes d'échanges

La diplomatie universitaire et scientifique connaît également un essor sans précédent pendant la guerre froide, pour plusieurs raisons : la lutte idéologique, bien sûr, mais aussi la révolution des transports aériens qui favorise la mobilité académique, la croissance démographique qui fait exploser le nombre d'étudiants à partir des années 1960, et enfin l'indépendance des colonies qui amène sur le marché académique une population croissante en attente de formation. Les deux superpuissances vont exploiter à plein cette dimension.

Aux États-Unis, les programmes d'échanges des fondations privées, déjà très développés dans l'entre-deux-guerres, sont vite relancés : dès la fin 1944, l'envoyé de la fondation Rockefeller, Akexander Makinski, mais aussi les *officers* des divisions de la fondation sont en Europe pour réactiver les réseaux et relancer les flux à destination des États-Unis. Les programmes de *fellowships* reprennent vite et élargissent leur spectre géographique, notamment en direction de l'Amérique latine, mais aussi des pays colonisés[8]. De son côté, la fondation Ford met en place des programmes d'échanges à destination de la Pologne (1957), la Yougoslavie (1959) et la Hongrie (1954), qui amènent aux États-Unis 700 boursiers de ces trois pays entre 1957 et 1969[9]. Mais les fondations privées ne sont pas les seules actrices. Les programmes publics sont encore plus importants, en particulier le programme Fulbright, conçu dès 1946, mais qui devient *de facto* un des symboles de la diplomatie culturelle de guerre froide. Il prend la forme, dès 1947, de conventions bilatérales : les premières sont signées avec la Chine et la Birmanie, puis suivent les Philippines et la Grèce en 1948, avant que le programme ne soit élargi aux pays européens, puis à d'autres régions à mesure que la guerre froide se déploie sur l'ensemble du monde. En 1964, le programme couvre 48 pays sur tous les continents. Entre 1949 et 1986, ce sont 106 000 boursiers venus de 164 pays qui sont allés étudier aux États-Unis, tandis que 56 000 Étatsuniens sont partis à l'étranger, pour étudier ou pour enseigner. D'autres programmes gouvernementaux existent, comme le Foreign Leader Program, dont la finalité est la même, mais qui témoigne une fois de plus de la frontière poreuse entre diplomatie culturelle et propagande, puisqu'il est destiné aux leaders d'opinion (journalistes, responsables politiques et syndicaux), sélectionnés pour effectuer des séjours de courte durée (quelques semaines) afin de découvrir les différentes facettes de la société étatsunienne[10].

Tous ces programmes, qu'ils soient publics ou privés, visent à fabriquer des ambassadeurs du modèle étatsunien : au cours de leurs séjours, les boursiers étrangers peuvent étudier dans d'excellentes conditions, mais sont également pris en main et intégrés de multiples manières à la vie étatsunienne, de sorte que les voyages d'étude constituent également des « programmes d'initiation à l'*American way of life* » et « possèdent des similarités frappantes avec les campagnes d'américanisation[11] » menées dans les années 1910. Quant aux boursiers étatsuniens envoyés à l'étranger, les autorités en attendent un comportement exemplaire qui fasse honneur aux valeurs de leur pays. Par ailleurs, ils sont choisis en fonction de leur capacité à promouvoir les productions culturelles étatsuniennes. On peut prendre l'exemple de Kenneth Murdock, professeur à l'université de Harvard, qui bénéficie d'une bourse Fulbright pour venir enseigner la littérature en 1949 en Norvège, à l'invitation de son collègue Sigmund Skard, qui vient lui-même de créer un institut d'études américaines à l'université d'Oslo après avoir bénéficié en 1946 d'une bourse de la fondation Rockefeller pour faire le tour des universités étatsuniennes. La logique bilatérale et réciproque du programme Fulbright est destinée à favoriser l'établissement de liens entre les États-Unis et les nombreux pays partenaires. Par ailleurs, le programme est en même temps un instrument de diplomatie linguistique, notamment dans les premières années, où les professeurs d'anglais sont nombreux parmi les boursiers. C'est le cas aux Philippines, qui accueillent entre 1948 et 1962 120 professeurs Fulbright, et envoient plus de 300 étudiants, et surtout étudiantes, en vue de les former au métier de professeures d'anglais une fois revenues sur place, alors que l'anglais est devenu langue officielle en 1946 et que le pays a un grand besoin d'enseignants. En revanche, l'URSS n'est pas incluse dans le programme Fulbright à ses débuts, et il faut attendre l'accord Lacy-Zarubin pour que soit créé, en février 1958, l'Exchange of Graduate Students and Young Faculty program, suivi en 1968 du programme IREX[12]. Dans les deux cas, le département d'État laisse une grande autonomie aux universités pour gérer le programme ; et les échanges concernent non seulement l'URSS, mais aussi l'ensemble du bloc soviétique. En 1973, le programme Fulbright sera étendu à l'URSS.

Du côté soviétique, les programmes sont nombreux, mais l'organisation est plus tardive. Là encore, il faut attendre la fin de l'ère stalinienne, marquée par le repli et la paranoïa anti-étrangers, pour voir se créer des structures. C'est surtout à partir de 1960 qu'est mis en place un vaste programme de bourses destiné notamment aux étudiants des pays récemment décolonisés ou en voie de l'être. Il donne naissance à un flux très important : les universités soviétiques accueillent dès l'année académique 1966-1967 près de 17 000 étudiants étrangers, et 53 000 en 1979-1980[13]. Au total, selon Constantin Katsakioris, entre 1960 et 1980, ce sont 405 569 personnes qui ont bénéficié de bourses pour aller étudier en URSS, dont 158 529 d'Asie du Sud-Est, 92 204 des pays arabes, 91 777 d'Afrique subsaharienne et 63 059 d'Amérique latine. Ces chiffres, très nettement supérieurs aux programmes étatsuniens, englobent de nombreux pays, pas forcément du bloc socialiste proprement dit, puisqu'outre la Mongolie, le Vietnam ou Cuba, on trouve aussi l'Égypte, le Maroc, l'Inde, le Mexique, le Nigeria, le Mexique ou la Syrie. Les établissements soviétiques accueillant des étudiants sont nombreux, mais le plus important est l'Université de l'amitié des peuples de Moscou, créée spécialement pour l'occasion, et rebaptisée Université Patrice Lumumba après l'assassinat de celui-ci en 1961. L'objectif de l'Union soviétique est de former des futurs cadres des pays nouvellement indépendants et d'amorcer de futurs partenariats politiques et économiques susceptibles de renforcer le camp socialiste. Si ces chiffres attestent de l'attractivité du modèle soviétique auprès d'une partie importante des pays du tiers monde, cette politique suscite aussi des oppositions, notamment de la part des étudiants africains, victimes de discriminations raciales, voire d'agressions, mais qui accusent aussi l'université Lumumba d'être un lieu d'endoctrinement idéologique. Par ailleurs, les relations difficiles au sein de l'université, particulièrement entre étudiants arabes et d'Afrique subsaharienne, ainsi que l'insertion professionnelle parfois difficile d'anciens boursiers dans des pays dont les gouvernements n'étaient pas favorables à l'URSS (comme le Cameroun ou la Sierra Leone) amène à dresser un bilan contrasté de cet énorme programme de bourses. Il reste toutefois qu'il a permis à des centaines de milliers d'étudiants venus du tiers monde d'être formés gratuitement aux frais de l'URSS.

Le cinéma

Le cinéma est également partie intégrante de l'arsenal de la diplomatie culturelle des superpuissances pendant la guerre froide, surtout du côté étatsunien. Son analyse n'est pas facile à délimiter, car l'internationalisation du cinéma hollywoodien obéit à bien d'autres logiques, à commencer par les stratégies économiques de l'industrie du cinéma, et l'analyse de celles-ci relève d'une autre histoire. Toutefois, l'histoire du cinéma croise incontestablement celle de la diplomatie culturelle quand il est mobilisé par les gouvernements pour appuyer une stratégie de rayonnement national, notamment à travers la diffusion d'un récit qui atteint, via le médium cinématographique, un public très important, potentiellement dans le monde entier. On en a vu plusieurs exemples pendant les deux guerres mondiales, et cette logique se poursuit pendant la guerre froide, ce que plusieurs exemples permettent d'illustrer.

Le premier est l'utilisation du cinéma dans la reconstruction des pays vaincus. En Allemagne, les autorités d'occupation étatsuniennes s'en servent comme un moyen de rééducation de la population à la démocratie, après douze ans de totalitarisme : l'Industrial Control Division en charge du contrôle de l'économie allemande coopère ainsi avec l'armée pour importer des films présentant le modèle politique étatsunien. Il en est de même au Japon, autre pays vaincu à rééduquer, où le contrôle de l'industrie cinématographique est très strict, et où l'importation de films étatsuniens est considérée comme un moyen de développer chez les cinéastes japonais une culture cinématographique qui les détachera des thématiques traditionnelles du cinéma d'avant-guerre (notamment des films de samouraïs). Mais le cinéma peut aussi être utilisé, de façon très directe, pour indiquer les voies à suivre dans la reconstruction économique : à cet effet, l'Information Division du plan Marshall tourne au moins deux cents documentaires entre la fin des années 1940 et le milieu des années 1950, afin de montrer aux Européens les bienfaits du modèle de la production de masse que les États-Unis voudraient étendre à l'ensemble de l'Europe, comme l'emblématique *Productivity – Key to Plenty*. Cette utilisation ne s'arrête pas à la fin du plan Marshall : en 1953, lorsque l'USIA prend en charge l'ensemble de la diplomatie culturelle, elle crée un Motion Picture Service, qui tourne et distribue des documentaires sur des sujets très divers, mais dont le point commun est de présenter le modèle culturel étatsunien au monde, qu'il s'agisse de l'organisation de la démocratie, des parcs nationaux ou de la littérature. Ici encore, on est à la charnière entre diplomatie culturelle et diplomatie publique. Le rôle de ces documentaires n'est pas à négliger : ils sont diffusés d'abord dans des cinémas puis à la télévision, et l'USIA estime qu'ils touchent un public d'environ 750 millions de personnes dans le monde au milieu des années 1960[14].

Le deuxième exemple est l'utilisation du cinéma par les autorités étatsuniennes afin d'améliorer leur image, spécialement celle de l'armée. C'est l'objectif du bureau ouvert par le département de la Défense en 1950 à Hollywood, afin de développer une collaboration avec le cinéma, alors que les États-Unis se lancent dans la guerre de Corée[15]. Le département met ainsi ses bases et son matériel à disposition des équipes cinématographiques, en échange d'un droit de regard sur l'élaboration du scénario. La mise en place de cette collaboration n'est pas pour rien dans le développement des films de guerre au cours des années suivantes. Plus que la guerre de Corée, ils mettent en scène la Deuxième Guerre mondiale, plus consensuelle, comme c'est le cas du *Jour le plus long* (1962), mais également la guerre du Vietnam : pour le tournage des *Bérets verts* (1968), réalisé par la star John Wayne (qui y joue également le premier rôle), le Pentagone a dépensé plus d'un million de dollars[16], fournissant matériel militaire et conseillers techniques. Mais l'appui gouvernemental ne se limite pas au soutien logistique : les conseillers militaires du département de la Défense sont impliqués dans la conception du scénario, pour l'orienter dans un sens favorable aux États-Unis alors englués dans la guerre du Vietnam, et dépeindre une intervention militaire juste, destinée à lutter contre le communisme mondial. Le film reprend les thématiques de la Deuxième Guerre mondiale et de la lutte contre le totalitarisme ; il mobilise également l'imaginaire du western, les soldats étant représentés comme de nouveaux cow-boys luttant contre la barbarie des Vietnamiens assimilés à des Indiens. Si le film, porté par la personnalité de John Wayne, est un succès aux États-Unis, il n'en est pas de même à l'étranger où son côté outrageusement pro-étatsunien ne plaide pas pour lui. Il n'en reste pas moins qu'il s'inscrit dans cette tradition de films de guerre où l'armée défend la liberté, à grand renfort de scènes héroïques et de technologies modernes.

Le troisième exemple est l'utilisation du cinéma pour toucher les populations situées derrière le rideau de fer. Les festivals de films sont des bonnes opportunités dans ce sens, même si les études sur ces points sont peu nombreuses. Là encore, l'accord Lacy-Zarubin marque une rupture : avant cette date, la présence de films étatsuniens à l'Est est inexistante, au moins de manière officielle. Après cette date, l'USIA, en lien avec l'industrie cinématographique, utilise les festivals comme moyen de promotion du modèle étatsunien[17], comme c'est le cas au festival international de Karlovy Vary (Tchécoslovaquie), créé en 1946, et à celui de Moscou (recréé en 1959, après une première édition sans suite en 1935). Les États-Unis participent officiellement au second à partir de 1961 et au premier à partir de 1962. Dans les deux cas, la sélection des films ainsi que la composition des délégations donnent lieu à de longues et difficiles négociations entre Étatsuniens et Soviétiques, mais aussi entre le département d'État et l'industrie hollywoodienne, afin de combiner les objectifs de chacun, entre le potentiel commercial du film et sa fonction de représentation des valeurs et de l'image que souhaitent véhiculer les autorités.

Enfin, le quatrième exemple est le soutien à des industries cinématographiques non étatsuniennes, mais supposées jouer un rôle dans la guerre froide culturelle. Ces initiatives de diplomatie culturelle indirecte, consistant à réaliser les objectifs de politique étrangère par le biais des acteurs locaux, sont fréquentes pendant la guerre froide. C'est ce qu'illustre le cas de l'Asia

Foundation et de la Federation of Motion Pictures in Asia. La première est une émanation du Committee for a Free Asia créé en 1951 sous l'égide de la CIA ; composée d'universitaires, de journalistes et de membres de l'industrie hollywoodienne, elle est également financée en partie par l'agence de renseignement étatsunienne. Elle est d'ailleurs dirigée par Robert Blum, ancien de l'Office of Strategic Services (OSS), assisté de l'universitaire asianiste James Stewart. En 1954, l'Asia Foundation possède neuf bureaux en Asie, à Tokyo, Taipei, Hong Kong, Manille, Kuala Lumpur, Rangoon, Colombo, Dacca et Karachi. D'abord concentrée sur la radio, elle organise aussi des conférences, distribue de la littérature anticommuniste et se concentre rapidement sur le cinéma. Après avoir tenté de produire elle-même des films, elle décide de collaborer avec des producteurs en Asie pour promouvoir un cinéma anticommuniste dans les pays de la région. C'est ce qui mène à la création de la Federation of Motion Pictures in Asia, qui soutient d'abord la maison de production japonaise Daiei, afin de contrer l'autre grand studio japonais, la Toei, considérée par Blum et ses collègues comme un repaire de cinéastes communistes. Mais elle soutient aussi d'autres studios à Hong Kong, en Corée du Sud, en Birmanie, en Thaïlande ou aux Philippines, qu'elle voudrait voir réaliser des films anticommunistes afin d'éviter d'importer des films hollywoodiens susceptibles d'encourir l'accusation d'impérialisme. Mais l'entreprise tourne court, les industries locales ne rentrant guère dans cette logique anticommuniste de la FPA[18]. Toutefois, celle-ci réussit à organiser des manifestations qui s'inscrivent dans la durée, comme le South East Asian Film Festival créé à Tokyo en 1954, renommé Asian Film Festival en 1957 puis Asia-Pacific Film Festival en 1982, aujourd'hui l'un des plus importants de la région.

Face à ces nombreuses initiatives étatsuniennes, le cinéma soviétique fait pâle figure après 1945. L'industrie a largement été décapitée sous Staline. À la fin de la guerre, ses ambitions internationales sont réactivées, avec un plan de diffusion qui connaît des réalisations, notamment en France, où il est présent dès l'hiver 1944 et jusqu'en 1947, occupant une place non négligeable sur les écrans, mais aussi dans les pays européens libérés par l'Armée rouge[19]. Cette présence s'inscrit dans une offensive pour contrer le cinéma hollywoodien qui déferle alors sur les écrans. En 1945, le pouvoir soviétique crée la Sovexportfilm, chargée de l'exportation. Elle se dote notamment d'un bureau à Paris. Comme vu auparavant, le cinéma peut s'appuyer sur la myriade de relais d'influence de la diplomatie culturelle russe à l'étranger. Parmi eux, on peut citer la Fédération française des ciné-clubs (FFCC) créée en 1946 dans l'orbite du Parti communiste, mais aussi l'association France-URSS créée en 1944, qui développe un service cinéma et encourage ses comités locaux à diffuser des films soviétiques. Dès l'hiver 1944, ceux-ci sont visibles en France, qu'il s'agisse de films de fiction valorisant le rôle de l'Armée rouge pendant la guerre, ou de documentaires présentant la vie en URSS, selon un procédé identique aux documentaires étatsuniens. La FFCC peut aussi proposer des films de l'entre-deux-guerres condamnés par le stalinisme : elle défend une approche cinéphilique, même si elle est moins orthodoxe politiquement. Une délégation soviétique est également présente au Festival de Cannes en 1946 et y remporte huit prix. Mais au total, les films soviétiques sont peu nombreux en France, comme sans doute dans le reste de l'Europe et du monde : d'abord parce que l'infrastructure du cinéma soviétique est encore très faible et lui interdit de viser une large diffusion internationale ; ensuite parce que la censure stalinienne a rapidement repris la situation en main. De ce fait, l'Union soviétique a peu de films à proposer, contrairement à Hollywood qui doit écouler une production de guerre pléthorique (c'est l'objet des accords Blum-Byrnes signés en 1946). Il n'y a donc pas d'offensive cinématographique soviétique en Europe, comme il y a une offensive hollywoodienne. La diffusion dans les réseaux de ciné-clubs reste une niche pour cinéphiles ou communistes convaincus. Après la mort de Staline, le cinéma soviétique recommence à s'exporter et connaît quelques succès notables : *Quand passent les cigognes* de Mikhaïl Kalatozov obtient la Palme d'or à Cannes en 1958. Mais dans l'ensemble, ce succès est limité. Une tentative de créer une cinématographie de guerre pour contrer les films hollywoodiens est amorcée en 1965, avec le tournage de *Libération* (Iouri Ozerov), une grande fresque en cinq volets sur la Deuxième Guerre mondiale et l'héroïsme de l'Armée rouge ; et surtout, il faut mentionner le *Guerre et Paix* de Serguei Bondartchouk, film fleuve au coût astronomique sorti en 1966 et 1967 pour répondre à son homonyme hollywoodien réalisé par King Vidor en 1956, qui connaît un grand succès public et obtient l'Oscar du meilleur film étranger en 1969, mais constitue l'exception plutôt que la règle. Et si l'URSS exporte beaucoup de films à partir des années 1960 (481 longs-métrages en 1966[20]), la majorité est vendue aux pays socialistes. En Occident, l'audience du cinéma soviétique est très faible, les cinéastes qui ont du succès étant plutôt des dissidents : ainsi, Andreï Tarkovski, dont *Andreï Roublev* est interdit en URSS en 1966.

Concerts, expositions et tournées

Les superpuissances mobilisent également toutes les ressources de la diplomatie intellectuelle et artistique. On en donnera trois exemples.

Le premier est celui des tournées de musiciens de jazz organisées par le département d'État[21]. Si la diffusion du jazz hors des États-Unis passe en grande partie par le circuit commercial, la diplomatie culturelle prend en charge sa projection dans les pays qui font partie des fronts pionniers de la guerre froide, le département d'État voyant dans le soutien à la musique afro-étatsunienne un moyen de redorer son image ternie par la ségrégation raciale, que ne se prive pas de dénoncer la propagande soviétique. Non seulement le jazz est présent sur les ondes de Voice of America, mais le département d'État organise entre 1956 et 1978 une cinquantaine de tournées d'orchestres de jazz en Amérique latine, Afrique, Asie, Europe orientale et Moyen-Orient, dont certaines sont longues de plusieurs mois : celle de Louis Armstrong en Afrique dure d'octobre 1960 à février 1961 et visite vingt-sept pays ; celle de Duke Ellington en 1963 l'emmène jusqu'en Afghanistan, tandis que Dave Brubeck en 1958 va de Pologne en Inde en passant par la Turquie, l'Iran, l'Irak et le Pakistan[22], et que Benny Goodman, à la suite de l'accord Lacy-Zarubin, va en Union Soviétique en 1962.

Le deuxième exemple est celui des expositions de peinture. Dès 1946, le gouvernement étatsunien organise l'exposition « The American Painting From the Eighteenth Century to the Present », qui fait connaître Georgia O'Keeffe, Adolph Gottlieb et Robert Motherwell au public européen. L'année suivante, l'exposition « Advancing American Art » est présentée à Paris et à Prague. Mais après cet épisode, le département d'État se désengage de la peinture. Ce sont désormais surtout les institutions privées, et notamment le Museum of Modern Art (MoMA) qui sont à la manœuvre, avec le soutien de la CIA et du Rockefeller Brothers Fund. En 1951, le MoMa envoie une sélection de représentants de l'expressionnisme abstrait, Jackson Pollock ou Wilhelm de Kooning, à la Biennale de Venise. À partir de 1952, il commence à prêter des œuvres à des musées européens. Et surtout, entre 1952 et 1959, il organise au moins cinquante expositions de peinture, notamment contemporaine, qui sont montrées dans les grands musées européens mais également dans le circuit des ambassades et des centres culturels étatsuniens. La plus connue est « The New American Painting », qui circule en 1958 à Bâle, Milan Madrid, Berlin Amsterdam, Bruxelles, Paris et Londres.

Le troisième exemple est celui des tournées des compagnies de danse russes. Alors que sous Staline, les productions culturelles remontant à la Russie tsariste étaient bannies, la situation change après 1953. Sont alors mises à l'honneur les réalisations de la période prérévolutionnaire, en particulier le ballet, domaine dans lequel la Russie jouit d'une réputation internationale. Afin de concurrencer les grandes compagnies de ballets occidentales (New York City Ballet, Royal Ballet de Londres, ballet de l'Opéra de Paris), l'URSS envoie à l'étranger ses deux corps de ballets vedettes, le Bolchoï et le Kirov. Après des négociations avortées en 1954, le Bolchoï fait sa première apparition à Londres en 1956, et au cours des années suivantes, les ballets soviétiques effectuent de nombreuses tournées en Occident, tandis que leurs confrères visitent l'URSS : le Bolchoï est à nouveau à Londres en 1958 et 1965, en France en 1958 (tandis que l'Opéra de Paris va en URSS), et aux États-Unis en 1959 (à l'occasion de l'exposition nationale soviétique), 1962, 1963, 1966 et 1968. Quant au Kirov, il visite Londres en 1964, 1966 et 1967, mais aussi les États-Unis en 1964 et la France en 1965. En retour, l'American City Ballet effectue une tournée en Europe et en Union Soviétique en 1962, tandis que l'American Ballet Theatre se produit en Europe de l'Est en 1966. Si les tournées s'intensifient, elles sont toutefois difficiles à organiser et font à chaque fois l'objet de négociations minutieuses entre les diplomates des deux côtés, chaque partie craignant que l'autre utilise la tournée à des fins de propagande[23], un problème auquel s'ajoute, côté soviétique, la peur panique des défections. C'est ce qui arrive notamment en 1961 quand Rudolf Noureev réussit à obtenir l'asile politique pendant la tournée du ballet Kirov à Paris. Le niveau de méfiance est encore plus important lorsqu'il s'agit de tournées aux États-Unis, particulièrement dans les mois qui suivent l'affaire des fusées de Cuba. La diplomatie culturelle est ainsi en permanence sur le fil du rasoir, suspendue aux aléas de la situation géopolitique, et l'on peut dire qu'il ne s'agit pas d'une spécificité de la guerre froide mais d'une règle générale de l'histoire de la diplomatie culturelle. La venue du Bolchoï à Londres en 1956 nécessite ainsi une négociation de dix-huit mois entre les autorités soviétiques et le Foreign office. Mais une fois les discussions menées à leur terme, l'effet est grandiose : la troupe débarque à Londres en octobre 1956 avec 150 danseurs et 80 tonnes de décors, forte de sa réputation historique et de l'effet d'attente lié à la longueur des discussions. Le succès est à l'avenant : 25 représentations, près de 55 000 spectateurs. Le 21 octobre, la représentation du *Lac des cygnes* diffusée à la BBC est vue par 9,5 millions de téléspectateurs. Mais la *realpolitik* n'est jamais loin : le 4 novembre, toute la troupe quitte précipitamment Londres dans un seul avion : le même jour, les chars soviétiques sont entrés à Budapest, et il semble que les autorités russes ont voulu précipiter le départ avant que la nouvelle de l'invasion ne soit diffusée par la presse internationale. Du fait de cette crise, et aussi de l'opération de Suez qui commence au même moment (l'agression de la Grande-Bretagne, de la France et d'Israël contre l'Égypte est condamnée par l'URSS), la tournée de la troupe anglaise du Royal Opera House, prévue symétriquement en URSS, est annulée, alors que les décors sont déjà sur place. Tous les échanges avec l'URSS sont alors interrompus jusqu'au début 1957. La première tournée du Royal Opera House en URSS n'aura finalement lieu qu'en 1961.

La politisation du sport

Après l'annulation des Jeux olympiques de 1940 et de 1944, les premiers Jeux d'après-guerre ont lieu à Londres en 1948 ; très vite, le sport se révèle un terrain d'affrontement de la guerre froide[24] et est intégré à ce titre à la stratégie diplomatique des superpuissances. Tout au long de la période, elles considéreront le nombre de victoires et de médailles comme autant de signes de la vitalité et de la supériorité de leur modèle. À partir de là, les stratégies des États s'orientent dans trois directions : essayer d'organiser les

Jeux sur son sol ; gagner le maximum de médailles ; communiquer autour des victoires obtenues pour en faire des symboles de l'excellence du modèle national. La rivalité entre l'URSS et les États-Unis est évidemment un point central dans l'histoire des Jeux olympiques de guerre froide. En la matière, c'est l'URSS qui prend l'initiative. Alors qu'il a organisé un circuit parallèle pendant l'entre-deux-guerres, le Comité pansoviétique de culture physique, qui s'occupe du sport au sein de l'administration de l'URSS, plaide au sortir de la guerre pour l'intégration de son pays dans le mouvement olympique international, afin de montrer la force du régime. Ce sera chose faite en 1952, au prix d'entorses sérieuses à l'esprit olympique, puisque le sport soviétique est étatisé et professionnalisé, alors que l'olympisme fonctionne jusque-là sur la règle de l'amateurisme et sur la séparation d'avec l'État, même si cette dernière règle a été largement vidée de son sens depuis les Jeux de 1936. Face à l'offensive soviétique, les États-Unis réagissent : dès le début de la guerre froide, le département d'État intègre le sport à sa politique de *containment* en organisant des tournées d'athlètes à l'étranger. À partir de janvier 1952, le Psychological Strategy Board du département d'État ajoute les équipes olympiques ainsi que les *tennismen* de l'équipe de coupe Davis à la liste des ressources qu'il peut utiliser pour valoriser le modèle étatsunien, à l'égal du monde littéraire, artistique et du spectacle. Le sport est dès lors intégré aux publications réalisées sous l'égide de l'USIA à destination de l'étranger. Il fait pleinement partie de la politique d'information. Là encore, la synergie entre acteurs publics et privés marche à plein, l'USIA et le Comité olympique coopérant pour valoriser le sport national à l'étranger.

Aux Jeux d'Helsinki en 1952, la participation de l'URSS a été décidée au plus haut niveau de l'État, avec le ferme objectif de gagner le maximum de médailles. Chaque gouvernement profite aussi de l'événement pour faire sa propagande : l'URSS organise des conférences où ses athlètes mettent en avant la supériorité du modèle soviétique ; les États-Unis organisent dans un cinéma d'Helsinki la projection de documentaires vantant l'*American way of life*. Dans les années suivantes, le régime soviétique fait du sport un pilier de sa diplomatie culturelle en autorisant de plus en plus d'athlètes à aller à l'Ouest pour participer à des compétitions et se confronter à la concurrence : en 1950, 509 membres de délégations sortent d'URSS, nombre qui monte à 2 763 en 1954, et ce malgré les risques de défections. En réponse, le Congrès augmente le budget mis à disposition des tournées sportives organisées hors des États-Unis, que ce soit pour les équipes de sports collectifs, ou pour des individus dont le parcours est mis en valeur, comme c'est le cas du coureur afro-étatsunien Malvin Whitfield, qui voyage beaucoup en Afrique et au Moyen-Orient pour contrer le discours soviétique sur la ségrégation raciale, jouant un rôle identique à celui des musiciens de jazz engagés pour la même raison.

Quant aux compétitions elles-mêmes, elles donnent lieu à une course effrénée aux médailles, qui font l'objet d'une communication importante, mais suscitent aussi des affrontements : ainsi en 1972, la finale de basket-ball, remportée par l'URSS contre les États-Unis sur le score de 51 à 50, déclenche-t-elle une protestation du comité olympique étatsunien, qui accuse l'arbitre d'être communiste et essaye de faire invalider le résultat. À la suite de cette affaire, le département d'État s'intéresse de plus près au fonctionnement du CIO dans lequel il essaye de placer des alliés. Au final, au classement des médailles, en 1952 les États-Unis terminent premiers et l'URSS deuxième, mais le classement s'inverse en 1956 à Melbourne. Et si l'on excepte les jeux de Mexico en 1968, l'URSS terminera toujours première au classement des médailles des Jeux d'été jusqu'à la fin de la guerre froide, ainsi que pour les Jeux d'hiver, à l'exception de Grenoble en 1968 et Sarajevo en 1984. Dans cette quête de médailles, les femmes ont joué un rôle important : alors que le sport féminin est peu valorisé dans les pays occidentaux, entre 1952 et 1988, les femmes apportent à l'URSS 83 de ses 193 médailles[25], contribuant à la valorisation d'un régime qui a fait de l'égalité des sexes un de ses thèmes majeurs de communication. L'effet d'image, réel ou supposé, des Jeux explique pourquoi l'organisation de la compétition est un objectif stratégique poursuivi par l'URSS, qui obtient l'organisation de ceux de 1980. Mais là encore, le contexte géopolitique pèse sur la diplomatie culturelle : l'invasion de l'Afghanistan torpille cette opération d'image, et provoque une vague de boycott, notamment de la part des États-Unis. En retour, les Jeux de 1984, à Los Angeles, seront également boycottés par l'URSS.

Réintégrer le concert culturel international : les pays vaincus

Le deuxième groupe de diplomaties culturelles que l'on peut repérer pendant la guerre froide est celui des puissances vaincues, le Japon et l'Allemagne, pour lesquelles l'utilisation des productions culturelles nationales est un moyen de réintégrer la communauté des nations après avoir déclenché une guerre sans précédent. Dans les deux cas, cette stratégie a des effets incontestables. Et dans le cas de l'Allemagne de l'Ouest et du Japon, cette reconstruction est soutenue et encouragée par la puissance tutélaire, les États-Unis. Cette dimension apparaît beaucoup moins nette pour l'URSS, avant tout soucieux d'établir des relations exclusives avec son satellite, la RDA. Mais qu'il s'agisse de la RFA, de la RDA ou du Japon, leurs diplomaties culturelles ne peuvent se résumer à leurs relations avec leur puissance tutélaire. Elles ont aussi leurs objectifs propres, même si la RDA a beaucoup moins d'autonomie pour les réaliser.

Le Japon

En 1945, l'image du Japon, comme celle de l'Allemagne, est désastreuse dans le monde, et plus particulièrement en Asie, où la politique de japonisation forcée menée dès les années 1930 dans les colonies de Corée, de Taïwan ainsi que dans le royaume fantoche du Mandchoukouo, puis les atrocités commises par l'armée impériale dès l'invasion de la Chine en 1937, et enfin l'offensive dans le Pacifique à partir de décembre 1941, sont dans toutes les mémoires. L'une des préoccupations majeures du gouvernement est alors de renverser cette image et de promouvoir une autre vision du Japon[26]. Elle rencontre la préoccupation des autorités étatsuniennes de promouvoir un Japon démocratique et respectueux de ses voisins. C'est sur ces nouvelles bases que se construit dans les vingt-cinq années qui suivent la guerre la diplomatie culturelle japonaise. On ajoutera qu'elle se construit aussi sur l'idée d'un lien avec l'Occident qui tranche avec les prises de positions violemment anti-occidentales qui avaient caractérisé le régime militaire japonais. L'appui logistique et l'influence étatsunienne, qui occupe le pays entre 1945 et 1952, n'y sont pas pour rien.

Alors que la constitution japonaise proclame le renoncement à la guerre comme instrument de politique extérieure, c'est par d'autres moyens que le Japon va reprendre place sur la scène internationale. En 1951, est créé le ministère des Affaires étrangères, dans la perspective du départ des États-Unis et du retour à la souveraineté. Au sein du ministère est immédiatement créé un Bureau d'information et de culture, avec la même imbrication entre diplomatie publique et diplomatie culturelle que celle déjà observée dans les chapitres précédents. Dans l'immédiat, la diplomatie japonaise est aussi imbriquée avec celle des États-Unis, et la politique de valorisation culturelle à l'étranger est difficilement dissociable du rôle démiurgique qu'entendent jouer les États-Unis dans la reconfiguration culturelle du Japon ; elle s'inscrit aussi dans une stratégie étatsunienne visant à construire une relation privilégiée avec le Japon pour l'ancrer dans le camp occidental. C'est ce dont témoigne bien l'organisation de l'exposition « Japanese Painting and Sculpture From the Sixth Century A.D. to the Nineteenth Century » qui se tient à la Washington National Gallery en 1953. Elle va rester un an aux États-Unis et être montrée dans cinq musées : la National Gallery, le Museum of Fine Arts de Boston, le Metropolitan Museum, le Seattle Art Museum et l'Art Institute of Chicago. Loin des clichés militaristes du Japon féodal et des samouraïs encore largement associés à l'image du Japon, l'exposition présente un autre visage de la création culturelle japonaise, pour l'ancrer dans une histoire longue qui permet de déplacer le regard et de s'éloigner de la période de la fin du XIXe siècle et du début du XXe siècle, marqués par l'expansionnisme. Cette exposition est autant, sinon plus, le résultat d'un projet étatsunien que japonais. Si l'on ne sait pas qui est à l'initiative de l'exposition, en revanche la sélection des œuvres est faite par un comité de trois historiens d'art étatsuniens spécialistes de l'Asie : Archibald Gibson Wenley (Freer Gallery of Art, Washington), Langdon Warner (Fogg Art Museum, Harvard university), et Alan Priest (Metropolitan Museum)[27]. Il est significatif que dans le catalogue de l'exposition, mis à part le titre, il ne soit jamais question du rôle des Japonais, dont on pressent qu'ils n'ont guère eu leur mot à dire dans le choix des œuvres. Par ailleurs, si l'exposition est patronnée par le gouvernement japonais, le financement est assuré par la philanthropie Rockefeller, la conception scientifique par les musées étatsuniens, et le transport des œuvres par la Navy. Cet exemple n'est pas isolé : on retrouve exactement la même logique quelques années plus tard en Corée du Sud, avec l'organisation d'une exposition d'art coréen qui parcourt entre 1957 et 1959 plusieurs musées de la côte Est, et dont tous les objets ont été sélectionnés par les curateurs étatsuniens[28].

Toutefois, il serait réducteur de considérer le Japon comme une pure et simple marionnette culturelle des États-Unis pendant cette période. Car dès le début des années 1950, le pays fait preuve d'une volonté de rompre la relation exclusive avec la puissance occupante en élargissant son rayon d'action. Le premier signe intervient dès 1951 avec l'entrée du pays à l'Unesco. L'année suivante est créée la Commission nationale japonaise pour l'Unesco, destinée à assurer la liaison avec l'organisation internationale. Le système des commissions nationales en vigueur à la CICI dans l'entre-deux-guerres a été en effet reconduit, malgré des débats sur son opportunité lors de la conception de l'Unesco. Dans l'après-guerre, pour le Japon comme pour tous les pays qui en possèdent, les commissions nationales, quasi ignorées par l'historiographie de l'Unesco, continueront de constituer des instruments des diplomaties culturelles, relayant les positions des États auprès de l'organisation internationale. Le Japon en est un exemple, car l'Unesco est un des premiers canaux qu'il utilise pour mettre en place des actions culturelles hors de ses frontières et casser son image de pays militariste pour promouvoir celle d'un pays pacifique. Par ailleurs, le recours à l'Unesco est aussi une manière de se faire une place sur l'échiquier des relations internationales par le biais de la culture, en se positionnant comme un intermédiaire entre l'Orient et l'Occident, et non comme un pays satellite des États-Unis dans le cadre de la bipolarisation du monde. La culture est ici l'un des moyens d'inventer une troisième voie. C'est ce que montre sa participation au projet Orient-Occident lancé par l'Unesco en 1957 dans le but de favoriser la connaissance et la compréhension entre les cultures, en publiant et en faisant connaître au monde entier les manifestations culturelles venues des grandes régions du monde[29]. C'est dans le cadre de ce projet que le British Film Institute coordonne un catalogue de films publié en 1959 et intitulé *Orient. A Survey of Films Produced in Countries of Arab and Asian Cultures*, auquel la commission nationale japonaise participe. Sur les 137 films, 37 sont japonais, dont 36 tournés au cours des années 1950, une liste cette fois arrêtée en grande partie par la commission japonaise et non par le British film Institute. À travers cette initiative, la commission manifeste la volonté du Japon de mettre en avant ses productions culturelles contemporaines, mais aussi d'utiliser le cinéma comme moyen de projection internationale pour changer son image, à travers les thématiques des films sélectionnés, qui mettent en avant la paix et la compréhension mutuelle, dans une perspective universaliste dépassant les oppositions de blocs.

À partir du début des années 1960, la diplomatie culturelle passe à la vitesse supérieure. Le Japon commence à ouvrir des centres culturels à l'étranger, comme au Canada en 1963. En 1964, les Jeux olympiques de Tokyo sont une opportunité de montrer au monde entier la mue du pays vers la modernité et le pacifisme, alors que son industrie est en passe de devenir l'une des plus puissantes du monde et que ses exportations grimpent en flèche. C'est d'ailleurs à l'occasion de ces Jeux qu'a lieu la première retransmission d'images télévisées par satellite, contribuant à médiatiser l'événement[30]. En 1965 a lieu un autre événement symbolique : la première tournée de théâtre Kabuki en Europe depuis 1928, avec des représentations à Berlin-Ouest, Paris et Lisbonne. Événement symbolique, car le théâtre Kabuki a une mauvaise image en 1945, associé qu'il est à l'idéologie nationaliste japonaise. Son utilisation par la diplomatie culturelle naissante est une manière de tourner la page et de se réapproprier son passé. La deuxième moitié des années 1960 apparaît comme la période de cristallisation d'une diplomatie culturelle : en 1968, la réorganisation du ministère de l'Éducation se traduit par la création d'une Agence des affaires culturelles (Bunkacho) en charge des questions culturelles intérieures et extérieures. Par ailleurs, en 1972, est créée la Japan Foundation, qui témoigne de la montée en puissance du ministère des Affaires étrangères dans l'affaire. Cette agence paragouvernementale est autonome, mais fonctionne en synergie étroite avec le gouvernement dont elle reçoit une partie de ses financements. Au début des années 1970, le Japon est donc doté d'une architecture institutionnelle solide : Agence des affaires culturelles du ministère de l'Éducation, Japan Foundation, auxquels il faut ajouter le Bureau des affaires culturelles du ministère des Affaires étrangères et la Section des échanges culturels du ministère du Commerce extérieur. Ces structures gouvernementales s'appuient aussi sur un ensemble d'acteurs privés, en particulier des entreprises qui réinvestissent une partie de leurs profits dans des fondations, comme la Toyota Foundation créée en 1974.

La Japan Foundation apparaît comme la cheville ouvrière de cette diplomatie culturelle. Ses objectifs sont de trois ordres : mettre en place une diplomatie linguistique en développant l'enseignement du japonais à l'étranger ; organiser une diplomatie universitaire et scientifique à travers les programmes d'échanges et le développement des études japonaises dans le monde ; enfin, développer une diplomatie intellectuelle et artistique. Les

États-Unis sont un partenaire majeur : en 1974 est créé le Tanaka Fund, géré par la Japan Foundation, qui accorde à dix universités étatsuniennes 1 million de dollars chacune pour développer des départements d'enseignement de langue et de civilisation japonaises. Mais la fondation élargit aussi son spectre géographique : en 1976, elle soutient la Toyota Foundation dans le lancement d'un programme de bourses international, tourné d'abord vers les pays occidentaux. En Asie, le mouvement reste longtemps modeste et la diplomatie culturelle entravée par l'image négative du Japon : ainsi la Corée du Sud bannit les produits culturels japonais sur son sol entre 1945 et la fin des années 1990. Taïwan fait de même entre 1972 et 1993 à la suite de la normalisation des relations entre le Japon et la Chine. Par ailleurs, dans une large partie de l'Asie, certains produits japonais comme les mangas ou les dessins animés sont parfois interdits en raison de leur réputation de violence et de pornographie. En Thaïlande et en Indonésie, le sentiment anti-japonais est également très fort. Ce sont ces freins qui expliquent pourquoi il faut attendre 1989 pour que la Japan Foundation crée l'ASEAN Cultural Center pour développer les relations avec ses voisins asiatiques.

Les deux Allemagnes

En 1945, comme le Japon, l'Allemagne et bientôt les deux Allemagnes sont confrontées à un double défi : restaurer leur image en montrant qu'elles sont devenues pacifiques et démocratiques ; mais aussi surpasser « l'autre » Allemagne et se faire reconnaître comme la seule et vraie représentante de l'identité et de la culture allemandes[31]. Pourtant, à partir de 1947, il y a *de facto* deux Allemagnes, une situation entérinée par le droit en 1949 avec la création de la République fédérale allemande (RFA) et de la République démocratique allemande (RDA). Cette dimension identitaire, couplée à l'affaiblissement militaire, pour les mêmes raisons que le Japon, explique pourquoi la culture va occuper une place importante, à égalité avec l'économie, pour affirmer la place de l'Allemagne dans le monde, importance reconnue officiellement par le parlement de la RFA en 1977. Bien qu'il s'agisse de deux pays différents, il est intéressant de les traiter ensemble, comme le fait Corine Defrance[32], tant leurs destins sont imbriqués, et tant leurs situations présentent des parallèles, en particulier par le fait que leur réouverture au monde, et donc le développement de leurs diplomaties culturelles, passera en partie, comme pour le Japon, par leur puissance tutélaire, les États-Unis pour la RFA, l'URSS pour la RDA. J'ajoute que le traitement conjoint des deux pays est aussi une manière de s'éloigner de la perspective monographique qui irrigue encore l'historiographie de la diplomatie culturelle.

En RFA, l'appareil politico-administratif peut s'appuyer sur l'expérience de l'entre-deux-guerres, notamment celle de la république de Weimar, ce qui explique pourquoi il se (re) construit rapidement. En septembre 1949 est créé un Office fédéral de presse et d'information placé sous la juridiction directe du chancelier Konrad Adenauer, avec pour mission de changer l'image de l'Allemagne. Pour rompre avec la confusion entre politique culturelle et propagande entretenue par le régime nazi, cet organisme de diplomatie publique est strictement séparé de la diplomatie culturelle, qui est prise en charge par le Service culturel (Kulturabteilung) recréé en 1952 au sein du ministère des Affaires étrangères, qui devient l'organisme de coordination de la diplomatie culturelle. Il n'est cependant pas le seul à y intervenir. Le ministère de la Coopération économique s'y intéresse aussi, notamment dans le cadre des relations avec les pays en voie de décolonisation et de développement ; mais c'est aussi le cas du ministère de la Recherche et de la Technologie, ou encore du ministère de l'Intérieur, alors responsable des instituts archéologiques à l'étranger. Enfin, les *länder* jouent un rôle important dans cet État fédéral, notamment pour ce qui concerne les échanges universitaires, mais aussi les subventions de tournées d'artistes.

Par ailleurs, comme presque partout, les agences paragouvernementales autonomes mais financées par l'État jouent un rôle important dès les années 1950. C'est notamment le cas de l'Institut Goethe, qui succède en 1951 à la DeutshAkademie : en charge des écoles à l'étranger, il organise aussi des tournées d'artistes. En 1958, le gouvernement élargit encore son périmètre d'action en lui transférant la gestion des instituts culturels à l'étranger. Une autre agence importante est le DAAD, structure privée mais financée par le gouvernement, recréée en 1949 pour prendre la suite de celle qui gérait les échanges universitaires sous la république de Weimar. Dans ce domaine, il faut compter aussi avec l'Alexander von Humboldt Stiftung, une autre héritière de la période weimarienne recréée en 1953. Fondation étatique et financée à ce titre par les ministères fédéraux, elle est toutefois dotée d'un conseil d'administration où siègent les représentants de diverses institutions, ce qui en fait un organe relativement autonome. Enfin, il faut ajouter à cet édifice l'Institut für Auslandsbeziehungen (Institut pour les relations culturelles extérieures) : créé en 1917, dissous par le pouvoir nazi puis refondé en 1949, cet institut financé par le ministère des Affaires étrangères est dédié aux relations culturelles avec l'étranger, à travers notamment l'organisation d'expositions ou la traduction et la distribution de livres. Comme l'Institut Goethe, le DAAD et la fondation Humboldt, on peut le classer dans la catégorie des agences paragouvernementales. Au total, se met en place à partir de 1949 un appareil de diplomatie culturelle dense, mixte et largement décentralisé, mais où le financement fédéral est très important, manifestant la priorité mise sur la culture par le nouvel État.

En Allemagne de l'Est, l'organisation est bien plus centralisée et placée en théorie sous la direction du Parti socialiste unifié d'Allemagne (SED), et ce, jusqu'en 1989. Dans les faits, il y a sans doute, comme en URSS, des chevauchements, des conflits de compétences et des rivalités entre les organismes créés par le SED et l'appareil gouvernemental : c'est le cas de la Gesellschaft für kulturelle Verbindungen mit dem Ausland (Société pour les relations culturelles avec les pays étrangers), créée par le SED, placée en théorie sous la tutelle du ministère des Affaires étrangères mais appliquant en réalité les directives du Parti, qui crée également en 1956 un Bureau allemand pour la propagande à l'étranger. Par ailleurs, la création en 1954 d'un ministère de la Cuture ajoute au mille-feuille institutionnel et au mélange des compétences, tout comme la création, au sein de nombreuses organisations du SED, de commissions culturelles spécialisées, auxquelles il faut ajouter une Académie des sciences et une Académie des lettres, respectivement créées en 1946 et 1950. Les relais à l'étranger sont en revanche moins nombreux, la RDA n'ayant pas suscité la naissance d'une nébuleuse d'acteurs aussi importante que celle qui a suivi la révolution russe de 1917. Il existe cependant certaines associations bilatérales actives comme la Deutsch-Französische Gesellschaft in der DDR, créée en 1962, contrôlée par l'État et le Parti. L'objectif de cet ensemble d'organisations est de promouvoir la culture socialiste à l'intérieur du territoire, mais aussi de la valoriser à l'extérieur, en particulier en la distinguant de sa rivale ouest-allemande. De ce point de vue, la diplomatie culturelle est l'instrument privilégié de la RDA pour se faire reconnaître dans le monde, car dans les autres domaines, ses relations sont majoritairement nouées avec les pays du bloc communiste.

Tout au long de la guerre froide, les deux diplomaties sont en situation de rivalité. Jusqu'aux années 1960, la RFA a pour ligne directrice de nier par tous les moyens la légitimité de la RDA à représenter l'Allemagne. La diplomatie culturelle devient alors un moyen de mise en œuvre de la doctrine Hallstein consistant à refuser de reconnaître la zone d'occupation soviétique et la RDA comme un État séparé. En 1957, le Service culturel du ministère des Affaires étrangères envoie un mémorandum à tous les représentants de la RFA à l'étranger, leur enjoignant de contrer systématiquement les efforts de la RDA pour se présenter comme une entité politique séparée. La doctrine Hallstein sera abandonnée dans les années 1960 au profit de l'Ospolitik, fondée sur une reconnaissance de la RDA et l'établissement de relations avec elle. Dans cette perspective nouvelle, la volonté de supplanter la diplomatie culturelle est-allemande sera moins forte, mais elle ne disparaîtra pas.

Les deux régimes développent, avec des moyens nettement plus importants en RFA, une politique de présence internationale sous la forme désormais éprouvée du développement ou de la recréation d'instituts culturels, accompagnée d'une politique d'envoi de professeurs d'allemand. En RFA, les instituts Goethe sont le support principal de cette politique ; dans un premier temps, les créations ont lieu surtout dans les pays du tiers monde plus que chez les alliés de l'Allemagne, ce qui s'explique par la volonté de concurrencer la RDA : ainsi dès les années 1950 sont créées des antennes au Caire ou à New Dehli, alors qu'il faudra attendre 1964 pour qu'un institut soit créé à Paris[33]. À partir des années 1970, le nombre d'instituts Goethe augmente, jusqu'à être présents au début du XXIe siècle dans 78 pays. En RDA, la Société pour les relations culturelles avec les pays étrangers supervise la création de centres culturels, notamment à Prague (1956) et à Varsovie (1957), puis plus tard en Suède et en Finlande. En revanche, il faut attendre 1983 pour qu'un centre soit créé dans un pays de l'OTAN, à Paris[34].

La diplomatie universitaire et scientifique est un autre domaine majeur d'intervention, et là encore, la RFA est particulièrement dynamique. D'abord parce que l'Allemagne dispose d'un capital et d'une tradition importante en la matière, en raison de l'ancienneté et du prestige de ses universités. D'autre part, parce que la rééducation à la démocratie mise en place par les États-Unis passe en grande partie par l'envoi des élites allemandes à l'étranger pour y étudier et découvrir d'autres systèmes politiques. Les programmes de bourse ont donc un rôle important dans le rétablissement des liens entre l'Allemagne et le monde, et dans son changement d'image. Dès la période d'occupation, universitaires et intellectuels sont envoyés aux États-Unis pour les rééduquer à la démocratie après douze ans de bourrage de crâne national socialiste. Les États-Unis sont une pièce importante du renouveau de la diplomatie universitaire allemande. En 1952, le DAAD intègre le programme Fulbright et signe son premier accord d'échanges universitaires avec sa puissance tutélaire. Pendant la première moitié des années 1950, 14 000 étudiants étatsuniens viennent en Allemagne de l'Ouest, tandis que 12 000 Allemands font le trajet inverse[35]. Les étudiants sont alors considérés comme les ambassadeurs de l'Allemagne : avant de partir, ils reçoivent des consignes de la part de la DAAD insistant sur la nécessité de bien se conduire afin de donner une bonne image. Ils suivent également un séminaire d'informations de quelques jours sur les systèmes étatsunien et soviétique et la comparaison du niveau de vie entre l'Est et l'Ouest. En Asie, la RFA organise des échanges académiques à partir de 1952 avec le Japon et 1955 avec Taïwan, tandis que la RDA établit des liens avec l'URSS et la Chine communiste dès 1951, inaugurant des flux d'étudiants, mais aussi de peintres, musiciens, photographes et sportifs, qui s'intensifient au cours des années 1950. La compétition entre les deux Allemagnes bat son plein : alors que la RFA garde le contrôle des instituts archéologiques à Rome et au Caire, la RDA ouvre un institut à Beijing en 1956 et met en place des échanges avec la Chine, la Corée du Nord et le Vietnam. Mais la RFA garde l'avantage : en 1958, elle accueille 10 000 étudiants venus du monde entier[36], incitant la RDA à élargir son périmètre de recrutement à d'autres pays, notamment en Afrique. Mais de fait, le dynamisme de la diplomatie culturelle ouest-allemande empêche largement la

RDA d'élargir ses relations en dehors du monde communiste, tandis que la RFA réussit à s'implanter au Japon, où le DAAD ouvre un bureau permanent en 1978, en Corée du Sud, mais aussi en Chine communiste, avec laquelle la RFA signe un accord en 1979 pour organiser des programmes d'échanges.

Le secteur de la recherche scientifique confirme ce constat, comme le montre l'activité croissante de la Humboldt Stiftung. Le pari d'en faire l'instrument du retour de l'Allemagne au centre de l'échiquier scientifique international a été largement réussi : entre 1953 et les années 2010, la fondation a accordé des bourses à plus de 30 000 personnes dans 140 pays[37], y compris des pays avec lesquels l'Allemagne n'avait pas de relations diplomatiques, ou était en froid. Si les contingents les plus importants ont été envoyés dans et sont venus des pays occidentaux, et notamment des États-Unis, la fondation a commencé à accorder des bourses à des chercheurs du bloc de l'Est avant la mise en place de l'Ostpolitik, marquant son autonomie relative vis-à-vis de l'État fédéral et permettant à l'Allemagne de retrouver le prestige scientifique qui avait été le sien tout au long du XIXe et du début du XXe siècle. De l'autre côté, la RDA n'a pas réussi à mettre sur pied une organisation au rayonnement comparable.

La concurrence entre les deux pays se manifeste aussi dans le domaine de la diplomatie intellectuelle et artistique : chacun d'entre deux publie, par exemple, des revues distribuées à l'international, mettant l'accent sur les réalisations du pays et sa modernité. Les manifestations culturelles sont un autre exemple : ainsi la municipalité de Berlin-Ouest met sur pied en 1951, avec l'appui des autorités étatsuniennes, le festival du film de Berlin qui acquiert rapidement une réputation internationale. De l'autre côté du rideau de fer, le gouvernement de la RDA crée le festival du film documentaire de Leipzig en 1955, qui devient international en 1960 et acquiert également une belle réputation[38], même si son rayonnement est moindre que celui de la Berlinale, dont l'Ours d'or devient au fil des années une des récompenses les plus prestigieuses de l'industrie du cinéma.

En revanche, du point de vue sportif, l'avantage revient à l'Allemagne de l'Est. Dès ses débuts, la RDA a mis en place une politique ambitieuse, et comme en URSS, le sport y est devenu une affaire d'État. Le régime l'utilise comme un moyen de contrer la doctrine Hallstein, mobilisant ses fédérations sportives au service de la formation des athlètes[39]. Jusqu'en 1964, le CIO impose aux Allemagnes de concourir dans des équipes communes, ce qui suscite de nombreux problèmes. Les Jeux de Mexico en 1968 sont les premiers où des équipes sont séparées ; à l'issue de la compétition, la RDA aura remporté vingt-cinq médailles contre vingt-six à la RFA, mais neuf d'or contre cinq, se plaçant ainsi au cinquième rang dans le tableau des lauréats alors que la RFA n'occupe que le huitième rang. L'événement est largement exploité par le régime et le convainc de mettre davantage l'accent sur le sport, comme l'annonce le chancelier Erich Honecker au VIIIe Congrès du SED en juin 1971. L'année suivante, les Jeux ont lieu à Munich. L'organisation a été attribuée à la ville ouest-allemande par le CIO en compensation de la rebuffade qu'avait constitué la décision faire concourir des équipes distinctes à Mexico. À la fin des Jeux, la RDA remporte un total de 66 médailles contre 40 à la RFA. Jusqu'à la fin de la guerre froide, l'Allemagne de l'Est se placera au second rang des médailles derrière l'URSS, excepté aux Jeux de Los Angeles de 1984, auxquels elle ne participe pas. Mais si ces performances placent la RDA au sommet de la carte sportive, leur conséquence sur l'image est plus négative que positive en raison du dopage systématique des athlètes. Tout au long des années 1970 et 1980, l'image de l'Allemagne de l'Est dans le domaine du sport sera accolée à celle du dopage d'État. Jugée à cette aune, sa diplomatie sportive n'a pas été un grand succès.

Continuer à exister : les puissances en déclin

La France et la Grande-Bretagne d'après 1945 appartiennent à la catégorie des pays utilisant la diplomatie culturelle pour compenser leur déclin géopolitique et continuer à être présents sur la scène internationale. Leur action n'est pas dénuée, notamment pour la France, d'une volonté d'incarner une troisième voie face aux États-Unis et à l'URSS, et donc d'échapper, avec plus ou moins de succès, à la logique de bipolarisation.

La France

Dans la France déclassée d'après 1945, la culture va devenir un instrument majeur pour continuer à exercer une influence internationale. Mais la montée en puissance de la diplomatie culturelle après la guerre n'est pas seulement une compensation au déclin : c'est aussi la continuation d'un tropisme national, la France restant persuadée de son magistère mondial en la matière et de sa capacité, de son devoir même, de continuer à représenter un modèle de civilisation. Tout cela se traduit par un renforcement des structures de la diplomatie culturelle par rapport à l'entre-deux-guerres, et la mise en place de ce que Robert Frank appelle la « machine diplomatique culturelle française[40] ». Les objectifs, eux, restent les mêmes : priorité est donnée à l'enseignement de la langue et à la diffusion des valeurs françaises. L'élément majeur de ce renforcement est la réorganisation du ministère des Affaires étrangères et la création en juillet 1945 de la Direction générale des Relations culturelles et des œuvres à l'étranger, qui existait déjà depuis 1922, mais est désormais promue, « dans l'organigramme de l'administration centrale [du Quai d'Orsay], à la hauteur des grandes directions politiques et économiques, signe que le culturel est désormais considéré à sa juste mesure[41] ». Ses trois sous-directions indiquent bien les priorités : le Service de l'enseignement, des missions scientifiques et des œuvres à l'étranger ; le service des échanges culturels ; le Service de l'administration et des finances. Le Quai d'Orsay est plus que jamais le centre de gravité de la diplomatie culturelle, prenant aussi sous sa tutelle l'AFEEA devenue AFAA, validant les nominations d'enseignants à l'étranger proposées par le ministère de l'Éducation nationale, prenant en charge à partir de 1947 les relations avec l'Unesco, et récupérant en 1948 les attributions du défunt ministère de l'Information pour la partie extérieure. Il faut y ajouter qu'en 1945-1946 sont officiellement créées les fonctions d'attachés culturels et de conseillers culturels au sein des ambassades. Au cours des années suivantes, le Quai consacre des sommes croissantes à la diplomatie culturelle : entre 1958 et 1969, elles sont multipliées par six, pour atteindre 44 % de son budget total, tandis que son personnel dédié à cette activité atteint 266 personnes. Un personnel par ailleurs désormais composé de professionnels de la diplomatie : l'ère des écrivains diplomates qui avait caractérisé l'entre-deux-guerres est bel et bien terminée. Les deux types de carrière sont désormais séparés.

L'activité du ministère continue de s'appuyer sur le réseau mondial de l'Alliance française, dont il fournit près de la moitié du budget. En 1947, celle-ci est présente dans 43 pays. Mais la guerre froide introduit des changements dans son implantation géographique : elle entraîne la disparition de la plupart de ses comités en Europe de l'Est ; le déclin du prestige de la France entraîne aussi celui des comités aux États-Unis ; enfin, la décolonisation porte un coup sérieux à ceux de l'empire, notamment au Maghreb. Leur disparition a pour conséquence mécanique la perte d'environ la moitié des étudiants à l'échelle mondiale. De sorte qu'on assiste au cours des années 1950 et 1960 à un redéploiement géographique dont les principaux pôles sont l'Amérique latine, l'Afrique et l'Asie du Sud-Est[42], avec des nouveaux comités à Singapour, au Japon (5 alliances en 1953), en Colombie, au Pérou et en Bolivie ; quant à l'Argentine, elle compte 65 comités en 1951. Au total, leur nombre dans le monde se monte à 700 en 1955[43].

Du côté des initiatives, l'enseignement continue à être le cœur de mission de l'Alliance, et de la diplomatie culturelle française en général. Au total, on compte 53 000 élèves en 1953, dont 35 000 en Amérique latine, 9 000 en Afrique, 8 000 en Europe, 1 500 en Amérique du Nord, 1 500 en Asie, et 1 000 en Océanie ; ajoutons qu'en 1963, 82 % de ses étudiants hors France métropolitaine habitent l'hémisphère sud, soit un changement important par rapport à l'avant 1939. Car en Europe, malgré les efforts déployés, et malgré une modernisation des méthodes d'enseignement (appel à l'audiovisuel notamment) le déclin du français se confirme : en Pologne, par rapport à l'avant-guerre, où 85 % des élèves des « écoles moyennes » apprenaient le français, la domination soviétique fait plonger ce chiffre, et malgré les efforts, il n'est plus que de 17 % en 1986 ; en Espagne et en Italie, la perte de vitesse est également très nette au profit de l'anglais ; et aux États-Unis, c'est face à l'espagnol que le français diminue : « dès 1969, la bataille semble perdue[44] ». Pourtant, la langue va rester « la pierre angulaire » de la diplomatie culturelle sous la Vᵉ République, au moins jusque dans les années 1990, comme le montre la création cette année de l'Agence pour l'enseignement du français à l'étranger (AEFE).

Malgré ce contexte de déclin, l'Alliance française continue à développer ses activités traditionnelles, notamment les conférences. Mais d'autres initiatives se développent, comme le cinéma : en 1949 est créé le Cercle cinématographique de l'Alliance française, qui diffuse des films dans les pays du Sud. C'est le cas en Argentine, où il semble que la plupart des comités de l'Alliance organisent des projections. Pendant ce temps, au Brésil, les comités créent des ciné-clubs qui peuvent acheter du matériel sur fonds propres ou emprunter des films à l'ambassade de France. Le cinéma devient ainsi un axe de la diplomatie culturelle, comme en témoigne aussi la création en 1949 d'Unifrance film pour promouvoir le cinéma français à l'étranger. L'initiative est soutenue par le ministère des Affaires étrangères, ce que montre la présence à son conseil d'administration de Louis Joxe, directeur général des relations culturelles du ministère. D'autres structures sont créées, comme l'Office du cinéma français à New York, qui participe à la popularisation de la Nouvelle Vague aux États-Unis. Mais la perspective reste toutefois élitiste et limitée aux grandes villes. À part quelques exceptions comme *Et Dieu... créa la femme* (Roger Vadim, 1956), qui lance le phénomène Brigitte Bardot aux États-Unis, le cinéma français ne perce pas dans ce pays, incapable d'égaler la force de frappe hollywoodienne et ses films à grand spectacle. Quant à la télévision, elle n'est pas intégrée à la politique ministérielle avant 1978.

En dehors de l'Alliance, les tournées d'artistes continuent, mais là encore, on assiste à une lente érosion qui témoigne de la perte d'attractivité internationale des productions culturelles françaises, notamment face à la concurrence étatsunienne. Le Quai d'Orsay peut se targuer de quelques opérations de prestige, comme les quatre tournées de la Comédie-Française aux États-Unis entre 1955 et 1966 ; ou encore la venue de la Joconde dans ce même pays en 1963 : dans ce dernier cas, l'opération a été organisée, de façon exceptionnelle, par le ministre de la Culture André Malraux, à la grande fureur du ministère des Affaires étrangères. On peut aussi citer le corps de ballet de l'Opéra de Paris et ses tournées en Amérique du Sud en 1962 et 1966, au Japon en 1963, ou au Canada en 1967. Il ne faut pas non plus négliger le succès des tournées théâtrales, au nombre de 18 dans 11 pays en 1958, 56 dans 46 pays en 1959, et 73 en 1960. Enfin, on compte 42 expositions de peinture en 1960. La diplomatie intellectuelle et artistique a de beaux restes. Mais les choses se tassent à la fin des années 1960.

La Grande-Bretagne

La Grande-Bretagne se place dans une situation similaire à celle de la France, pour autant qu'on puisse en juger sur pièces, car les études sur sa diplomatie culturelle sont relativement peu nombreuses[45]. La principale différence est que son déclin semble moins prononcé, notamment parce que les autorités britanniques savent manifestement mieux garder des relations avec l'ancien empire, ce dont la diplomatie culturelle profite incontestablement. Comme la France, la Grande-Bretagne, en dépit de son déclassement international, ne renonce pas à l'idée qu'elle a quelque chose à apporter à la civilisation universelle, ni à la certitude de sa supériorité culturelle. Mais, consciente qu'elle n'a plus la même puissance qu'avant 1939, elle a commencé pendant la guerre à développer une diplomatie culturelle, et à mettre l'accent non pas seulement sur l'internationalisation de la culture britannique, mais aussi sur la notion de relations réciproques avec ses partenaires, une notion que la France ne semble pas avoir intégrée à sa politique avant la fin des années 1970. Autrement dit, l'*ethos* impérial de la diplomatie culturelle britannique, ne disparaît pas du jour au lendemain. Cette évolution est sans doute facilitée par la mise en place du Commonwealth, dont la refondation de 1949 inaugure une nouvelle relation avec l'ex-empire, alors que, de l'autre côté de la Manche, l'Union française de 1946 se révèle rapidement être une coquille vide.

Le British Council est la cheville ouvrière de cette diplomatie. Ses crédits augmentent après la guerre, lui permettant de créer des antennes dans de nombreux pays, mais inégalement selon les zones, en raison du contexte géopolitique. Si la présence est assurée en Europe de l'Ouest, l'installation des démocraties populaires à l'Est l'oblige à se retirer de Hongrie et de Tchécoslovaquie dès 1950, date où la section de Chine doit aussi fermer (elle ne rouvrira que dans les années 1970). En revanche, en Pologne et Yougoslavie, les relations plus distantes de ces pays avec l'URSS permettent au Council de continuer ses activités. C'est finalement dans les anciennes colonies que sa croissance est la plus importante et que l'augmentation des crédits se fait le plus sentir, donnant lieu à des créations de bibliothèques et à l'organisation d'événements culturels (conférences, expositions, festivals). Par ailleurs, le Council crée des centres en Birmanie (1946), Inde, Pakistan (1948), Sri Lanka, Indonésie, Thaïlande, Irak, Iran, mais aussi au Kenya, en Tanzanie et au Soudan, ainsi qu'au Japon. Il augmente les nominations de professeurs d'anglais venus de Grande-Bretagne, tout en développant la formation de professeurs sur place par le biais des cours dispensés dans ses antennes. La BBC devient sans doute à partir de ce moment une auxiliaire de poids de l'enseignement de l'anglais, à travers le développement de ses émissions pédagogiques sur lesquelles des études seraient les bienvenues. Par ailleurs, en relation avec le Colonial Office, le Council augmente le budget consacré au programme de bourses créé en 1938 pour permettre aux étudiants de ces régions de venir en Grande-Bretagne. En 1946, il y en avait 1 000 en métropole, un nombre porté à 8 000 en 1954 ; cette année, le total des étudiants des colonies, du Commonwealth et des pays étrangers atteint les 25 000[46]. Et le nombre des personnes étudiant l'anglais dans l'ensemble des antennes du Council dans le monde se monte à près de 16 000. Par ailleurs, le Council met en place une collaboration avec les États-Unis, dont le programme Fulbright s'étend à la Birmanie dès 1947, ce qui permet de consolider l'influence de l'anglais par les bourses accordées à des Birmans pour aller étudier dans les universités étatsuniennes. Les diplomaties culturelles britannique et étatsunienne créent ainsi une synergie facilitée par la communauté de langue et l'appartenance au même bloc idéologique dans la guerre froide qui s'installe[47].

La diplomatie intellectuelle et artistique n'est pas en reste, le Council organisant des conférences sur des sujets qui touchent à toutes les disciplines, de la médecine à l'architecture en passant par la musique, l'économie ou l'histoire. Mais il y a aussi des événements de plus grande ampleur : l'opéra de Covent Garden se produit en Allemagne en mai 1954, le London Symphony Orchestra en Hollande et Belgique le mois suivant ; des expositions de livres sont par ailleurs organisées dans vingt pays, de l'Allemagne au Chili en passant par l'Inde ou l'Islande ; une présentation de peintres anglais contemporains a lieu à la Biennale de Venise en juin-octobre 1954, ou encore une exposition de peinture paysagère à Rotterdam en avril 1955. Au total, le Council vient en soutien d'une trentaine d'expositions de peinture entre 1954 et 1955. Par ailleurs, le quatrième centenaire de la naissance de Shakespeare en 1964 est l'occasion d'organiser des tournées dans de nombreux pays européens, mais aussi en Israël, en Éthiopie ou en Malaisie[48]. L'autre côté du rideau de fer n'est pas oublié : des discussions sont engagées dès 1954 avec l'URSS pour faire venir le corps de ballet du Bolchoï à Londres ; en 1955, la compagnie de Peter Brooke joue Hamlet en URSS : il s'agit de la première représentation d'un théâtre anglais depuis la révolution de 1917. L'année suivante, le Bolchoï vient à Londres, et le Council invite ses membres à assister à une représentation d'*Othello* à Stratford-upon-Avon[49]. Mais il faut attendre décembre 1959 pour que les deux gouvernements ratifient un accord négocié par le Council avec le Comité d'État pour les relations culturelles soviétique, prévoyant de développer les échanges culturels, qui restera en vigueur jusqu'en 1991. En vertu de cet accord, des tournées théâtrales (pièces de Shakespeare) sont organisées, mais aussi des visites de scientifiques[50] au cours des années 1960 et 1970. C'est le Council qui gère les activités organisées dans ce cadre.

Diplomaties culturelles émergentes

La dernière catégorie de diplomaties culturelles, la plus nombreuse sans doute, quoique la moins documentée, est celle des pays émergents qui se présentent sur cette scène après la Deuxième Guerre mondiale. C'est aussi la plus hétérogène, car le terme « émergents » ne fait pas forcément référence ici à des pays en développement. On peut y trouver des pays aussi différents que le Brésil, la Suisse, ou le Sénégal, qui témoignent du fait que la diplomatie culturelle devient un phénomène très répandu après 1945. De ce point de vue, le XXe siècle est encore plus que le XIXe celui des nationalismes culturels. Les initiatives internationales de la plupart de ces États restent encore mal connues, voire inconnues, de sorte qu'il y a là un véritable boulevard pour la recherche. Les trois exemples donnés ci-dessous ne sont donc que l'amorce d'une réflexion qui resterait à approfondir.

Assumer sa différence avec l'Europe : le Brésil

Si l'on a déjà pu repérer le Brésil sur la carte des diplomaties culturelles, c'est véritablement après 1945 qu'il passe des initiatives éparses à « l'institutionnalisation effective[51] ». Anaïs Fléchet voit dans l'année 1945 « le tournant majeur dans l'histoire de la diplomatie culturelle brésilienne », avec une réforme administrative au sein d'Itamaraty qui se traduit, entre autres, par la création d'une Division culturelle. En 1961, une nouvelle réforme marque le franchissement d'un autre palier, avec la création d'un département Culturel et d'Information composé de trois divisions, respectivement de coopération intellectuelle, de diffusion culturelle et d'information. L'action de ce département, loin d'être stoppée par la dictature militaire qui s'installe en 1964, est au contraire développée. Par ailleurs, en 1967 est créé le Conseil fédéral de la culture, qui s'occupe de politique culturelle mais intervient aussi dans le domaine de la diplomatie. Bien que le budget total reste modeste, les initiatives sont nombreuses et quelques axes forts se dégagent, notamment la valorisation de la culture populaire, en particulier la musique, grâce à l'engagement de personnages comme le poète, diplomate et musicien Vinícius de Moraes. Au cours des années 1950 à 1970, la musique s'impose comme l'un des axes majeurs du travail de l'Itamaraty. Mais cela ne se fait pas sans réticences de la part d'un corps diplomatique qui considère encore que la culture populaire nuit à l'image d'un Brésil désireux d'apparaître comme civilisé vis-à-vis d'une Europe encore considérée comme une référence culturelle : en 1959, le ministère refuse que le film *Orfeu Negro*, coproduction franco-brésilienne (réalisé par Marcel Camus sur une idée originale de Vinícius de Moraes) représente le Brésil à la sélection du Festival de Cannes, les autorités estimant que le film donne une mauvaise image du pays à travers sa mise en scène des favelas de Rio. Le film sera donc présenté sous le drapeau français. Mais son succès (Palme d'or à Cannes, Oscar du meilleur film étranger l'année suivante) contribue à faire évoluer la position d'Itamaraty, qui va désormais capitaliser sur ce succès et faire de la musique populaire le pilier de sa diplomatie culturelle. Celle-ci se décline en cinq types d'actions : le soutien à la mobilité des artistes ; l'édition et la diffusion de disques, de partitions et d'ouvrages dans le réseau des consulats et des ambassades ; la présence dans les institutions culturelles internationales ; la production d'émissions à l'étranger ; et l'organisation de concours internationaux.

Le soutien à la mobilité des artistes se traduit par des bourses d'études ou des financements de tournées : c'est le cas du pianiste Arnaldo Estrella qui séjourne à Paris entre 1947 et 1952 avec une bourse gouvernementale, avant de se produire en URSS et dans les pays de l'Est au cours de la décennie suivante, à la fois pour interpréter un répertoire classique européen (Chopin, Rachmaninov, Beethoven), mais aussi faire connaître les compositeurs brésiliens à l'étranger (Heitor Villa-Lobos, Francisco Mignone). Mais c'est surtout la musique populaire qui bénéficie de cette politique. Si la vogue de la samba hors du Brésil a commencé avant les années 1950, l'action d'Itamaraty contribue désormais à lui donner légitimité et pérennité, de la même façon que les tournées de jazz organisées par le département d'État au même moment contribuent à consacrer l'intégration de la musique afro-étatsunienne au patrimoine national. Itamaraty organise d'ailleurs conjointement avec le département d'État le festival « New Brasilian Jazz » en décembre 1962 au Carnegie Hall de New York, qui constitue une étape importante dans la popularisation de la bossa nova aux États-Unis. En 1966, Itamaraty envoie aussi une importante délégation de musiciens au premier Festival mondial des arts nègres de Dakar pour présenter une « nuit brésilienne », événement répété au Marché international du disque et de l'édition musicale de Cannes (MIDEM). En 1973, il finance la venue de la chanteuse Simone Bittencourt de Oliveira à l'exposition commerciale Brazil Export qui se tient à Paris et à Bruxelles. En 1977, une délégation de musiciens est à nouveau envoyée au deuxième Festival mondial des arts négro-africains à Lagos. Parmi ses membres, on compte Gilberto Gil, alors opposant déclaré au régime militaire et à ce titre soumis à la censure dans son pays après avoir été exilé quelques années[52]. Ce cas montre le pragmatisme du régime militaire : Gil, tout comme Caetano Veloso ou Chico Buarque, ont beau être considérés comme subversifs à l'intérieur des frontières, ils seront soutenus par le régime dans leur carrière internationale. En 1978, le Festival de jazz de Montreux débute une collaboration avec le festival de São Paulo : désormais, les musiciens brésiliens seront invités régulièrement sur le lac Léman, avec le soutien d'Itamaraty.

Le deuxième axe est la diffusion de disques. En 1945, le ministère envoie pour la première fois une circulaire à tous les postes diplomatiques, leur donnant pour instruction de créer une sélection d'enregistrements à envoyer aux stations de radio ou aux institutions culturelles des différents pays. Si la constitution d'une « discothèque brésilienne » avait commencé dès l'entre-deux-guerres, priorité était alors donnée à la musique savante, mais à partir des années 1950, la musique populaire y est progressivement intégrée.

Le troisième axe est la présence dans les institutions culturelles internationales : le gouvernement encourage notamment la participation de musicologues à des colloques internationaux, et exerce son *lobbying* au sein des organisations internationales : en 1949, le musicologue Luiz Heitor Corrêa de Azevedo est nommé secrétaire du Conseil international de la musique de l'Unesco, où il contribue à faire connaître les artistes brésiliens, en lien avec l'Itamaraty.

Les émissions musicales sont le quatrième axe : en France, Itamaray finance entre 1957 et 1975 *Aquarelles du Brésil*, un programme hebdomadaire à l'ORTF sur le folklore, la musique de danse et la musique légère, répondant à une demande de producteurs français désireux d'avoir à disposition plus de disques brésiliens. À partir de 1972, l'émission est diffusée également en Afrique francophone, alors que le gouvernement brésilien cherche à élargir le spectre géographique de sa diplomatie culturelle : en effet, la décolonisation le conduit à s'intéresser à cette région, et à mettre en avant son héritage africain. Désormais, il insiste sur la solidarité historique du Brésil et des pays nouvellement indépendants, et sur l'expérience partagée de l'esclavage, un positionnement que la musique afro-brésilienne illustre parfaitement. En 1974, le ministère crée un programme de coopération culturelle avec les pays africains. Longtemps tenu à l'écart de la culture nationale, l'héritage africain devient dès lors un atout pour établir des liens avec le continent. La participation brésilienne au festival de Lagos en est une des manifestations, mais sans doute pas la seule.

Enfin, cinquième axe, Itamaraty participe à la création de manifestations internationales au Brésil même : on peut mentionner l'exemple du concours international de piano de Rio de Janeiro en 1957, qui est l'occasion de faire connaître le répertoire de piano brésilien. À cet effet, Itamaraty envoie les partitions des pièces au programme à ses ambassades pour permettre l'inscription et la préparation du concours par les interprètes étrangers. Mais il faut aussi mentionner la participation à la création du Festival international de la chanson de Rio en 1965 : le ministère organise la logistique, paye le déplacement des artistes, et distribue les disques en Amérique latine. Ce festival joue un rôle important dans la popularisation de la musique brésilienne sur le continent latino-américain mais aussi en Europe.

Au début des années 1980, la musique populaire sous toutes ses formes, qu'il s'agisse de la samba, de la bossa nova ou de la música popular brasileira (MPB), est un pilier de la diplomatie culturelle brésilienne. Après avoir été réticent, le gouvernement a fini par assumer son héritage historique, et à l'intégrer au patrimoine national. Elle est devenue le porte-drapeau de l'identité brésilienne à l'étranger, et « la bande-son officielle du commerce extérieur brésilien[53] », que ce soit pour les ventes à l'exportation ou la promotion du tourisme, qui se développe dans les années 1970. Mais elle n'est pas la seule composante de cette diplomatie : au début des années 1980, c'est l'ensemble de la culture populaire brésilienne, à travers la musique, le cinéma ou les séries télévisées (les *telenovelas*), qui a pris une place de choix au sein de l'arsenal de la diplomatie culturelle brésilienne, au côté des actions plus traditionnelles d'échanges académiques ou de promotion de la musique savante. Le Brésil fait désormais partie des grands pays exportateurs de productions culturelles.

Neutralité, défense, fédéralisme et modestie : le paradoxe suisse

Autre diplomatie culturelle émergente après 1945, la Suisse offre un cas intéressant à plusieurs titres[54]. D'abord parce qu'il s'agit d'un pays neutre, et l'on pourrait se demander s'il y existe une diplomatie spécifique à ce type de pays : il faudrait pour ce faire étudier en détail d'autres cas tels que la Suède ou l'Autriche. Ensuite parce que sa diplomatie culturelle est modeste et dépourvue d'ambition géopolitique, alors que l'affirmation de soi sur la scène internationale est une constante dans l'histoire de la diplomatie culturelle : on serait en peine de trouver dans celle de la Suisse les exemples de projets à l'échelle régionale ou mondiale auxquels les puissances traditionnelles ou émergentes nous ont habitués depuis le début de ce livre. Troisièmement, l'articulation entre diplomatie culturelle et politique culturelle domestique, maintes fois repérée dans les pages qui précèdent, est ici particulièrement évidente, dans la mesure où l'agence paragouvernementale Pro Helvetia s'est vu confier ces deux objectifs, cas plutôt rare parmi ce type d'agence si on la compare à l'Alliance française, le British Council ou la VOKS, exclusivement en charge du rayonnement culturel extérieur. Enfin, la Suisse présente le paradoxe d'une diplomatie culturelle née d'un nationalisme défensif, alors qu'il est, si l'on peut dire, dans la nature d'une diplomatie culturelle de se projeter vers l'extérieur. Ce paradoxe, qui est peut-être le vrai *sonderfall* suisse[55], explique sans doute pourquoi la diplomatie culturelle est sans cesse en débat au sein du champ politique et culturel helvétique, et peine tout au long de l'après-guerre à trouver une vraie ligne directrice, mais aussi à se dégager de la diplomatie tout court, de la politique économique et de l'aide au développement. De ce fait, la diplomatie culturelle suisse, si elle existe incontestablement, reste en pointillé et peu assumée, tant elle révèle l'idiosyncrasie d'un pays tiraillé entre le repli sur soi et la volonté de faire valoir son modèle à l'étranger.

Si l'on excepte quelques initiatives ponctuelles lors des expositions universelles ou des actions en faveur du développement du tourisme, il faut attendre la fin des années 1930 pour qu'émerge timidement une diplomatie culturelle suisse, qui est une expression du mouvement de la Défense nationale spirituelle[56]. Cette posture défensive est liée à l'identité fragile d'un pays multinational et multilingue, conservateur, et désireux de se préserver contre la surpopulation ainsi que les influences extérieures. Mais elle est liée également à l'environnement géographique et au contexte géopolitique : le pays est entouré de grandes puissances aux identités fortes vers lesquelles certains de ses cantons ont un tropisme linguistique et culturel prononcé (Allemagne, France, Italie). La menace ressentie de la manière la plus forte par la population suisse est sans doute celle de l'Allemagne et de l'Italie, deux régimes dont le caractère totalitaire s'oppose en tout point au système fédéral, décentralisé et fondé sur la démocratie directe de la Suisse ; deux régimes, également, dont la politique visant à créer une population homogène sur des bases raciales se situe aux antipodes du kaléidoscope de populations que constitue la Suisse. En outre, l'Allemagne et l'Italie déploient en Suisse une propagande vue comme une menace pour l'unité et la stabilité du pays, mais aussi pour sa neutralité si la Suisse devait se ranger dans le camp des démocraties, alors que la montée des tensions internationales se fait de plus en plus forte à partir du milieu des années 1930. C'est dans ce contexte que le Conseil fédéral crée en octobre 1939 la Communauté de travail Pro Helvetia, qui donnera naissance dix ans plus tard à la fondation du même nom. Elle est la première manifestation d'une diplomatie culturelle en gestation, dont l'objectif initial est de renforcer la cohésion nationale et d'exister face à des voisins étrangers encombrants, plus que de se projeter à l'international. Il est significatif que soit organisée à Zurich au même moment, entre mai et octobre 1939, une exposition nationale suisse. Défense nationale, construction d'une identité et affirmation de la neutralité intégrale de la Suisse vont alors de pair.

Mais c'est surtout à partir de 1944 que se met en place une logistique de diplomatie culturelle au sein de l'administration suisse. Entretemps, le contexte a évolué. Il ne s'agit plus seulement d'assurer la défense nationale spirituelle, mais aussi de réintégrer la Suisse dans le concert des nations. Car la neutralité intégrale conservée pendant tout le conflit n'a pas empêché le pays de continuer à faire des affaires avec les belligérants et de refuser d'accueillir des réfugiés juifs. En 1945, il fait l'objet de critiques de toutes parts pour ce comportement et pour son enrichissement. Si la défense nationale spirituelle n'a pas disparu (elle restera présente jusqu'aux années 1960), l'objectif de la diplomatie culturelle en gestation s'est élargi : il s'agit de briser l'isolement diplomatique du pays. Le nouveau contexte, et en particulier la guerre froide, accélère la réflexion et la mise en place d'un dispositif de diplomatie culturelle. Mais il s'en faut de beaucoup qu'on ait affaire à une « machine », pour reprendre le terme de Robert Frank à propos de la France. Le dispositif de la diplomatie culturelle suisse existe, mais il est bien plus léger. La cheville ouvrière en est la fondation Pro Helvetia, fondée officiellement en 1949 par le Conseil fédéral, qui a décidé de confier la promotion des valeurs suisses à une fondation indépendante plutôt qu'à un organisme gouvernemental, en accord avec une culture politique rétive au centralisme. Pro Helvetia est ainsi une fondation de droit public financée exclusivement par l'État (il lui est interdit de faire appel à des fonds privés) mais « autonome dans son organisation et ses décisions[57] ». Autonomie cependant limitée, car son budget est voté par le parlement et le conseil de fondation nommé par le Conseil fédéral. Par ailleurs, son périmètre d'action est très large, puisqu'elle est chargée de la promotion de la culture à l'intérieur des frontières autant qu'à l'extérieur, autrement dit, chargée de mettre en place à la fois une politique culturelle et une diplomatie culturelle. Cette dernière restera d'ailleurs floue dans l'esprit de ses promoteurs : jusqu'aux années 1960 au moins, elle vise plus à défendre les intérêts politiques et économiques de la Suisse à l'étranger qu'à y faire rayonner ses productions culturelles. Faut-il en conclure que ce caractère flou est le symptôme d'une insaisissable identité nationale suisse ? Toujours est-il que la dimension proprement culturelle de sa mission ne s'affirmera que très progressivement.

Outre Pro Helvetia, le Département politique fédéral (DPF), chargé des affaires étrangères, met en place sa propre logistique. Celle-ci est d'abord et avant tout destinée à la diplomatie publique : en 1939, le DPF a créé un Service d'information et de presse destiné à diffuser à l'étranger une information contrôlée, destiné à défendre l'image du pays auprès de la presse étrangère. Mais le dispositif demeure léger : en 1945, on compte trois attachés de presse aux légations de Paris, Londres et Washington, et leur nombre n'augmentera pas au moins jusqu'à la fin des années 1960. Leur mission s'élargit progressivement de l'information aux questions culturelles, mais celles-ci resteront marginales au DPF : malgré la création en 1947 d'une section culturelle au sein du Service d'information et de presse, celle-ci ne comprend en 1966 que onze personnes, un chiffre qui descend à six l'année suivante ; par ailleurs, elle n'a pas de budget propre. C'est donc ailleurs que se passe l'action du DPF en matière de culture, et notamment dans sa section des organisations internationales, à laquelle la diplomatie culturelle a été rattachée à la suite de l'adhésion officielle de la Suisse à l'Unesco en 1948, et de la création d'une commission nationale suisse l'année suivante. De son côté le Service d'information et de presse se concentrera presque exclusivement sur la diplomatie publique.

Parallèlement à Pro Helvetia et au DPF, d'autres acteurs interviennent dans la diplomatie culturelle, même si celle-ci y occupe une place souvent marginale : parmi eux, il faut mentionner le Secrétariat des Suisses à l'étranger (SSE), l'Office suisse d'expansion commerciale (OSEC) et l'Office central suisse du tourisme (OCST). Il faut noter également l'existence d'une Commission fédérale des beaux-arts, rapidement éclipsée par la montée en puissance de Pro Helvetia, mais qui conserve la prérogative de choisir les œuvres suisses exposées aux biennales de Venise, de Paris et de São Paulo dans les années d'après-guerre. Il faut enfin mentionner un ensemble d'associations privées comme la Swiss American Society for Cutural Relations créée en 1940, ou la Anglo-Swiss Society (créée en 1948). Quant à la Commission de coordination pour les relations culturelles de la Suisse avec l'étranger, créée en 1951 (CCRS), elle tente de faire le lien, difficile, entre tous ces acteurs. Au total, comme dans beaucoup de pays, la diplomatie culturelle est le fait d'une nébuleuse d'organisations publiques et privées, plus ou moins bien coordonnées, avec en son centre la cheville ouvrière de Pro Helvetia, « qui travaille en concurrence (parfois aussi en collaboration) avec un réseau diplomatique moins spécialisé[58] ». La difficulté de cette collaboration, ajoutée à la faiblesse de la logistique due notamment à un réseau d'ambassades et de consulats peu développé, et au fait que la culture relève traditionnellement des cantons et non d'une organisation centralisée, ne concourt pas à favoriser le développement d'une diplomatie culturelle de grande ampleur. De fait, celle-ci se limite jusqu'aux années 1960 à ses voisins immédiats et aux États-Unis ainsi qu'au Canada, c'est-à-dire quelques pays du bloc occidental, avec lesquels la Suisse, très anticommuniste malgré sa neutralité, a le plus d'affinités idéologiques.

Dans les années d'immédiat après-guerre, les actions relèvent avant tout de la diplomatie publique destinée à corriger l'image de la Suisse. C'est ce que montrent bien les premières initiatives du DPF. En 1948, celui-ci invite le politologue français André Siegfried à visiter le pays et lui commande un ouvrage paru en 1948 sous le titre *La Suisse, démocratie témoin*, dont le DPF commande dès l'année suivante des traductions en anglais, allemand et japonais. Jusqu'à la fin des années 1960, il sera largement utilisé par les légations à l'étranger pour faire la promotion du pays et de ses valeurs. Par ailleurs, la majorité de l'activité des attachés de presse à Paris, Londres et Washington, consiste dans un premier temps à expliquer la position de la Suisse à la presse étrangère. Mais la culture entre peu à peu dans leur périmètre d'activité et dans leur emploi du temps : à Londres, l'attaché noue ainsi des contacts avec le British Council et organise des conférences ; il participe à la création de l'Anglo-Swiss Society et à l'organisation d'une exposition d'affiches de l'OSEC à Édimbourg ; en 1950, il participe aussi, en collaboration avec Pro Helvetia et l'Arts Council of Great Britain, à la tenue à Londres d'une exposition du peintre Füssli (1741-1825), naturalisé anglais mais né à Zurich. Enfin, l'attaché de presse diffuse des informations sur l'université suisse auprès des jeunes anglais intéressés par des études sur le continent. À Paris, c'est Bernard Barbey qui est nommé en 1945 attaché de presse et de culture : militaire et écrivain bien intégré dans les milieux littéraires parisiens où il a longuement séjourné dans l'entre-deux-guerres, il est le premier Suisse à recevoir le grand prix du roman de l'Académie française en 1951. Il déploie rapidement une activité importante : en 1946 est organisée l'exposition « L'Art suisse contemporain » ; l'année suivante, le service culturel de la légation participe à l'organisation de 34 concerts, 4 expositions et 18 conférences. Il faut y ajouter des représentations radiophoniques, des présentations de films et un spectacle, mais aussi l'ouverture d'une bibliothèque culturelle à la Légation, et la promotion des études en Suisse, ou encore l'établissement de relations avec de multiples institutions comme la Radiodiffusion française, le Bureau international des expositions, la fondation Suisse de la Cité universitaire, et bien sûr l'Unesco.

De son côté, Pro Helvetia met sur pied en 1950 un Service de presse culturel pour l'étranger qui rédige des articles diffusés en Italie, France, Allemagne, États-Unis, et, plus ponctuellement, en Amérique latine ou en Inde. Il produit aussi du matériel pour la radio, notamment le Service suisse des ondes courtes, qui diffuse à partir des années 1950 l'émission *Ici la Suisse*, en français, italien, allemand, espagnol, portugais, anglais, notamment pour le public étatsunien[59]. Il organise également, seul ou en collaboration avec le DPF ou l'Office national suisse du tourisme, 33 voyages de découverte à destination du public étranger ; les visiteurs viennent essentiellement d'Europe occidentale, mais aussi, à partir des années 1960, de quelques pays d'Afrique (Sénégal, Soudan, Congo). En 1967, 173 personnes sont accueillies en Suisse pour de tels voyages, qu'il s'agisse d'étudiants, de journalistes ou d'universitaires. Le Service de presse publie aussi des articles sur l'actualité scientifique suisse qui contribue à faire connaître la recherche menée dans le pays. Au même moment, en 1952, est créé le Fonds national de la recherche scientifique (FNS) ; en collaboration avec Pro Helvetia, il va contribuer à renforcer l'attractivité du système universitaire suisse et à placer les universités dans le peloton de tête des établissements les plus internationalisés du monde.

Outre les diplomaties publique et universitaire, la diplomatie intellectuelle et artistique est un autre axe fort du répertoire d'actions de la diplomatie culturelle suisse. Diffusion de livres, conférences et expositions en constituent le cœur. Elle se concentre également sur quelques pays – Italie, France, Grande-Bretagne, États-Unis – et se déploie dans l'esprit de la défense nationale spirituelle : jusqu'aux années 1960, la politique en la matière consiste à diffuser des œuvres qui « mythifient la Suisse[60] ». Entre 1945 et 1963, Pro Helvetia organise près de 30 expositions de peinture dans 106 musées, par exemple à l'Orangerie de Paris en 1948, aux États-Unis en 1954, ou à Barcelone en 1956. Toujours entre 1945 et 1963, ont lieu 36 expositions de livres, des tournées de l'Orchestre de la Suisse romande, la création de la Swiss Music Library à New York, mais aussi des conférences, sans oublier la diffusion de livres, disques ou revues à l'international. On y ajoutera quelques actions ponctuelles dans certains pays comme le Japon : ainsi la participation de Pro Helvetia en 1961 à une exposition de livres pour enfants accompagnée de panneaux illustrés d'images de la Suisse qui circulent dans huit villes japonaises, accompagnés d'un catalogue *Introduction to Switzerland* publié en anglais et en japonais. Mais c'est en Italie que la diplomatie culturelle est la plus proactive, comme en témoigne la création de l'Institut suisse de Rome en 1949, premier et unique institut à l'étranger jusqu'à la création de celui de Paris en 1985. Par ailleurs, la Suisse a son pavillon à la Biennale de Venise et participe à l'Exposition triennale des arts décoratifs de Milan. Enfin, elle crée plusieurs écoles suisses dans le pays.

Dans les années d'après-guerre, la diplomatie culturelle suisse reste limitée à quelques pays d'Europe, aux États-Unis et au Canada, essentiellement ceux qui lui sont proches idéologiquement et avec lesquels elle entretient des relations commerciales. Il faut attendre les années 1960 pour qu'elle se tourne vers les pays du bloc de l'Est, après de nombreux débats internes. En 1965, l'exposition de peinture « De Hodler à Klee » est envoyée à Varsovie et Cravovie. Trois ans plus tard, une exposition d'architecture mettant à l'honneur Le Corbusier voyage à Moscou, Leningrad et Erevan, puis est montrée l'année suivante en Roumanie, et en 1970 en Tchécoslovaquie et Yougoslavie. Au même moment sont engagées des actions vers les pays nouvellement indépendants, mais qui resteront indexées sur la politique d'aide au développement. Pro Helvetia collabore ainsi avec la Commission de coordination pour l'assistance technique créée en 1961, et se charge de la diffusion d'informations relatives à l'enseignement supérieur. En 1971, une initiative de plus grande ampleur est organisée, avec l'exposition « La Suisse présente la Suisse » à Dakar. Mais elle restera une initiative isolée.

Au total, si la diplomatie culturelle suisse se développe incontestablement dans les années d'après-guerre, elle reste en pointillé, de sorte qu'il est difficile d'en dégager des lignes de forces et un véritable projet autonome par rapport à la diplomatie, la diplomatie économique et l'aide au développement.

Diplomatie culturelle nationale ou régionale ? le panafricanisme sénégalais

Les États nouvellement indépendants issus des empires coloniaux, que ce soit en Afrique ou en Asie, constituent d'autres exemples de diplomaties culturelles émergentes, malheureusement très mal, voire pas du tout documentées par l'historiographie. C'est d'autant plus regrettable que leur analyse contribuerait sans doute à enrichir une histoire de la diplomatie culturelle pensée depuis ses débuts à l'aune de l'histoire européenne, de la forme de l'État-nation et de la configuration culturelle nationale qui l'accompagne.

Mais regarder du côté des nouveaux États issus de la décolonisation incite sans doute à élargir la notion de diplomatie culturelle, pour deux raisons au moins. La première est qu'elle nécessite de consacrer une place plus importante à l'articulation entre politique culturelle et diplomatie culturelle, deux problèmes le plus souvent séparés par l'historiographie des pays européens, mais qui, pour les États émergents, sont à l'évidence complètement imbriqués, la construction d'une configuration culturelle nationale par une administration gouvernementale allant le plus souvent de pair avec sa projection à l'international, d'autant plus qu'une partie de ces pays, sommés de choisir entre l'Est et l'Ouest, décident parfois d'emprunter une troisième voie dont les contours ne sont pas tracés. La deuxième raison est que certains pays nouvellement indépendants conçoivent une diplomatie culturelle à deux étages qui constitue une nouveauté dans le paysage que j'ai dessiné jusqu'à présent : un étage national, mais aussi un étage régional qui inscrit le pays dans une communauté plus large. C'est ici que l'histoire de la diplomatie culturelle rejoint celle du panafricanisme et du panarabisme. Ces deux mouvements, associés à l'immédiat après décolonisation, sont souvent considérés comme des échecs politiques dans la mesure où les intérêts nationaux des pays arabes et africains l'ont emporté face à la dimension supranationale incarnée par des organisations telles que la Ligue arabe ou l'Organisation de l'unité africaine, dont les ambitions, fortes au début, ont été rapidement revues à la baisse. Mais l'histoire du panafricanisme et du panarabisme doit sans doute être relue à l'aune de l'histoire culturelle, et particulièrement de la diplomatie culturelle, car ces deux idéologies irriguent les politiques menées par de nombreux États. C'est ce que montre bien le cas de la diplomatie culturelle sénégalaise. Analyser la diplomatie culturelle des pays nouvellement indépendants en prenant en compte ces deux étages (national et régional) permet d'éviter l'écueil d'interpréter leurs initiatives en termes de « retard » par rapport aux pays occidentaux ; au contraire, ces pays sont peut-être même pionniers dans l'élaboration d'une diplomatie culturelle à deux étages qui a connu depuis d'autres développements que j'évoquerai dans le chapitre suivant. C'est dire si la prise en compte des diplomaties culturelles postcoloniales ouvre la voie à un élargissement géographique du champ d'étude, mais aussi à un élargissement épistémologique de la notion même de diplomatie culturelle.

Au Sénégal, la mise en place indissociable d'une politique et d'une diplomatie culturelles doit beaucoup à la personnalité de son président Léopold Sédar Senghor qui, dès son accession au pouvoir en 1960, lance son administration dans une série de projets ambitieux et volontaristes en partie inspirés de l'exemple français. Mais leur spécificité est de s'appuyer sur la pensée de la négritude, dont Senghor est le continuateur, après les réflexions fondatrices d'Aimé Césaire. Telle que définie par Senghor, la négritude renvoie à « l'ensemble des valeurs – économiques et politiques, intellectuelles et morales, artistiques et sociales – non seulement des peuples d'Afrique noire, mais encore des minorités noires d'Amérique, voire d'Asie et d'Océanie[61] ». Par ailleurs, la culture occupe à ses yeux une place centrale dans l'émancipation des anciennes colonies, au même titre que le développement économique. Enfin, la promotion des valeurs nationales est indissociable de l'inscription dans une communauté bien plus large que celle de l'État-nation puisqu'elle s'étend à l'Afrique entière, et même au-delà. C'est en ce sens qu'elle rejoint le panafricanisme promu sous diverses formes par de nombreux dirigeants après l'indépendance, parmi lesquels il faut mentionner Nnamdi Azikiwe au Nigeria ou Kwame Nkrumah au Ghana.

La politique culturelle impulsée par Senghor, une des premières de cette ampleur sur le continent africain, se traduit d'abord, dans l'appareil gouvernemental, par la création d'un ministère de la Culture en 1966, mais aussi d'une Direction des archives culturelles en 1967, qui a vocation à collecter les formes d'expression culturelles du pays, notamment les cultures orales, et à les faire connaître, au Sénégal comme à l'étranger. Enfin, le gouvernement crée des centres culturels régionaux, même si l'essentiel des activités culturelles est concentré à Dakar. Il faut ajouter à cet appareil gouvernemental la création d'institutions culturelles dont l'optique nationale et panafricaine sont indissociables, Senghor considérant que la culture nationale sénégalaise doit être « cosmopolite et syncrétique[62] », à l'image de celle de l'ensemble des pays africains. Parmi elles, il faut mentionner l'École des arts du Sénégal créée en 1961 et devenue Institut national des arts dix ans plus tard : elle regroupe une école d'arts picturaux, un conservatoire d'art dramatique, un conservatoire de musique et une école d'architecture. Dès sa création, on y enseigne non seulement les formes d'art traditionnel collectées par la Direction des archives culturelles, mais l'Institut a aussi pour vocation de former des artistes contemporains, notamment des peintres : il devient un lieu central dans le développement de l'École de Dakar, qui regroupe la nouvelle génération que l'État a prise sous son aile. La deuxième grande institution est le Théâtre national Daniel Sorano créé en 1965, qui abrite une troupe dramatique[63] et un corps de ballet, le Ballet national du Sénégal : créé en 1960, ce dernier effectue sa première tournée internationale l'année suivante, inaugurant la diplomatie artistique du nouveau régime. Enfin, il faut mentionner la Manufacture sénégalaise des arts décoratifs créée en 1966, et le Centre d'étude des civilisations en 1971, consacré à la recherche académique.

L'impulsion donnée par l'État à la construction d'une configuration culturelle nationale postcoloniale se double d'une dimension panafricaine dont la première manifestation visible internationalement est le Festival mondial des arts nègres. Mis en chantier dès 1961 et plusieurs fois repoussé[64], il se tient à Dakar du 1er au 24 avril 1966. S'y retrouvent écrivains, peintres, musiciens et intellectuels d'Afrique (Amadou Cissé Dia, Iba Ndiaye, Aminata Fall), mais aussi de la diaspora (Aimé Césaire, Duke Ellington, Joséphine Baker, Katherine Dunham) au cours de multiples manifestations dont l'une des plus marquantes est l'exposition « Art nègre : sources, évolution, expansion », qui voyagera ensuite à l'étranger. De la même manière que les expositions universelles étaient un lieu de mise en scène des nationalismes culturels tout autant que du cosmopolitisme, le Festival de Dakar présente aux yeux du monde (les médias y sont nombreux) les productions culturelles sénégalaises, mais, au-delà, africaines. On pourrait en dire autant du Festival panafricain d'Alger qui a lieu en 1969, mais aussi des deuxième et troisième festivals mondiaux des arts négro-africains à Lagos en 1977 et à nouveau à Dakar en 2010. Encore mal connus, de tels événements sont peut-être les premières manifestations du glissement de la notion diplomatie culturelle d'une acception purement nationale vers une dimension géographique plus large au cours de la seconde moitié du XXe siècle.

Le festival constitue un tremplin incontestable pour l'exportation des productions culturelles sénégalaises, et plus généralement africaines. En témoigne la venue de l'exposition « Art Nègre » au Grand Palais de Paris après le festival. En témoignent aussi les expositions soutenues par le ministère des Affaires culturelles pour faire connaître l'École de Dakar à l'international, comme l'exposition « Dix ans d'art au Sénégal » organisée à Stockholm en 1970, puis « L'art sénégalais d'aujourd'hui » organisée au Grand Palais en 1974 avant de visiter d'autres pays. Les autres institutions mentionnées plus haut ne sont pas en reste : la troupe dramatique du Théâtre national Sorano fait sa première sortie internationale au Festival panafricain d'Alger en juillet 1969, où elle remporte la médaille d'or, puis tourne en France (Marseille, Paris, Amiens, Bourges, Rennes), en Belgique et en Allemagne. Du 11 décembre au 3 janvier 1970, elle est au théâtre de l'Odéon à Paris, en même temps que le président Senghor intronisé à l'Académie des sciences morales et politiques. Il s'agit de la première troupe nationale africaine à se produire en Europe. Dans les années suivantes, elle continue de se produire à l'étranger, au festival du Jeune théâtre francophone de Liège en 1973, mais aussi au deuxième Festival mondial des arts négro-africains de Lagos en 1977, avant une seconde tournée en France en 1979. Quant au Ballet national du Sénégal, il effectue, entre autres, une tournée aux Antilles françaises et en Haïti en 1977, au Brésil en 1978, en Hongrie en 1980, et en Allemagne en 1983. Et puisque toute diplomatie culturelle est à double sens, la politique de l'État sénégalais vise aussi à faire de Dakar un carrefour et un pôle d'attraction culturel : c'est à cet objectif que répond le Musée dynamique de Dakar, inauguré à l'occasion du premier Festival mondial des arts nègres. Il sert non seulement de vitrine aux peintres sénégalais, mais plus largement d'Afrique de l'Ouest, et organise aussi des expositions internationales destinées à faire de Dakar un centre artistique du continent africain : exposition Chagall en 1971, Picasso en 1972, Soulages en 1974[65]. Jusqu'à sa fermeture à la fin des années 1980, il est un centre important de rayonnement artistique en Afrique de l'Ouest.

Cette énumération de réalisations ne doit pas laisser penser pour autant que la diplomatie culturelle sénégalaise est une *success story* déroulée de façon linéaire. D'abord parce que la notion de négritude est loin de faire consensus au sein des milieux politiques, intellectuels et artistiques africains. Dès avant le festival de 1966, elle est contestée, notamment par les artistes jeunes, souvent anglophones, qui critiquent son lien trop fort, incarné par Senghor, avec l'ancienne puissance coloniale et avec la francophonie. Elle ne semble pas faire plus l'unanimité dans les années 1970 et 1980, comme en atteste le caractère irrégulier des manifestations suivantes, notamment les festivals de Lagos en 1977 et de Dakar en 2010. Par ailleurs, Senghor lui-même est contesté dans son pays dès la fin des années 1960, et sa politique culturelle subit de nombreuses remises en cause dans les années 1980, ce que montre bien l'histoire chaotique du Musée dynamique de Dakar, expulsé de son bâtiment en 1990 au profit de la Cour suprême. Il reste qu'au-delà de ses vicissitudes, la politique et la diplomatie culturelle développées dès le début des années 1960 ont permis de donner au Sénégal une place sur la carte culturelle mondiale, que le pays occupe toujours, comme le prouvent des événements tels que la Biennale de Dakar créée en 1990, lointaine descendante du Festival mondial des arts nègres. Elle n'est qu'un élément de l'histoire de la diplomatie culturelle des pays africains, qui reste encore largement à écrire.

Au total, la période de la guerre froide se caractérise en partie par la poursuite de la logique d'affrontement culturel qui avait marqué la période précédente, et par une croissance toujours plus importante des initiatives en la matière, avec des logistiques inégalées jusqu'alors, même si, à tout prendre, les dépenses occasionnées par les diplomaties culturelles restent très modestes par rapport aux sommes colossales investies dans la course aux armements. Mais pour autant, la diplomatie culturelle pendant la guerre froide ne saurait se réduire à la diplomatie culturelle de guerre froide. Car pour de nombreux pays, la mise en place d'un répertoire d'actions culturelles extérieures obéit à d'autres logiques que celles de la bipolarisation : qu'il s'agisse de revenir sur la scène mondiale pour les pays vaincus, de compenser leur déclin pour les puissances traditionnelles, de construire une configuration postcoloniale pour des pays se libérant de la tutelle coloniale, ou de s'inventer un parcours en dehors de la tutelle des superpuissances, la variété des situations est grande, et le nombre des pays pratiquant la diplomatie culturelle toujours plus important. Encore les exemples donnés ici ne sont-ils pas limitatifs, et une étude systématique des diplomaties culturelles non-alignées et/ou postcoloniales enrichirait encore certainement ce tableau.

Chapitre V

La recomposition de la diplomatie culturelle au XXIe siècle

La première chose qui frappe lorsqu'on examine le paysage des diplomaties culturelles du XXIe siècle, c'est-à-dire depuis la fin de la guerre froide, c'est l'augmentation du nombre de pays impliqués. Cette donnée suffirait en elle-même à montrer que l'idée d'une « globalisation » dans laquelle les États seraient devenus des réalités secondaires, comme cela a été répété à l'envi dans les années 1990 à 2010, ne tient pas la route. Non seulement les États n'ont jamais disparu, mais ils n'ont jamais été aussi présents. L'histoire de la diplomatie culturelle le démontre amplement : les années 1990 sont celles d'une dilatation du champ des diplomaties culturelles, avec la multiplication des États investissant ce champ. L'historiographie existante, presque exclusivement focalisée sur des études de cas nationales, et, jusqu'à une date récente, trop souvent concentrée sur les puissances traditionnelles, n'a sans doute pas assez prêté attention à ce mouvement de fond que résume bien le constat formulé en 2024 par un diplomate : « le terrain de jeu est [désormais] encombré[1] ». Autrement dit : il y a aujourd'hui pléthore de diplomaties culturelles, même si elles ont un visage différent d'il y a un siècle.

De cette diversification contemporaine du paysage me semblent se dégager deux tendances majeures, qui seront abordées dans ce chapitre. La première est une désoccidentalisation qui se manifeste par le déclin relatif des diplomaties culturelles traditionnelles et l'affirmation de nouvelles puissances culturelles qui renouvellent également le répertoire d'actions, notamment par une combinaison plus poussée qu'auparavant entre diplomatie économique et diplomatie culturelle, ce que montrent en particulier les cas japonais et coréen. La deuxième tendance à l'œuvre est l'évolution de la nature même de la diplomatie culturelle, qui n'apparaît plus seulement comme une stratégie visant à projeter à l'international une configuration culturelle nationale, mais aussi comme un moyen de donner corps à des entités dépassant l'État-nation. Ce *trend*, dont la diplomatie panafricaine vue au chapitre précédent avait constitué une première manifestation, semble se confirmer en ce début de XXIe siècle, comme le montrent l'analyse des cas de l'Union européenne et des pétromonarchies du Golfe.

La désoccidentalisation

La période ouverte par la fin de la guerre froide est d'abord marquée par un certain essoufflement des diplomaties culturelles des puissances traditionnelles, et par la montée en puissance de nouveaux pays qui reconfigurent en profondeur le champ. Par ailleurs, la montée en puissance de ces nouveaux pays s'accompagne d'une évolution du répertoire d'actions, les nouveaux pays combinant bien plus que leurs devanciers l'expansion économique et la projection culturelle, et mobilisant de façon plus importante les technologies, notamment numériques, apparues depuis les années 1990.

Les États-Unis : une érosion structurelle

L'évolution de la diplomatie culturelle étatsunienne depuis la fin de la guerre froide jusqu'au milieu des années 2020 est marquée par de nombreux soubresauts, qui dessinent sur le moyen terme une incontestable diminution des ambitions et des moyens mis en œuvre, aboutissant à ce qu'il faut bien appeler un déclin de la diplomatie culturelle étatsunienne. Alors qu'un Joseph Nye théorisait en 1990 la nécessité pour la politique étrangère de son pays de mettre l'accent sur le « *soft power* », c'est-à-dire notamment la diplomatie culturelle, pour conserver sa position dominante, force est de constater qu'il n'a pas été entendu, et que l'on a assisté entre les années 1990 et 2020 au phénomène inverse. Si le terme de « *soft power* » a connu un incontestable succès dans le champ universitaire et journalistique depuis trente ans, la stratégie d'action qu'il désigne n'a pas été mise en œuvre : la politique étrangère des États-Unis depuis la fin de la guerre froide a privilégié la force et la coercition plutôt que la séduction ; ou, si l'on veut reprendre les termes de Nye, le « *hard* » plutôt que le « *soft* ». Cette tendance a largement été confirmée par le premier et le début du deuxième mandat de Donald Trump. Une analyse rapide de la diplomatie culturelle des trente dernières années le confirme.

Dès l'effondrement du bloc communiste en effet, les États-Unis ont amorcé le démantèlement de leur appareil de diplomatie culturelle, considérant celui-ci comme désormais obsolète. En 1995, le budget de l'USIA est amputé de 24 %, une baisse qui affecte en particulier les activités radiophoniques. L'année précédente, toutes les radios opérant sous la bannière de l'USIA (Voice of America, Radio Free Europe, Radio Liberty, Radio Free

Asia, mais aussi Radio Marti qui émet à destination de Cuba) sont regroupées dans un seul ensemble, le Broadcasting Board of Governors (BBG). L'opération est justifiée par le fait que la fin de la guerre froide ne nécessite plus l'existence de rédactions distinctes pour toutes ces radios, ni la rédaction de contenus adaptés à leurs zones d'opération. De fait, de nombreux services sont fusionnés, et le budget considérablement diminué. L'autre vaisseau amiral de la diplomatie culturelle, le programme Fulbright, subit aussi au cours des années 1990 des coupes importantes. Enfin, en 1999, l'USIA est absorbée par le département d'État : cette opération classique de rationalisation administrative, combinée avec des économies budgétaires, témoigne du passage de la diplomatie culturelle au second plan de la politique étatsunienne[2]. Désormais, l'USIA est ravalée au rang de division secondaire d'un département d'État où la diplomatie culturelle n'est plus une priorité ; elle a perdu la main sur des activités désormais gérées d'en haut et de loin par l'administration du département d'État en lien avec le National Security Council. Celui-ci intervient de plus en plus dans les programmes de diplomatie culturelle désormais subordonnés aux impératifs de la sécurité nationale après les attentats du 11 septembre 2001 et le lancement des opérations militaires en Afghanistan puis en Irak. Après les attentats, on observe un retour en grâce temporaire de la diplomatie culturelle, dont les ressources augmentent à nouveau. Le programme Fulbright en profite : il peut accorder 6 000 bourses dans le monde en 2004 ; par ailleurs, il est rouvert aux candidats irakiens à partir d'octobre 2003, symbole d'une volonté de retour à une politique favorisant les échanges. Dans le domaine des médias, le BBG lance en 2002 Radio Sawa et Radio Farda, qui émettent respectivement en arabe et en persan, puis, en 2004, Al Hurra, chaîne de télévision destinée à concurrencer la qatarie Al Jazeera. Quant aux tournées jazzistiques, interrompues en 1980, elles ont repris en 1997 et se développent après les attentats : entre 2001 et 2004, le programme finance les voyages d'une centaine de musiciens dans une centaine de pays. En 2011, il sera rebaptisé American Music Abroad. Entre 2011 et 2021, il enverra 118 orchestres dans 134 pays, du Brésil à l'Australie et la Russie, en passant par la Turquie ou l'Algérie[3].

Cette relance de la diplomatie culturelle s'accompagne d'un accent mis sur les technologies numériques, qui apparaissent rapidement comme un outil à mobiliser. Dès 1995, l'USIA a créé un site web où l'on trouve notamment des versions électroniques des journaux distribués dans le monde, mais aussi des services facilitant l'enseignement : le courrier électronique est ainsi utilisé pour communiquer avec les participants aux programmes d'enseignement de l'anglais, notamment en Russie. Les attaques du 11 septembre accélèrent la mise en place d'une politique de communication au sein du département d'État, même si les initiatives sont freinées par la valse des responsables et par l'absence de conviction de la part des néoconservateurs qui dominent l'administration gouvernementale pendant les présidences Bush et ne croient guère aux vertus de la diplomatie culturelle. Du fait de ce retard à l'allumage, il faut attendre la fin des années 2000 pour que les outils numériques soient réellement intégrés : par exemple, en 2008, le département d'État met sur pied un festival de jazz dans l'univers virtuel Second Life, avec des musiciens de cinq continents et un public réparti sur l'ensemble du monde. Au même moment, il investit l'ensemble des outils numériques au fur et à mesure de leur apparition : Youtube, Facebook, Twitter (compte créé en 2008), Instagram et plus récemment Tiktok. À partir de 2011, ce qu'on appelle désormais la diplomatie digitale est bien installée au département d'État. En 2025, les États-Unis peuvent être qualifiés d'« acteur mondial prédominant de la diplomatie numérique[4] », même si celle-ci est un outil de diplomatie publique bien plus que de diplomatie culturelle.

Toutes ces initiatives ne doivent cependant pas masquer le fait que la diplomatie culturelle n'a jamais retrouvé, depuis la fin des années 1990, le lustre qu'elle avait au cours des années 1950 et 1960. Les augmentations de crédits post-11 septembre compensent tout juste les coupes réalisées par l'administration Clinton. Par ailleurs, la plus grande partie du budget en la matière est désormais concentrée sur le Moyen-Orient, induisant une réduction importante des moyens dans le reste du monde. Et surtout, à partir de 2010, la diplomatie culturelle souffre de la militarisation croissante de l'action extérieure, qui ne cesse pas avec l'administration Obama, au contraire, puisque celle-ci augmente les effectifs présents en Afghanistan en 2011, et revient en Irak en 2014 après s'en être partiellement retirée en 2011[5]. De fait, entre 2010 et 2016, la part consacrée aux échanges culturels baisse à nouveau[6].

L'arrivée de Donald Trump au pouvoir en 2016 vient confirmer cette tendance structurelle au déclin depuis les années 1990 : la diplomatie culturelle n'est pas une priorité pour la nouvelle administration, qui laisse vacante entre mars 2018 et septembre 2019 la fonction d'Under Secretary of State for Public Diplomacy and Public Affairs, et baisse en 2019 de 71 % la dotation du programme Fulbright, avant que cette baisse ne soit annulée à la suite d'un *lobbying* important du réseau des *alumni* du programme. Le deuxième mandat de Donald Trump confirme à nouveau la tendance : le financement des programmes d'échanges internationaux est gelé au mois de mars 2025, notamment le programme Fulbright, mais aussi d'autres comme le Gilman International Scholarship Program ou l'Hubert Humphrey Fellowship Program, interrompant le financement de 12 500 étudiants étatsuniens, et de 7 400 étrangers venus aux États-Unis[7]. D'autres programmes de la diplomatie culturelle sont fermés par l'administration Trump. Les médias assurant la présence internationale des États-Unis sont également touchés : les stations Voice of America, Radio Free Europe, Radio Liberty, Radio Free Asia et Radio

Marti à Cuba sont menacées de fermeture et leurs effectifs considérablement réduits ; plus largement, l'organisation qui chapeaute ces radios, l'US Agency for Global Media (qui a succédé au Broadcasting Board of Governors), est désormais considérée comme inutile et est en passe d'être démantelée, les salaires ayant brutalement cessé d'être payés au mois de mars 2025, dans le cadre d'une politique générale de réduction drastique de l'administration fédérale. Alors que l'audience cumulée de ces radios atteindrait 400 millions de personnes dans le monde[8], on mesure l'importance de cette réduction de voilure. Si ce démantèlement est annulé par la justice fédérale un mois plus tard, il témoigne de la place tout à fait secondaire qu'occupe la diplomatie culturelle dans la politique étrangère de l'administration Trump, et il y a fort à parier que ses activités vont encore baisser dans les années à venir.

Sur le plus long terme, le nombre de centres culturels à l'étranger a largement diminué depuis les années 1960 : on en compterait moins de quatre-vingt en 2025[9], auxquels il faut ajouter de nombreux centres binationaux ainsi que des « American corners » dans les bibliothèques ou des campus. Mais le nombre de « centres » *stricto sensu* semble avoir été divisé par trois depuis les années 1960. Quant au public suivant leurs programmes (notamment l'enseignement de la langue), le département d'État l'évalue à 20 millions en 2025[10], contre 30 millions en 1964, soit une diminution de 30 %, alors que la population mondiale a plus que doublée entre ces deux dates, passant de 3,3 milliards en 1965 à plus de 8 milliards en 2025. Cette diminution n'est qu'une partie d'un processus plus général de réduction des activités du département d'État, comme si la diplomatie en général n'était plus une priorité de l'administration fédérale : en avril 2025, une baisse de 20 % est prévue sur le budget 2026, impliquant des fermetures de consulats et, avec elles, de centres culturels. En 2025, le nombre de postes diplomatiques à l'étranger (ambassades et consulats) est de 271, contre désormais 274 pour la Chine[11], dont le réseau diplomatique dépasse celui des États-Unis pour la première fois de son histoire.

Le déclin de la diplomatie culturelle étatsunienne est toutefois à relativiser, car le dispositif reste important, surtout si l'on y ajoute la nébuleuse d'acteurs privés qui sont en relation avec l'administration fédérale, et dont beaucoup vont continuer leur activité, voire prendre le relais de ce désengagement, comme l'avaient fait les fondations philanthropiques dans l'entre-deux-guerres. Les États-Unis restent un pouvoir culturel mondial et le plus important pourvoyeur de contenus culturels et médiatiques. Leurs industries culturelles produisent 7 % du PIB mondial dans les années 2010[12]. Quant aux organisations philanthropiques, elles restent très présentes à l'étranger. Mais la boussole d'ensemble de ces actions a clairement disparu, au moins à l'heure où j'écris ces lignes, au sens où le gouvernement étatsunien n'a plus de stratégie de diplomatie culturelle, et considère ce domaine comme inutile dans sa politique extérieure. Cette évolution n'est pas uniquement le fait de l'administration Trump, la politique de celle-ci n'étant que l'accélération d'un mouvement qui a commencé avant elle et se poursuivra probablement après, jusqu'au prochain accident de l'histoire.

La Russie : déclin et renaissance

En Russie également, les initiatives en matière culturelle diminuent immédiatement après la chute du bloc communiste, mais pour des raisons très différentes des États-Unis. À vrai dire, ce déclin a commencé dans les années 1970, alors que le système soviétique s'est grippé et est entré dans l'ère dite de la glaciation. Le déclin s'accentue dans les années 1990, le pays étant en état de banqueroute financière et se débattant avec d'autres priorités. Le fil n'est toutefois pas rompu : en 1991 est créée une Agence fédérale pour la Communauté des États indépendants et des compatriotes de l'étranger, qui prend la suite de l'Union des sociétés d'amitié soviétiques, qui avait elle-même été créée en 1958 pour succéder à la VOKS. Mais son activité est toute aussi théorique que celle de la Communauté des États indépendants créée pour maintenir des liens avec les républiques soviétiques prenant le large après la dislocation de l'empire.

Le déclin de la langue est le résultat le plus immédiatement visible du retrait russe de la scène internationale. Ce n'est pas une conséquence d'un déclin de la diplomatie culturelle, mais surtout lié au fait que le russe disparaît presque instantanément des programmes scolaires dans de nombreux pays où le pouvoir soviétique en avait imposé l'apprentissage. Il reste que les incitations à pratiquer le russe, et les cours de langue dispensés dans les instituts culturels à l'étranger, pâtissent incontestablement de la chute de l'Empire soviétique. En 2023, le russe est parlé par 263 millions de personnes, soit au 8e rang mondial ; il est une des six langues officielles de l'ONU. Mais sa position n'a pas cessé de se dégrader depuis 1991. Non seulement les ex-démocraties populaires remplacent rapidement l'apprentissage du russe par celui de l'anglais, mais les anciennes républiques soviétiques bannissent le russe comme langue officielle au profit des langues locales. La situation est inégale selon les pays : le russe est reconnu comme seconde langue officielle dans certains pays comme le Kazakhstan et reste parlé couramment dans d'autres comme l'Ouzbékistan[13]. Mais le déclin est bien plus prononcé en Ukraine ou en Géorgie, où il a pratiquement disparu à l'école et dans les universités au début des années 2000. La diplomatie culturelle russe a bien tenté d'enrayer le processus en continuant d'envoyer des manuels scolaires dans ces pays, ainsi qu'en diffusant par le biais de la radio, de la télévision puis de l'Internet, des programmes d'enseignement à distance et de formation d'enseignants. Mais dans l'ensemble, la dérussification de l'espace postsoviétique a été rapide dans les années 1990. C'est ce que confirme la chute de la diplomatie universitaire et scientifique, si florissante dans les années 1960, comme on l'a vu plus haut : au début des années 2000, la part de la Russie dans le marché international de l'éducation est de 5 %, en cinquième position derrière les États-Unis, la Grande-Bretagne, l'Australie et l'Allemagne, un maintien relatif dû au fait que de nombreux pays voisins continuent à envoyer leurs étudiants en Russie. Mais l'attractivité des universités russes ne dépasse guère l'espace postsoviétique. Dans le secteur artistique, pour autant que l'on puisse en juger en l'absence d'étude précise, le recul est également net pendant la décennie 1990, en raison du manque de moyens. Le cinéma russe, qui ne bénéficie plus de l'appui de l'administration soviétique, décline sur les écrans des démocraties populaires, mais aussi en Russie même : à Moscou au milieu des années 1990, 73 % des écrans sont consacrés aux films hollywoodiens, contre 8 % pour les films russes[14].

Ce déclin a toutefois été endigué dans les années 2000, à la suite d'une politique volontariste de la Russie. Ainsi en 2007 est créée la fondation Russkij Mir, destinée à promouvoir le monde russe. Son statut officiel de fondation privée est fictif : elle est créée par un décret présidentiel, financée par le gouvernement, dirigée par des représentants de celui-ci et placée sous l'égide conjointe du ministère des Affaires étrangères et celui de l'éducation et de la science. Par ailleurs, en 2008 est créée l'Agence fédérale pour la Communauté des États indépendants, des compatriotes de l'étranger et de la coopération humanitaire internationale, appelée aussi Rossotrudnichestvo (« coopération russe »), placée directement sous la tutelle du ministère des Affaires étrangères. La création de ces deux organisations marque une reprise en main par le pouvoir de la diplomatie culturelle, et une centralisation dans les mains de l'État. De fait, la diplomatie culturelle russe à partir de ce moment laisse peu de place aux acteurs privés, ceux-ci faisant l'objet d'une surveillance de plus en plus étroite, en particulier à partir de la loi de 2012 sur les agents étrangers, qui oblige les associations russes à refuser les financements non russes, et plus généralement les contacts avec des organisations étrangères, ce qui exclut *de facto* toute forme de coopération avec les institutions des diplomaties culturelles d'autres pays. Par ailleurs, il faut noter que ces agences reçoivent des fonds bien moins importants que les chaînes d'information Russia Today et Sputnik. La priorité est alors clairement donnée à la diplomatie publique, et cette tendance ne cesse de se renforcer tout au long des années 2010 et 2020, s'accompagnant d'une confusion croissante entre information, désinformation et propagande.

Les missions principales des deux agences sont la diffusion de la langue et de la culture. Elles comptent pour cela de nombreux relais à l'étranger : Rossotrudnichestvo a 92 centres dans 80 États au milieu des années 2010[15], qui comprennent les anciens centres russes pour la science et la culture

(CRSC) de l'ère soviétique. Leur développement semble important dans les ex-républiques soviétiques, mais aussi en Afrique à partir de 2019 : on compte désormais des centres, appelées Maison russes, entre autres, en Tunisie, Égypte, Sierra Leone, Guinée, Centrafrique, Tchad, ou encore en Éthiopie et au Congo (Brazzaville)[16]. Quant à la fondation Russkij Mir, au milieu des années 2010, elle gère 109 centres culturels dans 48 pays, et en 2019, 116 dans 52 pays, et 1,5 million de visiteurs uniques sur son site internet, majoritairement situés dans l'espace postsoviétique et dans les campus universitaires, qui sont le principal public visé par Russkij Mir. Ensemble, les deux institutions organisent à la fois l'enseignement de la langue russe, mais aussi de multiples manifestations qui appartiennent au répertoire d'actions classiques de la diplomatie culturelle : installation de bibliothèques, conférences, concerts, expositions, spectacles, anniversaires, etc. Ce sont avant tout les œuvres russes classiques qui sont mises à l'honneur : Alexandre Pouchkine en est régulièrement la vedette, comme au salon du livre organisé au Centre spirituel culturel russe de Paris en décembre 2024, à l'occasion du 255e anniversaire de sa naissance.

Après l'annexion de la Crimée en 2014, puis l'invasion de l'Ukraine en 2022, une partie importante des liens tissés à l'étranger par le réseau de la diplomatie culturelle russe ont été rompus, notamment dans les pays occidentaux. Par exemple, l'association des universités européennes suspend en 2014 l'adhésion de douze universités russes, tandis que de nombreuses universités européennes suspendent leurs coopérations institutionnelles et leurs programmes d'échanges, tarissant les flux estudiantins dans les deux sens. D'autres coopérations sont suspendues : des musées annulent leurs prêts d'œuvres, des projets architecturaux en coopération sont reportés *sine die*, de même que des invitations d'artistes russes. Dans de nombreux pays, la diplomatie culturelle russe a subi un brutal coup d'arrêt. Toutefois, ce déclin semble compensé par un dynamisme dans d'autres secteurs ou d'autres régions. C'est le cas par exemple de la diplomatie universitaire et scientifique : la diminution du nombre d'étudiants occidentaux dans les universités russes semble avoir été compensée par l'augmentation d'étudiants venus d'autres pays, dans le cadre d'une stratégie d'attractivité menée par le pouvoir russe au Moyen-Orient, mais aussi et surtout en Chine et en Afrique. Symbole de cette politique, l'université Patrice Lumumba, qui avait été renommée en 1992 université de l'Amitié des peuples de Russie (RUDN) a repris en mars 2023 le nom du premier chef d'État de la république du Congo. Il serait donc sans doute erroné de conclure à un déclin de la diplomatie culturelle russe. Si le pouvoir russe a incontestablement mis l'accent depuis les années 2000 sur la politique de force, il l'a aussi accompagné d'un regain de la diplomatie culturelle, contrairement aux États-Unis. Ce dynamisme contribue sans doute à expliquer le maintien des soutiens à la Russie dans de nombreux pays du Sud global depuis l'invasion de l'Ukraine, et le maintien d'une image positive qui contraste avec celle que la Russie a en Europe et aux États-Unis.

La Chine, nouvelle superpuissance culturelle ?

Dans les premières années suivant son installation au pouvoir en 1949, le Parti communiste chinois semble presque absent de la diplomatie culturelle. En revanche, il est présent sur le front de la diplomatie publique, à travers la publication de journaux faisant la promotion du régime à l'étranger, en particulier pour présenter la Chine continentale comme la seule légitime face à Taïwan, stratégie similaire à celle de la doctrine Hallstein. L'un des instruments les plus importants de cette diplomatie publique est Radio Beijing. Dès 1951, celle-ci émet dans les pays limitrophes, mais aussi en Afrique à partir de la décolonisation. Elle diffuse alors en anglais et en français dans les pays des anciens empires, mais aussi, à partir du milieu des années 1960, en swahili, haoussa, portugais et arabe[17]. Cette diffusion reste cependant limitée.

La fin des années 1970 marque un premier frémissement dans le développement de la diplomatie culturelle chinoise : après la mort de Mao Zedong, le pays commence à s'ouvrir aux échanges. En janvier 1979, la Chine et les États-Unis signent un programme de coopération culturelle, qui permet à la Chine d'intégrer le programme Fulbright : au terme de cet accord, des séjours de chercheurs et de professeurs étatsuniens reprennent pour la première fois depuis 1949, tandis que des boursiers chinois vont aux États-Unis, et que des manifestations culturelles sont prévues dans les deux pays, sous forme d'expositions, de tournées ou d'échanges de livres[18]. Par ailleurs, en 1983, le ministère des Affaires étrangères chinois ouvre un département de l'Information. Enfin, la Chine communiste commence à s'intéresser à la diplomatie sportive : l'épisode de la diplomatie du ping-pong, qui a permis de médiatiser le rapprochement sino-étatsunien dans les années 1970, a montré aux officiels chinois l'effet d'image que pouvait avoir l'utilisation du sport. En 1979, Beijing rejoint le mouvement olympique et participe pour la première fois aux Jeux d'hiver en 1980, ainsi qu'aux Jeux d'été en 1984. Cette année-là, la ville est pour la première fois candidate à l'organisation des Jeux, un processus qui mène à son élection en 2001 pour accueillir les Jeux de 2008.

Mais il faut attendre les années 2000 pour voir la cristallisation d'une diplomatie culturelle chinoise et son intégration à une stratégie globale de rayonnement mondial. Plusieurs éléments montrent l'importance de cette décennie : d'accord la création de l'Institut Confucius en 2004 ; mais également l'adoption de la stratégie dite du « *soft power* » par le Parti communiste en 2007 ; et enfin, le lancement du slogan du « rêve chinois » par Xi Jinping en 2012. Avant de rentrer dans le détail des actions entreprises, il faut dire un mot de l'adoption de la stratégie du « *soft power* ». Si le gouvernement étatsunien n'a guère écouté Joseph Nye dans les années 1990, comme on l'a vu, en revanche, la notion de « *soft power* » a très vite intéressé le gouvernement chinois à la recherche d'une manière de corriger son image internationale après la répression des manifestations de la place Tienanmen entre avril et juin 1989, réprimées dans le sang par le pouvoir chinois. Pour redorer son image, la Chine met les bouchées doubles : en 1991 est créé un State Council Information Office ; quelques années plus tard, en 1999, le président Jiang Zemin appelle à la mise en place d'une forte politique d'influence. À partir de là, les initiatives se multiplient, sous la double houlette du Parti communiste (à travers le département central de la Propagande) et du State Council Information Office. C'est dans ce contexte que la Chine s'intéresse à la notion de « *soft power* », alors en plein débat aux États-Unis. Le livre de Nye a été traduit dès 1992 et a fait l'objet de nombreux commentaires dans les cercles académiques et politiques chinois. En 2006, Hu Jintao souligne que l'influence mondiale de la Chine doit être acquise à travers le « *hard* » et le « *soft power* », et le 11e plan quinquennal (2006-2010) consacre un chapitre entier à la culture dans sa stratégie globale, encourageant notamment le développement des industries culturelles. En 2007, au 17e Congrès du Parti communiste, le « *soft power* » est promu au rang de stratégie officielle de la politique d'influence chinoise[19] : celle-ci se veut fondée sur l'intention pacifique, et la volonté de « construire un monde harmonieux[20] ». Alors que Deng Xiaoping recommandait de rester humble sur la scène internationale et de ne pas chercher brutalement à imposer un modèle chinois, l'adoption de la stratégie du « *soft power* » montre clairement que la Chine est entrée dans une nouvelle ère. La formulation de cette stratégie doit être comprise dans la perspective d'une volonté de la Chine de se poser en concurrente des États-Unis, et d'une certaine façon, de reprendre la stratégie qui avait fait le succès de ces derniers au XXe siècle : l'usage de la culture et la promotion de l'*American way of life*. Au cours des années 1990, alors que l'image internationale des États-Unis se dégrade, le pouvoir chinois fait l'analyse qu'il y a désormais de la place pour une politique d'influence chinoise, notamment pour contrebalancer l'influence étatsunienne dans le monde. Et plus les États-Unis abandonnent le « *soft power* » au cours des années 2000 et 2010, plus la Chine reprend cette stratégie à son compte. À ce moment, le modèle chinois qui associe pouvoir totalitaire et économie de marché, fait plus recette auprès des pays du tiers monde que le modèle étatsunien associant l'économie de marché à la démocratie. La stratégie du « *soft power* » s'inscrit donc dans la volonté de promotion du « Consensus de Beijing » contre le « Consensus de Washington ».

La décennie 2000 est marquée par la multiplication des initiatives. Dans le domaine de la diplomatie publique, le *Quotidien du Peuple* est disponible en ligne à partir de 1997, puis traduit dans différentes langues : russe, arabe, anglais, espagnol, français, japonais, etc. Quant à *China Daily*, quotidien en langue anglaise créé en 1981 par le département central de la Propagande du Parti, il est présent sur le web dès 1995. En 2000, la chaîne de télévision China Central Television lance des versions anglaise, espagnole et française. Afin d'être visible à l'étranger, elle signe des accords avec des groupes médias tels que Fox News. Enfin, Radio Chine internationale, nouveau nom de Radio Beijing, accroît sa diffusion internationale, en Asie, mais aussi en Afrique[21].

Mais le fer de lance de la diplomatie culturelle chinoise est l'Institut Confucius créé en 2004. La Chine s'inscrit ici dans la généalogique des instituts à l'étranger dont l'Alliance française, le British Council ou l'Institut Goethe ont donné l'exemple depuis longtemps. La diplomatie linguistique devient un des piliers de la stratégie chinoise. Le choix du nom ne doit rien au hasard : Confucius a été réhabilité sous Deng Xiaoping. L'ordre et l'harmonie qui sont au centre de sa pensée correspondent à la stratégie pacifiste mise en avant par le régime, ainsi qu'à la notion de « *soft power* », puisque Confucius affirmait déjà que le rayonnement d'un royaume doit reposer sur sa force morale plutôt que la force militaire. L'Institut est placé sous la direction du Hanban, bureau national pour l'enseignement du chinois en langue étrangère, lui-même partie intégrante du ministère de l'Éducation. En 2020, son organisation est modifiée, avec la création d'une Fondation chinoise pour l'éducation internationale rattachée au ministère de l'Éducation, et recevant des fonds d'universités et d'entreprises pour financer ses antennes à l'étranger. On retrouve ici l'écheveau d'organisations publiques et privées caractéristique de la diplomatie culturelle.

L'objectif de l'Institut Confucius est de développer l'enseignement du chinois à l'étranger en formant des étudiants et des enseignants ; il consiste aussi à promouvoir la culture chinoise ; et enfin, il doit contribuer à l'ouverture internationale des universités chinoises et à leur attractivité, à la fois en facilitant les séjours d'étudiants chinois à l'étranger, mais aussi en accueillant des étudiants en Chine. C'est la raison pour laquelle les antennes de l'Institut sont créées au sein des universités, dans le cadre d'accords de partenariat qu'elles signent avec le gouvernement chinois. Cette stratégie sera mise en œuvre tout au long des années 2000 et 2010. Elle accompagne le processus de modernisation et d'internationalisation des universités chinoises, qui s'accélère au cours de cette période : en 2003, les étudiants étrangers sur le territoire étaient au nombre de 77 000 ; en 2018, ce chiffre monte à 490 000, venus de 196 pays[22]. Tout cela s'inscrit dans une politique visant à créer des universités de classe mondiale qui va être renforcée avec la mise en place en 2013 de la Belt and Road Initiative, dite des Nouvelles routes de la soie. On comprend mieux l'originalité de la stratégie chinoise par rapport aux Alliances françaises ou aux British Councils, qui étaient distincts des universités, alors que les instituts Confucius sont insérés dans les campus. D'une certaine façon, ils combinent diplomatie universitaire et diplomatie linguistique qui appartiennent, dans les cas français, anglais ou allemand, à deux secteurs distincts. Leur croissance est rapide : en 2019, on compte 548 instituts et 1 193 classes dans 154 pays, 47 000 enseignants et 2,67 millions d'étudiants dont 810 000 en ligne[23].

La diplomatie culturelle chinoise investit aussi d'autres domaines. Un bon exemple est celui de l'Opéra de Beijing. En 2010, après une campagne menée par la Commission nationale chinoise pour l'Unesco, l'Opéra est inscrit au patrimoine culturel immatériel. Dans les années suivantes, il effectue de nombreuses tournées à l'étranger : en 2012, il donne des représentations à Vienne, Prague et Budapest, mais aussi en Allemagne et en Italie ; l'année suivante, il est au Brésil ; en 2014 aux États-Unis, en Russie et en France ; en 2015 en Suisse, et en 2017 en Allemagne et en Russie[24]. Mais c'est peut-être le domaine de la diplomatie sportive qui, après les instituts Confucius, a fait l'objet de la plus grande attention de la part du régime. Dès 1984, Beijing a été candidate pour l'année 2000, puis ce sont finalement les Jeux de 2008 qui lui ont été attribués. L'événement permet non seulement de montrer au monde entier le chemin parcouru depuis la révolution culturelle. Il est aussi un moyen de contrebalancer l'image négative liée à la répression des manifestations de la place Tienanmen et des opposants tibétains, ou encore à la persécution des Ouïghours dans le Xinjiang. La Chine investit d'énormes moyens financiers pour organiser la compétition. Elle met aussi en place une importante campagne de communication, mobilisant aussi bien des stars du cinéma (l'actrice Zhang Ziyi) ou du sport (le basketteur Yao Ming), mais aussi la figure de Confucius, très présent lors de la cérémonie d'ouverture. À l'issue des Jeux, la Chine termine première au tableau des récompenses, avec cent médailles dont quarante-huit en or contre trente aux États-Unis, arrivés en deuxième position.

Cet arsenal de diplomatie culturelle a-t-il réussi à transformer l'image de la Chine ? Autrement dit, la stratégie du « *soft power* » est-elle un succès ? Le bilan que l'on peut en dresser en 2025 est mitigé. S'il est difficile de se prononcer sur l'impact en Asie et en Afrique, en revanche, dans les pays occidentaux, la stratégie ne semble pas avoir eu l'impact espéré.

C'est le cas avec les instituts Confucius. Derrière les chiffres impressionnants, la situation sur le terrain apparaît rapidement problématique. D'une part, le gouvernement chinois a du mal à recruter des professeurs : dans les pays hôtes, il est difficile d'en trouver qui veuillent enseigner dans les instituts ; et en Chine, les enseignants sont réticents à s'expatrier. Mais surtout, les conditions de création des instituts sont opaques, les accords entre le gouvernement chinois et les universités n'étant pas rendus publics. Par ailleurs, le contenu des manifestations organisées par les instituts fait rapidement l'objet de contestations. Les sujets politiquement sensibles (Ouïghours, Taïwan, Tienanmen, Tibet) sont systématiquement absents des programmes. Enfin, les instituts sont soupçonnés d'être des officines d'espionnage. Aux États-Unis, le FBI mène des enquêtes, et en 2018, le US National Defense

Authorization Act promulgué par l'administration Trump interdit au département de la Défense de financer des programmes d'enseignement du chinois donné par un institut Confucius, ou simplement dans une université où se trouve un institut. Il s'ensuit que de nombreuses universités décident de fermer leur institut afin de continuer à bénéficier du financement du département de la Défense. Au total, sur 103 instituts aux États-Unis en 2017, il n'en resterait plus que 16 en 2022.

En Europe, on assiste à un mouvement similaire : la Belgique ferme son institut en 2019, la Suède et le Danemark font de même en 2020, ainsi que la Norvège en 2021 ; en 2020, un député hollandais demande au Parlement européen la fermeture de tous les instituts en Europe. L'année suivante, le ministère de l'Éducation allemand demande aux universités de cesser leurs coopérations avec les instituts. En France, où le premier a été créé en 2005, ils font l'objet en 2021 d'un rapport du Sénat qui pointe leur rôle de relais de la politique d'influence chinoise, mais ne préconise pas une fermeture généralisée, tout en recommandant une vigilance accrue, en particulier pour les obliger à respecter les libertés académiques[25]. Les rédacteurs du rapport ajoutent par ailleurs que, dans le cas français, l'objectif des instituts est en-deçà de ce qui était espéré par le Hanban, et que de ce point de vue, ils doivent être considérés comme un semi-échec. À l'échelle internationale, c'est aussi l'image qui se dégage au début des années 2020 : outre le fait que des instituts ont été fermés dans de nombreux pays, les polémiques auxquelles ils ont donné lieu ont contribué à détériorer l'image de la Chine plutôt qu'à l'améliorer. C'est ce que suggèrent des sondages réalisés aux États-Unis, selon lesquels 51 % des Étatsuniens avaient une vision positive de la Chine en 2011, un chiffre qui descend à 38 % en 2018, tandis qu'en 2021, 79 % d'entre eux auraient une vision négative. Bien entendu, cette évolution n'est pas seulement une conséquence des polémiques liées aux instituts, mais elle montre que l'image de la Chine reste négative dans une majorité de la population, en dépit de la stratégie de « *soft power* » déployée depuis 2007. Il en est sans doute de même en Europe. En revanche, il est plus difficile de savoir quelles images renvoient les instituts en Afrique et en Asie. Au total, si l'on prend pour critère l'image du pays, le bilan de la diplomatie culturelle chinoise au début des années 2020 apparaît mitigé. L'image internationale est incontestablement meilleure que dans les années 1990. Mais a-t-elle pour autant réussi à rendre le « rêve chinois » désirable ? On peut en douter.

« Cool Japan »

Si la diplomatie culturelle japonaise existe depuis le début des années 1970, elle prend une autre dimension à la charnière des années 1990 et 2000, en déployant une nouvelle stratégie appuyée sur un usage massif des industries culturelles et de la pop culture[26]. Depuis sa reconstruction, le Japon a peu investi dans le militaire, mais beaucoup dans l'électronique grand public et les industries culturelles, développant des groupes de taille mondiale (Sony, Matsushita) qui, dans les années 1980 rachètent des producteurs de contenus étatsuniens : en 1987, Sony rachète la compagnie discographique CBS, et deux ans plus tard la société cinématographique Columbia. Mais surtout, les studios japonais de cinéma et de télévision, notamment le cinéma d'animation, exportent massivement leur production à partir des années 1980. En 2003, le ministère de l'Économie, du Commerce et de l'Industrie (MITI) estime que 65 % de la production du cinéma d'animation mondial vient du Japon[27]. Sans parler des jeux vidéo, qui dominent le marché mondial également.

Le succès de ces productions, en particulier dans certains pays qui avaient subi l'invasion japonaise, contribue à un changement de l'image du Japon, ce que les initiatives politiques et culturelles gouvernementales n'avaient pas réussi à faire auparavant. Ceci explique, en dehors de l'intérêt économique, pourquoi le gouvernement va intégrer la pop culture dans une diplomatie culturelle renouvelée qui est, indissociablement, une diplomatie économique. En 1991, le ministère des Affaires étrangères et le ministère des Postes et Télécommunications établissent le Japan Media Communication Center et débloquent des fonds pour favoriser l'exportation des programmes télévisés dont le succès dans les pays limitrophes grandit. Mais il faut attendre 2003 pour que la Japan Foundation formalise cette stratégie purement économique en stratégie de diplomatie culturelle, déclarant cette année sa volonté de miser sur la culture à l'avenir. Et en 2005, le gouvernement met en place la stratégie « Japan's 21st century vision », dont la pop culture est le pilier, en particulier les mangas et le cinéma d'animation. Il se passe un phénomène relativement similaire à celui du Brésil, avec une forme culturelle populaire d'abord mal vue des autorités politiques japonaises qui considèrent qu'elle nuit à l'image internationale du pays (le cinéma d'animation et les mangas ont alors mauvaise réputation), avant de se rendre compte que son succès est au contraire un atout.

En 2006, le ministère des Affaires étrangères formule officiellement la stratégie de la « pop culture diplomacy[28] ». La culture vient désormais s'adosser à une stratégie de conquête des marchés extérieurs. C'est à ce moment que l'expression de « *Cool Japan* » commence à se répandre dans le débat public, mais il faut attendre 2010 pour que le terme devienne une stratégie officielle du gouvernement, avec la création par le ministère du Commerce extérieur d'un bureau de la promotion du « *Cool Japan* », et, en 2013, du Cool Japan Fund Inc. D'autres signes confirment que la décennie 2000 est un moment charnière : en 2007, le ministère lance la première édition de l'International Manga Award[29], concours destiné à récompenser des mangas étrangers, faisant ainsi du manga japonais une production de référence internationale.

Dix ans plus tard, en 2016, il compte près de 300 participants de 55 pays, et c'est l'ouvrage *Le Maître d'armes*, écrit et dessiné par les Français Joël Parnotte et Xavier Dorisson, publié par l'éditeur belge Dargaud, qui remporte le concours, dont la cérémonie a lieu à l'université Meiji de Tokyo. De même, en 2008 est créé l'Anime Ambassador Project, qui utilise des mascottes issues de la culture manga pour valoriser l'image du Japon à l'étranger : le premier est le chat-robot Doraemon. La même année, le gouvernement promeut le personnage d'Hello Kitty au rang d'ambassadrice du tourisme japonais.

Le gouvernement n'abandonne pas pour autant la diplomatie culturelle classique. Le théâtre Nô en est un bon exemple. À la suite du don d'une scène de théâtre Nô à la ville d'Aix-en-Provence par le maître japonais Tanshu Kano en 1992, celle-ci devient un rendez-vous international des amateurs, et à partir de 2008, des rencontres culturelles franco-japonaises y sont organisées, avec le soutien du ministère des Affaires étrangères japonais. En 2018, la manifestation « Japonismes 2018 », organisée par le ministère, se déroule sur huit mois entre juillet 2018 et février 2019, et connaît un grand succès avec 3,5 millions de visiteurs à ses différents événements, dont des expositions d'art japonais, représentations de théâtre traditionnel et contemporain, projections de films, conférences sur la culture japonaise, présentations d'arts traditionnels ou de cuisine japonaise[30], dans de nombreux lieux, dont la Maison de la culture japonaise à Paris (inaugurée en 1997).

Les programmes d'échanges sont un autre exemple, ainsi du Japan Exchange and Teaching Program (JET), créé en 1987[31] pour améliorer l'enseignement des langues étrangères au Japon : en 2016, ses associations d'*alumni* comptent près de 30 000 membres à travers le monde. On mentionnera aussi les Cultural Projects of the Diplomatic Missions Overseas, qui consistent à combiner la présentation des formes traditionnelles du Japon avec les formes les plus modernes. Par ailleurs, la Japan Foundation, en collaboration avec le ministère des Affaires étrangères, développe la formation de professeurs de japonais à l'étranger. Pour ce faire, elle s'appuie sur un réseau d'instituts culturels : la Japan Foundation gère en 2025 vingt-six centres culturels dans vingt-cinq pays, dont l'Australie, l'Égypte, la France, les États-Unis, l'Italie, la Grande-Bretagne, le Mexique, le Cambodge ou encore la Thaïlande[32]. D'après ses estimations, en 2015, ce sont 3,65 millions de personnes dans 137 pays qui apprennent le japonais. S'y ajoutent les multiples initiatives menées dans le cadre du Japan Brand Program ou des Cultural Projects of Diplomatic Missions Overseas : conférences, festivals, présentations de formes traditionnelles japonaises (cérémonie du thé, arts martiaux...). Enfin, la diplomatie sportive fait aussi partie du répertoire d'actions, avec l'accueil des Jeux olympiques à Tokyo en 2020, tenus l'année suivante en raison de la pandémie mondiale de Covid-19. La diplomatie culturelle japonaise a ainsi contribué à renouveler le répertoire d'actions classique en intégrant pleinement les industries culturelles, ce qui a pour effet de créer une force de frappe impressionnante. Et l'on peut dire qu'elle a réussi à changer l'image du Japon depuis 1945, non seulement dans les pays occidentaux, où le regard condescendant vis-à-vis de ce pays a disparu, mais aussi dans les pays voisins autrefois rétifs à la culture japonaise, mais où elle a réussi à s'imposer.

La « *Hallyu* » sud-coréenne

Le développement de la diplomatie culturelle sud-coréenne suit un schéma similaire à celui du Japon, en particulier en raison du rôle qu'y jouent les industries culturelles. Cette diplomatie a pour origine la crise économique asiatique de 1997, qui aboutit à la dérégulation économique du pays et à son intégration à l'économie mondiale, mais aussi, en même temps, à la stimulation du nationalisme culturel qui s'émancipe définitivement de la double tutelle japonaise et étatsunienne pour devenir un exportateur net de produits culturels. La presse, l'industrie du jeu vidéo, de la musique, de la télévision et du cinéma, se développent considérablement dans les années qui suivent. Elles ne partent pas de rien : l'exportation des séries coréennes a commencé au début des années 1990. Mais après 1997, la stratégie consistant à miser sur les industries culturelles (notamment la musique et l'audiovisuel) est systématisée pour relever la balance commerciale[33], et dès 1998 le terme de « *Hallyu* » (vague coréenne) apparaît en Chine, pour s'inquiéter de cette soudaine concurrence[34]. La Corée du Sud a développé en effet au cours de la décennie 1990 des grands conglomérats industriels (appelés *chaebols*), notamment dans l'électronique, les télécommunications et l'audiovisuel (Samsung, LG, SK, Daewoo). Grâce aux investissements gouvernementaux, l'industrie de la culture devient en quelques années un poids lourd de l'économie coréenne et donne naissance à de nombreuses sociétés spécialisées, notamment dans la musique, telles que SM Entertainment (1995), YG Entertainement (1996), JYP Entertainement (1997) et BigHit Music (2005). Mais il faut aussi mentionner, pour le cinéma, Studio Dragon Corporation, ou, pour la télévision, le groupe public Korean Broadcasting System, ainsi que Muhwa Broadcasting Corporation et Seoul Broadcasting System. Grâce à leur intégration dans les *chaebols*, l'industrie musicale et celle du cinéma deviennent au cours des années 2000 parmi les plus importantes du monde.

Cette croissance industrielle et cette stratégie économique sont rapidement formalisées en diplomatie culturelle par le gouvernement coréen. En 1999 est créé le Korean film Council (KOFIC), organisme gouvernemental pour soutenir le cinéma sur le plan national et international. Il soutient le développement du Festival international du film de Busan créé en 1996. En 2001 est créée la Korea Culture and Contents Agency (KOCCA)[35], agence gouvernementale destinée à superviser le développement de cette diplomatie économico-culturelle dont l'objectif est d'atteindre le « top 5 » des pays ayant des industries culturelles mondiales. Et en 2009 s'y ajoute le Presidential Council on Nation Branding (PCNB), qui a pour mission de valoriser notamment le cinéma et la musique sur le plan international[36]. Les deux agences ont pour missions de coordonner l'ensemble des acteurs publics et privés opérant dans le domaine de la production culturelle, notamment le ministère des Affaires étrangères, mais aussi la Korean Tourism Organisation (KTO) et ministère du Tourisme, des Sports et de la Culture. Une synergie se développe ainsi rapidement : en 2011, le ministère des Affaires étrangères créé le K-pop World Festival en collaboration avec le ministère de la Culture et du Tourisme et le Korean Broadcasting System ainsi que le réseau des ambassades, mais aussi avec les communautés de *fans* de K-pop dispersées dans le monde. Il s'agit d'une manifestation décentralisée consistant à organiser des compétitions de groupes dans plusieurs pays (16 lors de la première édition, 70 en 2014), avant que la finale ayant lieu en Corée du Sud ne récompense le groupe vainqueur.

Toutes ces initiatives se traduisent par une diffusion croissante des produits culturels coréens à l'étranger : les séries télévisées (K-dramas), de *Winter Sonata* (2002) à *Squid Game* (2021) ; ou encore la K-pop, avec le succès mondial de groupes tels que Blackpink ou BTS. Ceux-ci s'exportent d'abord en Asie, puis, à partir des années 2010, en Europe et aux États-Unis. Mais cela concerne aussi le cinéma de long métrage, qui acquiert une visibilité internationale grâce à des récompenses dans les festivals prestigieux : *Pietà* (Kim Ki-duk) remporte le Lion d'or à la Mostra de Venise en 2012, et *Parasite* (Bong Joon-ho) la Palme d'or au Festival de Cannes et 2019 puis l'Oscar du meilleur film 2020. Le succès de toutes ces formes est rapide, puisqu'entre 2005 et 2011, les profits nés de l'exportation des biens culturels ont été multipliés par trois[37]. Au début des années 2020, la Corée du Sud représente « plus de 10 % du marché des jeux vidéo (4e rang mondial), plus de 3 % du marché des films (9e rang), 3 % du marché de l'édition (8e rang), et 1,5 % du marché télévisuel (13e rang)[38] ».

Comme dans le cas japonais, l'accent mis sur la pop culture n'empêche pas la continuation d'initiatives classiques en matière de diplomatie culturelle. Dès 1991 a été créée la Korea Foundation, agence paragouvernementale placée sous l'égide du ministère des Affaires étrangères pour développer les échanges internationaux. Ses activités sont multiples. En premier lieu, elle crée des programmes de bourses pour attirer des étudiants étrangers, et promeut les études coréennes dans le monde : entre 1991 et 2024, elle a participé à la création de chaires de professeurs d'études coréennes dans plus d'une centaine d'universités. Elle a soutenu notamment le développement du Korea Institute de l'université de Harvard en 1993 (qui s'est séparé du Fairbank Center for East Asian Research), du Center of Korean Studies de l'université de Londres (créé en 1987), ou encore de l'Institute of Korean Studies de la Freie Universität Berlin (créé en 2008). Elle organise aussi des expositions d'art en liaison avec des institutions muséales internationales telles que le Brisith Museum, le musée Guimet ou le Metropolitan Museum. Entre 1991 et 2024, elle a organisé un millier d'expositions dans 28 pays, par exemple en 2024 l'exposition « Lignage : Korean Art at the MET ». De son côté, en 2009, le Korean Culture and Information Service (division du ministère de la Culture et du tourisme) ouvre ses premiers centres culturels à l'étranger. En 2024, on en compte 37 dans 30 pays, la plupart situés en Asie, Europe et Amérique du Nord, mais aussi au Brésil, en Argentine, au Nigeria et en Égypte[39]. Comme dans tous les centres culturels, on y organise des conférences, des événements variés, mais aussi des cours de Coréen, sans compter la présence presque systématique d'une bibliothèque. Par ailleurs, les postes consulaires et les ambassades placées sous l'autorité du ministère des Affaires étrangères sont aussi des supports d'organisation de la diplomatie culturelle coréenne : en 2024, on y a organisé des « semaines coréennes » dans 150 pays, qui mettent en scène des pratiques aussi variées que la cuisine, la K-pop, le taekwondo ou la mode vestimentaire. La diplomatie sportive n'est pas absente, puisqu'en 1988, le pays a accueilli les Jeux olympiques de Séoul, et qu'en 2000, le taekwondo a été promu sport olympique. Comme le Japon, la Corée du Sud possède en ce début de XXIe siècle une diplomatie culturelle très complète.

Dès ses débuts, elle a également fait un usage intensif des nouvelles technologies, et l'on peut faire l'hypothèse que celles-ci jouent un rôle important dans la modification de la hiérarchie mondiale des diplomaties culturelles, car elles expliquent en partie l'ascension éclair de pays comme la Corée du Sud, comme du Japon, dans ce domaine. La mondialisation de la *Hallyu* est en effet largement fondée sur les dispositifs numériques : Internet à haut débit, smartphones, médias digitaux, plateformes de streaming et de jeux en ligne, messageries instantanées, etc. Si le gouvernement coréen n'a pas créé ce mouvement, il l'a incontestablement favorisé et intégré à sa stratégie de « *nation branding* » : dès le milieu des années 2000, il accorde des subventions à des consortiums pour produire du contenu spécifique aux dispositifs numériques (téléphones portables, plateformes). Mais il utilise aussi les médias digitaux comme instrument de communication culturelle. À partir du début des années 2010, le ministère des Affaires étrangères investit les supports digitaux pour promouvoir la culture coréenne : Facebook, Twitter et Youtube sont mis à contribution. Mais surtout, au printemps 2021, le ministère de la Science et des Technologies de l'information lance en collaboration avec plusieurs grandes entreprises (notamment SK, géant des télécoms) un projet de création de métavers. Il s'agit de la première tentative d'un État de créer un métavers et, qui plus est, d'en faire un instrument de promotion culturelle à l'international. Au cours de l'année 2021, plusieurs plateformes virtuelles sont mises en place : l'entreprise Hybe, qui gère la carrière du groupe de K-pop BTS, lance Weverse, une plateforme destinée à la communication entre les *fans* mais aussi à l'achat de produits coréens, qu'il s'agisse de musique, de séries télévisées, de cosmétiques ou encore de vêtements. Avec 6,8 millions d'utilisateurs, cette plateforme est active dans 200 pays[40]. De son côté, SK Telecom, la plus grande compagnie de télécommunications du pays, a lancé un métavers consacré à la K-pop et ouvert aux *fans* du monde entier. Et en novembre 2021, le ministère de la Culture, du Sport et du Tourisme et le Service coréen de la culture et de l'information (KOCIS) ouvrent une exposition virtuelle intitulé *Korea World* destiné à valoriser les créations réalisées par les *fans* du monde entier autour de la culture coréenne, et à faciliter leur interaction par l'intermédiaire d'un avatar[41]. En s'appuyant sur le principe du métavers, la Corée du Sud entend favoriser l'internationalisation et l'appropriation de sa culture par les étrangers grâce à de nouvelles méthodes. L'avenir dira si cette solution marche. Il reste qu'elle est une nouvelle étape de la diplomatie culturelle et économique lancée par le pays.

Les nouvelles ambitions turques

L'émergence de la diplomatie culturelle turque est une conséquence de la fin de la guerre froide. Auparavant, le pays est peu actif en la matière. Mais la décomposition de l'URSS et la création de six pays musulmans et turcophones dans son voisinage immédiat ouvrent des horizons au gouvernement turc, qui décide de renforcer son influence culturelle dans la région au cours de la décennie 1990, avec le soutien des États-Unis, qui considèrent alors la Turquie comme une puissance de stabilisation dans la région et une vitrine du modèle occidental dans une région en voie de désoviétisation. Il s'agit dans l'immédiat d'une diplomatie culturelle limitée aux six ex-républiques soviétiques : Turkménistan, Kirghizistan, Kazakhstan, Ouzbékistan, Tadjikistan et Azerbaïdjan. La mise en place d'initiatives dans cette région constitue le premier moment de développement de la diplomatie culturelle turque.

L'organisation des actions est confiée à deux agences[42] : l'Agence de coopération turcophone (TIKA), créé en 1992 pour coordonner l'ensemble des actions du gouvernement turc avec les nouveaux pays indépendants ; et un an plus tard, l'Agence de coopération culturelle turcophone (TURKSOY), qui se veut un « Unesco du monde turc[43] », et dont l'objectif est de travailler à développer les relations entre les républiques turcophones pour favoriser une unification culturelle et linguistique de cet ensemble géographique, dans une perspective qui n'est pas sans rappeler la diplomatie panafricaniste du Sénégal. Ces nouvelles institutions viennent s'ajouter à deux institutions existantes, mais dont l'activité était alors limitée à l'intérieur des frontières : le Conseil de l'histoire (Türk Tarih Kurumu), créé en 1938, et l'Institut de la langue turque (Türk Dil Kurumu), créé en 1932. La chute de l'Empire soviétique leur permet d'élargir leur périmètre d'action à l'ensemble du monde turcophone. On pourra y ajouter Radio Ankara, devenue en 1963 la Voix de la Turquie, dont les émissions à l'étranger étaient d'abord limitées à la diaspora turque, notamment en Allemagne, mais qui peut désormais toucher un nouveau public dans ces pays. Autrement dit, la Turquie commence à mettre sur pied dans les années 1990, sous la double houlette du ministère de la Culture et du tourisme, et du ministère des Affaires étrangères, un arsenal de diplomatie culturelle.

Les activités sont nombreuses. Elles portent d'abord sur la langue. Dès 1991, les organismes turcs élaborent un projet d'alphabet commun à tous les pays du monde turcophone, fondé sur l'alphabet latin que la Turquie utilise depuis 1926. Un sommet se tient alors à Ankara avec des représentants des ex-républiques soviétiques, et en 1993, la Turquie et les six républiques signent une convention pour l'harmonisation des alphabets, accompagnée de subventions turques et d'envoi de manuels, de machines à écrire et de professeurs, le tout coordonné par la TIKA. Mais l'initiative se solde par un échec : le Kazakhstan et le Kirghizstan préfèrent conserver l'alphabet cyrillique, tandis que le Turkménistan et l'Ouzbékistan choisissent d'élaborer leur propre alphabet. Au final, seul l'Azerbaïdjan adoptera l'alphabet turc[44].

En revanche, la promotion de la langue turque dans les six républiques rencontre plus de succès : la TIKA supervise à la fin des années 1990 la construction d'écoles mais aussi l'envoi de professeurs et l'octroi de bourses à des étudiants turcophones pour étudier en Turquie ; elle finance aussi des universités sinistrées après la chute de l'URSS, au Kazakhstan, en Ouzbékistan et en Azerbaïdjan. Ce dernier pays fait l'objet d'une attention particulière avec, en 1997, la création d'un programme d'échange avec la Turquie. Les financements continuent au cours des années 2000, puisqu'en 2018, la Turquie a contribué à l'équipement de l'université d'Architecture et de Construction d'Azerbaïdjan[45]. On notera que l'intervention de la Turquie dans le domaine éducatif concerne aussi la religion : le Directorat des affaires religieuses turc crée des écoles coraniques dans les républiques turcophones et s'attache à réorganiser le système religieux de ces pays sur le modèle turc.

Dans le domaine de l'histoire et de l'archéologie, la Turquie a également été très active pour développer les recherches tendant à montrer une histoire commune entre elle et les pays de la région, notamment via la distribution par la TIKA de manuels scolaires aux pays voisins, mais aussi à travers le lancement de fouilles archéologiques supervisées par la TIKA, qui finance la mise à jour des monolithes gravés de la vallée d'Orkhon en Mongolie, censés montrer l'origine commune des peuples turciques. Le site a été présenté par la commission nationale turque pour le classement au patrimoine mondial de l'Unesco, qu'elle a obtenu en 1984.

La deuxième étape du développement de la diplomatie culturelle turque a lieu dans les années 2000. Elle se caractérise par un élargissement du répertoire d'actions, et notamment la mobilisation des industries culturelles et médiatiques, mais aussi par un élargissement géographique. L'arrivée de l'AKP au pouvoir est déterminante dans cette évolution. L'objectif de la Turquie est alors de devenir une puissance régionale, et de donner l'image d'un pays fort et stable, mais aussi de revivifier l'aura et le rayonnement de l'Empire ottoman, en profitant de sa position à mi-chemin entre Europe et Asie. Le nouveau Premier ministre Recep Tayyip Erdogan est alors d'avis que depuis la mise en place du régime kémaliste en 1923, la Turquie a trop mis l'accent sur les liens avec la première au détriment des voisins orientaux, et qu'il est temps de rééquilibrer. Ce que l'on qualifie parfois de « néo-ottomanisme » se caractérise, du point de vue de la diplomatie culturelle, par une intensification des activités internationales, qui franchit encore un pas avec l'arrivée au ministère des Affaires étrangères de l'universitaire Ahmet Davutoglu en 2009, qui théorise la stratégie néo-ottomane de la Turquie.

Celle-ci va beaucoup s'appuyer sur les médias audiovisuels, profitant des innovations technologiques développées au cours des années 1990, notamment la télévision par satellite et la technologie numérique. La Turquie a lancé son premier satellite en 1994, et possède à partir de 2004 un opérateur national de télécommunications avec Türksat. L'Agence de coopération turcophone utilise le satellite pour diffuser des émissions dans les ex-républiques soviétiques turcophones, puis, à partir du début des années 2000, en systématise l'utilisation dans le cadre de l'élargissement de sa diplomatie culturelle et de l'accent mis sur l'exportation des contenus télévisuels. L'État soutient financièrement les chaînes de télévision privées et les sociétés de production de séries télévisées. Il s'appuie pour cela sur TRT, la radiotélévision turque publique créée en 1964. En 2009, celle-ci lance TRT Avaz, qui émet des programmes à destination des populations turcophones, puis en 2010 TRT El-Arabiya, première station de télévision à émettre exclusivement dans une autre langue que le turc, en l'occurrence l'arabe. Quant à TRT Global, lancée en 2008, elle émet d'abord en turc, mais développe ensuite sa palette linguistique, proposant en 2020 des émissions dans trente langues.

Les séries télévisées deviennent un des outils privilégiés de la diplomatie culturelle turque. Aux yeux des responsables politiques, en effet, elles sont des outils de politique étrangère qui mettent en avant les valeurs turques, le passé ottoman ainsi que l'islam, en rupture avec la laïcité de l'époque kémaliste. Grâce à la technologie satellitaire, ces séries ont une très large diffusion, que ce soit dans les pays arabes ou dans l'ensemble du bassin méditerranéen, mais aussi en Amérique latine, en Chine, au Pakistan, au Bengladesh et en Inde. Grâce à sa politique volontariste associant soutien à la création et politique de diffusion satellitaire, la Turquie est devenue au cours des années 2010 le deuxième exportateur mondial de séries télévisées, derrière les États-Unis, mais devant la Corée du Sud. Ses productions sont présentes dans 140 pays pour 400 millions de téléspectateurs.

Mais si leur succès est important, il ne se traduit pas nécessairement par une amélioration de l'image de la Turquie. Le cas grec, où les séries turques se sont considérablement diffusées depuis les années 2010, est révélateur : si elles ont beaucoup de succès, l'image de la Turquie en Grèce n'en est pas améliorée pour autant. Les spectateurs, et surtout les spectatrices, peuvent aimer ces séries bien réalisées techniquement, avec des acteurs au physique avantageux, au rythme narratif bien fait, aux thématiques universelles (amour, désir, ambition, vengeance, argent...), et aux histoires mélodramatiques, mettant en avant les valeurs familiales et les « rôles de genre traditionnels, qui les différencient de leurs concurrents américains[46] », l'image de la Turquie reste négative en Grèce. Cet exemple confirme que la notion de « *soft power* », si elle est légitime pour désigner une stratégie des acteurs de la diplomatie culturelle, n'est pas opérationnelle dès lors qu'il s'agit d'analyser son déroulement et surtout son impact. Si stratégie de « *soft power* » il y a de la part du gouvernement turc, celle-ci ne se traduit pas dans la réalité : l'image de la Turquie ne s'améliore pas, les séries télévisées ne suffisant pas à passer par-dessus les contentieux historiques entre les deux pays. Il reste que l'utilisation des programmes télévisuels est un domaine encore mal connu de l'histoire des diplomaties culturelles. Il est pourtant vaste : dès 2012, on comptait dans le monde au moins 24 000 programmes de télévision diffusés par satellites. La majorité appartient à des chaînes privées, mais les chaînes publiques sont aussi présentes, et leurs actions mériteraient des études plus précises. L'utilisation des réseaux satellitaires par les États pour diffuser des contenus est une nouvelle modalité des diplomaties culturelles sur laquelle presque tout ou presque reste à écrire.

Le deuxième élément le plus visible de l'accélération de la politique turque est la création des centres culturels Turcs Yunus Emre à partir de 2009, sous l'impulsion d'Ahmet Davutoglu. La diplomatie culturelle turque ne se limite plus désormais aux seuls États turcophones mais étend ses activités sur l'ensemble du Moyen-Orient et au-delà : en 2013, les centres culturels sont présents dans 30 pays (notamment en Algérie, Jordanie, Égypte, Liban et Afrique du Sud). En 2018, ils sont au nombre de 47 dans 39 pays, ce qui place la Turquie au 9e rang du réseau d'instituts à l'étranger (d'après les données du British Council). En 2025, on en compte 80 dans 66 pays[47]. Si les pays du Moyen-Orient et d'Asie sont bien représentés, la Turquie a élargi bien au-delà, avec des centres en Allemagne, France, Grande-Bretagne, États-Unis, Burundi, Cambodge, Nigeria ou encore au Venezuela. Enfin, l'inscription des sites turcs au patrimoine mondial de l'Unesco est un bon indicateur du dynamisme de la diplomatie culturelle turque depuis les années 2000. Elle suggère que la Turquie est de plus en plus active dans l'organisation internationale et a effectué, par le biais de sa commission nationale, un *lobbying* efficace : sur un total de 21 sites turcs classés, 9 l'ont été entre 1985 et 1998, 12 entre 2011 et 2023[48], témoignant de l'entrée de la Turquie dans l'arène de plus en plus dense des diplomaties culturelles.

L'Europe provincialisée

Dans un ouvrage désormais classique, Dipesh Chakrabarty avait évoqué la nécessité de provincialiser l'Europe[49]. Nous y sommes : dans l'ensemble des diplomaties culturelles du début du XXIe siècle, le vieux continent n'est plus qu'une province après en avoir été le centre. Ce qui ne veut pas dire que les diplomaties culturelles européennes ne restent pas dynamiques, au contraire. Mais elles ne sont plus seules sur le terrain : on est passé d'un club composé de quelques pays au début du XXe siècle à une arène très fréquentée un siècle plus tard, et la concurrence est forte.

Le cas de la France est emblématique. Depuis les années 1990, la machine de la diplomatie culturelle a fait l'objet de plusieurs ajustements liés non seulement au contexte géopolitique, mais aussi aux contraintes budgétaires. En 1998-1999, une réforme supprime le ministère de la Coopération, et en même temps constitue « un tournant historique[50] » pour la diplomatie culturelle, en supprimant la Direction générale des Relations culturelles du ministère des Affaires étrangères ; elle fusionne avec certains organes du défunt ministère de la Coopération, pour donner naissance à la Direction générale de la coopération internationale et du développement, puis, en 2009, à la Direction générale de la mondialisation, de la culture, de l'enseignement et du développement international. Enfin, en 2011, est créé l'Institut français qui reprend les fonctions de l'Association française d'action artistique (AFAA). Cette rationalisation du dispositif traduit sur le plan administratif une baisse d'effectif du réseau français à l'étranger d'environ 20 % entre les années 1990 et 2000, le nombre d'employés passant de 6 000 à 5 000 personnes[51]. Mais en dépit de cette baisse, la diplomatie culturelle reste un dispositif très important : au début des années 2020, elle comprend l'un des tout premiers réseaux au monde, même si les comparaisons demeurent malaisées en raison de la grande diversité des organismes selon les pays. Outre un ensemble de plus de 130 services culturels présents dans les ambassades, on dénombre 125 instituts français à l'étranger (à ne pas confondre avec l'Institut français), mais aussi 540 établissements scolaires à programme français et 162 missions archéologiques françaises dans 78 pays, auxquelles il faut ajouter 380 comités de l'Alliance française conventionnés, sur un total mondial de 830 comités[52]. Ceux-ci témoignent de la synergie public/privé qui continue de caractériser le réseau de la diplomatie culturelle française, puisqu'ils sont des organismes de droit local créés et gérés par des personnels locaux, et, à ce titre, ne pèsent pas sur les finances du ministère des Affaires étrangères, quoique leurs actions soient toujours supervisées, au moins dans leurs grandes lignes, depuis Paris. Ces chiffres témoignent de l'importance de la diplomatie culturelle française, qui assure une présence internationale bien supérieure à ce que le statut de puissance moyenne de la France pourrait lui permettre de prétendre aujourd'hui. La force de frappe a diminué par rapport aux années 1960 en raison de l'effet conjoint de la baisse d'influence et des restrictions budgétaires, mais elle reste importante.

Au XXIe siècle, le cœur de son activité reste la diffusion de la langue. Malgré le déclin continu du français dans le monde, notamment dans l'enseignement scolaire, le réseau des lycées français à l'étranger et des Alliances françaises réussit à maintenir un nombre important d'élèves : en 2003, on pouvait estimer à 400 000 leur nombre sur l'ensemble du réseau français à l'étranger (instituts + Alliances), tandis que 250 000 élèves étaient scolarisés dans les collèges et lycées français dans 130 pays[53]. En 2022, ces chiffres se monteraient selon le ministère à 500 000 élèves dans le réseau des instituts et à 390 000 dans les collèges et lycées français[54]. Ce nombre atteste du dynamisme, si on le compare aux 400 000 élèves apprenant l'anglais dans les antennes du British Council ; mais il faut immédiatement ajouter que ce chiffre ne comprend que les personnes prenant des cours *in situ* ; si l'on y ajoute les 100 millions d'élèves revendiqués suivant un enseignement en ligne[55], le français et l'anglais ne jouent plus dans la même catégorie, et ce, d'autant qu'il faut aussi prendre en compte la logistique de la diplomatie linguistique étatsunienne. Mais la présence française n'est pas pour autant négligeable, surtout si l'on y ajoute les chaînes de télévision et les stations de radio : outre TV5 Monde, chaîne francophone créée en 1984 par un consortium de télévisions nationales, il faut mentionner France 24, créée en 2006, qui émet en français, arabe, anglais et espagnol ; mais aussi Radio France internationale, créée en 1975. Regroupées en 2008 dans la société nationale France médias monde, ces chaînes assurent une présence internationale de la langue française face aux poids lourds anglophones CNN et la BBC, mais aussi aux nouveaux venus tels que la chaîne qatarie Al Jazeera. Leur histoire est encore mal connue et mériterait des études précises.

Pour le reste, la diplomatie culturelle française a continué depuis la fin du XXe siècle à déployer le répertoire d'actions traditionnel, à base de cours de langue, de conférences, de traductions et de diffusion de livres, de tournées artistiques, mais aussi de programmes de bourses, même si ceux-ci sont moins attractifs que ceux présentés par les États-Unis ou la Chine. Par ailleurs, si la diplomatie culturelle s'est historiquement peu appuyée sur les industries culturelles (y compris, curieusement, le milieu de l'édition), le Quai d'Orsay semble avoir changé son fusil d'épaule depuis les années 1990, sans doute inspiré par les diplomaties japonaise et coréenne, en renforçant les liens entre ses attachés culturels et les industries culturelles, qu'il s'agisse du livre, qui réalise de 20 à 25 % de son chiffre d'affaires à l'étranger à la fin du XXe siècle, ou du cinéma, dont les Alliances françaises assurent une promotion non négligeable. Mais là encore, la réalité budgétaire reste incontournable : en 2010, la chaîne France 24 a un budget de 210 millions d'euros contre 307 millions à son équivalent allemand la Deutsche Welle, et 650 millions à la rivale américaine CNN[56]. D'autre part, il est clair que la synergie entre l'appareil d'État et les industries culturelles est bien moins forte qu'au Japon ou en Corée, qui ont littéralement conçu leurs diplomaties culturelles d'abord comme des diplomaties économiques, et ont mis sur pied une série d'organismes qui n'ont pas leur équivalent dans la diplomatie française. Toutefois, il serait réducteur de dire que celle-ci n'a pas su s'adapter aux nouvelles règles du XXIe siècle : en témoigne l'exemple du Louvre et de la Sorbonne Abu Dhabi, qui montrent que la France a pris en marche le train du « *nation branding* » devenu aujourd'hui le mantra de bien des États, et dont on développera le cas plus loin. Signe des temps, le terme de « diplomatie d'influence » est désormais en vogue au ministère, tout comme la rhétorique du « *soft power* », aujourd'hui partie intégrante du discours officiel.

Quant aux autres pays européens, ils restent aussi actifs. Les plus importants d'entre eux s'appuient toujours sur des réseaux d'instituts culturels que j'ai décrits dans les chapitres précédents. C'est le cas du British Council, qui compte 177 centres dans 114 pays en 2018, mais aussi de l'Allemagne, avec 169 instituts Goethe dans 99 pays, l'Italie et ses 83 sections de la Dante Alighieri dans 59 pays, ou encore l'Espagne, qui a créé en 1991 l'Institut Cervantes dont on compte 76 antennes dans 44 pays en 2018. Si les pays européens se sont adaptés aux nouvelles règles de la diplomatie culturelles, ils ne sont qu'une partie d'une offre désormais pléthorique dans le monde. Tous mènent une politique plus ou moins ambitieuse de diffusion de leur langue. Le British Council est sans doute celui qui est allé le plus loin dans cette direction : non seulement il dispense des cours dans ses antennes, mais il a désormais une offre de cours en ligne ; par ailleurs, il continue d'entretenir des collaborations avec les administrations éducatives des pays où il est présent, que ce soit pour développer l'enseignement de l'anglais ou pour organiser des programmes de bourses. Il a par ailleurs contribué au développement du système International English Language Testing System (IELTS) mis en place en 1989 pour standardiser l'apprentissage de l'anglais à l'échelle internationale, une initiative qui représente un succès important pour la diplomatie linguistique britannique : au début des années 2020, 2,5 millions de personnes chaque année dans 140 pays passent l'IELTS[57], souvent pour entrer dans des universités anglaises. La langue reste au début du XXIe siècle l'atout essentiel du « *soft power* » britannique, un terme et une rhétorique également adoptés par le British Council au début des années 2010[58].

Comme les pays asiatiques, les pays européens ont intégré les technologies numériques à leur répertoire d'actions en matière de diplomatie culturelle, mais avec un peu de retard et moins d'intensité. C'est ce que montre par exemple la campagne Shakespeare Lives[59] : lancée en 2016 à l'occasion du 400e anniversaire de la mort de Shakespeare, elle est organisée par le British Council et cofinancée par la campagne de « *nation branding* » « Great Britain » mise en place en 2012 par le Department of International Trade afin de promouvoir l'image de la Grande-Bretagne à l'étranger, et stimuler les investissements étrangers dans l'économie britannique, ainsi que le tourisme. Elle se concrétise par un programme mondial de 3 500 événements dans 140 pays, depuis les pièces jusqu'aux activités scolaires d'apprentissage de la langue, en passant par des films et des expositions ou encore des MOOCs (*massive open online courses*). C'est donc d'abord une campagne de diplomatie culturelle classique, qui s'est accompagnée d'une intense programmation en ligne et d'une campagne de communication orchestrée sur les médias digitaux, pour promouvoir d'un même mouvement Shakespeare, le British Council et la Grande-Bretagne, en suscitant une conversation mondiale sur Shakeapeare. La campagne a combiné des événements de toutes dimensions, que ce soient les initiatives menées dans des écoles en relation avec les comités locaux du British Council, ou les pièces données dans des grandes salles, résultant de partenariats entre les pouvoirs publics britanniques et des compagnies théâtrales de nombreux pays.

La BBC a été une partenaire importante du projet. Les médias digitaux sont le support majeur de la campagne de communication autour des événements, à travers la mise en place d'un hashtag #ShakespeareLives. Celui-ci a été mentionné 2,7 milliards de fois au cours de l'année 2016, sur l'ensemble des médias digitaux (Twitter, Facebook, Instagram) ; pour inciter les publics à partager les hashtags et les contenus, une loterie permettait de gagner des places pour une représentation théâtrale. Le nombre de partages du hashtag montre l'importance de la chambre d'écho que constituent les médias digitaux et leur rôle croissant dans la communication politique mais aussi culturelle des États. Toutefois, le British Council a peu bénéficié de la campagne pourtant organisée par lui, comme le montre le faible taux de tags le concernant. D'autre part, l'identification de Shakespeare avec la Grande-Bretagne a été incertaine : d'après les résultats de l'enquête menée auprès du public, la majorité des tweets n'ont pas fait le lien entre l'écrivain et le pays : autrement dit, celui-ci n'a pas été identifié comme un auteur britannique. Si la campagne a eu certainement un impact important (succès du *live streaming* notamment), l'effet d'image sur la Grande-Bretagne apparaît incertain, du moins à court terme. Car on peut imaginer qu'à plus long terme, ce type de campagne finit par porter ses fruits. Mais la conclusion des auteurs de l'enquête menée est que le retour sur investissement est faible par rapport à la logistique mobilisée, et dans tous les cas en deçà des ambitions de la campagne. Si l'objectif de provoquer une discussion sur Shakespeare a été atteint, celui de faire profiter la Grande-Bretagne de la popularité de l'écrivain ne semble pas l'avoir été. Autant que l'importance des nouvelles technologies dans les évolutions de la diplomatie culturelle actuelle, ce cas illustre le caractère très incertain des initiatives qui s'appuient dessus.

Les diplomaties culturelles régionales

La fin du XXe siècle et le début du XXIe siècle se caractérisent par l'émergence de diplomaties culturelles qui ne correspondent pas, ou pas complètement, au cadre national. Elles amènent à se demander si la définition donnée en ouverture de ce livre, qui a été pertinente pour comprendre le processus depuis la fin du XIXe siècle, l'est toujours ou doit être amendée. Les deux exemples dont il sera question ici, celui de l'Union européenne et celui des pétromonarchies du Golfe, peuvent en effet difficilement être interprétés uniquement à l'aune de cette définition. D'un côté, ils témoignent de la mise en place d'un répertoire d'actions qui ressemble à s'y méprendre à celui de la diplomatie culturelle classique. De l'autre, le périmètre dans lequel se déploient ces actions dépasse les frontières de l'État-nation. Regrouper ces deux cas de figure aussi différents dans une même catégorie peut paraître hasardeux de prime abord. Et pourtant, en dépit des différences qui les séparent, ils illustrent, chacun avec ses spécificités, les mutations importantes de la diplomatie culturelle au début du XXIe siècle. L'Europe est un ensemble très fortement intégré économiquement, mais traversé par de nombreuses lignes de fractures politiques ; le monde arabe, dont font partie les pétromonarchies, est très éclaté politiquement, mais possède une forme d'unité culturelle fondée sur la langue arabe et l'islam, même si les fractures sont fortes entre les différentes obédiences de cette religion. Il reste que les initiatives de ces deux ensembles régionaux ouvrent des pistes de réflexions stimulantes pour l'histoire de la diplomatie culturelle contemporaine.

L'Union européenne : une diplomatie culturelle ?

Le cas européen pose un problème à l'historien de la diplomatie culturelle. Si l'on s'en tient à la définition donnée en ouverture de ce livre, l'Europe, qui n'est pas une nation, n'a pas de diplomatie culturelle, et l'on serait même tenté de dire qu'elle ne peut pas en avoir. Et pourtant, les institutions de l'Union européenne (UE) ont mis en place à partir de la fin du XXe siècle un répertoire d'actions qui relève à l'évidence de la diplomatie culturelle telle qu'on a pu la décrire jusqu'à présent ; par ailleurs, ces actions vont de pair avec l'affirmation d'une culture européenne et avec sa promotion. Faut-il donc en conclure que la notion de diplomatie culturelle doit être repensée pour intégrer des configurations culturelles autres que nationales, afin de tenir compte des évolutions de la deuxième moitié du XXe siècle, notamment l'apparition de cet objet politique d'un type nouveau que représente l'Europe ? Sans doute. En réalité, les actions menées par l'UE relèvent à la fois de la politique culturelle dirigée vers les pays européens, et de la diplomatie culturelle dirigée vers l'extérieur. Les deux sont actuellement en construction et sont étroitement imbriquées. Il n'y a là rien d'étonnant, puisque nous avons vu une telle coexistence à de nombreuses reprises au cours des chapitres précédents. Les signes de l'existence d'une diplomatie culturelle européenne sont indéniables : entre autres, on mentionnera la construction d'un appareillage administratif et institutionnel, la mise en réseaux d'une nébuleuse d'acteurs publics et privés, ou encore le développement d'une diplomatie universitaire tournée vers le reste du monde. D'autres caractéristiques sont absentes : la diplomatie linguistique, pilier de toute diplomatie culturelle, n'existe pas en Europe, et pour cause. Si, pour paraphraser Henry Kissinger, on posait la question : « l'Europe, quelle langue ? », la réponse serait certainement l'anglais... Quant à la diplomatie sportive, elle n'existe pas non plus : point d'équipes européennes aux Jeux olympiques. La littérature scientifique à disposition n'aide pas beaucoup, car elle est embryonnaire sur ce sujet, comme si l'Europe n'était pas rentrée dans le radar des spécialistes de la diplomatie culturelle. De fait, on est à la fois confronté à une profusion d'initiatives, et à une absence d'analyses globales, ou même sectorielles, sur les nombreux projets entrepris. Les lignes qui suivent sont donc avant tout destinées à tracer quelques perspectives, mais qui devraient être poursuivies par des recherches précises.

Jusqu'aux années 1990-2000, la majorité des initiatives entreprises par la Communauté européenne puis l'Union européenne en matière culturelle ont été, comme le souligne Anne-Marie Autissier, des « dispositifs fragmentés », « déconnectés les uns des autres », et à l'impact « limité[60] ». Mais elles ont aussi pour point commun d'être mises en place dans le cadre d'une politique économique et non d'une politique culturelle ou d'une diplomatie culturelle. C'est toute la différence avec des politiques telles que nous avons pu les observer pour le Japon ou la Corée, qui assument leur double dimension économique et culturelle. Dans le cas européen, la politique culturelle s'est longtemps cachée derrière la politique économique, et ce, parce que l'Europe n'avait pas de prérogatives en matière culturelle, et parce que les États étaient (et restent) jaloux des leurs, ainsi que dans de nombreux domaines connexes comme la politique éducative, et donc la diplomatie universitaire. De ce fait, la politique culturelle et la diplomatie culturelle européennes ont longtemps emprunté des chemins de traverse : au cours des années 1990 et 2000, l'UE soutient de nombreux projets à dimension culturelle, mais dans le cadre d'une politique économique, et, peut-être plus encore, d'une politique d'aide au développement. C'est le cas des projets soutenus en matière audiovisuelle dans le cadre des partenariats économiques avec les pays dits ACP (Afrique-Caraïbes-Pacifique) qui ont succédé aux accords de Lomé signés dans les années 1970 ; c'est le cas aussi d'un programme économico-culturel avec l'Inde de 1997 à 2006, ou encore de certaines activités de la fondation Europe-Asie créée en 1996 dans le cadre de l'Asia Europe Meeting (ASEM), dont l'objectif était de développer les échanges économiques entre les deux régions ; c'est le cas encore de la fondation Anna Lindh, née en 2005 dans le cadre du processus de Barcelone visant à favoriser les partenariats euroméditerranéens ; c'est enfin le cas du volet culturel de la coopération économique engagée en 1995 entre l'UE et le Mercosur. Dans tous ces cas, la culture n'apparaît au mieux que comme une annexe, ou un supplément d'âme, dans des négociations dont les objectifs sont avant tout économiques.

Si tous ces programmes sont relativement discrets, il en est un, en revanche, qui va prendre rapidement une ampleur inégalée : il s'agit du programme d'échanges universitaires Erasmus, créé en 1987, que l'on peut considérer comme l'acte fondateur de la diplomatie culturelle européenne, bien qu'il n'ait jamais revendiqué ce titre. Et pour cause : la culture, tout comme les questions éducatives, est à l'époque encore une compétence exclusive des États, et il n'est pas question pour l'Europe d'empiéter dessus. Erasmus se présente donc comme un programme destiné à développer la coopération économique et le développement à travers la mobilité étudiante, mais aussi à promouvoir l'harmonisation de l'enseignement supérieur européen à travers la mise en place de partenariats, le tout étant pensé dans le cadre d'une politique économique européenne. Erasmus se présente au départ comme une des premières concrétisations de l'Acte unique de 1986, qui a créé un espace économique de libre circulation des biens et des personnes, et qui manifeste la volonté des États membres de poursuivre l'intégration économique. Cette dimension restera primordiale, notamment à la suite de la crise asiatique de 1997-2000. Afin de surmonter celle-ci, l'Europe met en place une stratégie ambitieuse à l'échelle mondiale, dont Erasmus est une composante ; en particulier, à partir de 2007, le lien entre mobilité étudiante et marché du travail est devenu très important dans la stratégie de la Commission européenne. Il est devenu aussi une composante essentielle de la stratégie Europe 2020 pour lutter contre le chômage sur l'ensemble du continent. Depuis 2007, une part croissante des étudiants Erasmus (21 % en 2013) travaillent dans les disciplines liées à l'industrie plutôt que dans les universités. De ce point de vue, on peut dire que le programme a été utilisé partiellement comme un instrument de politique économique depuis 2007.

Mais si cette dimension est si importante alors pourquoi rattacher le programme Erasmus à la diplomatie culturelle ? Tout simplement parce que sa composante universitaire reste prépondérante, et en particulier son objectif d'harmoniser les systèmes d'enseignement supérieur à l'intérieur de l'Europe – ce qui relève de la politique culturelle européenne –, mais aussi de faire rayonner l'enseignement supérieur européen à travers le monde – ce qui relève de la diplomatie culturelle et inscrit le programme Erasmus dans la généalogie des diplomaties universitaires développées depuis la fin du XIXe siècle. Pour aller plus loin dans l'analyse, il est essentiel de voir ce que recoupe l'acronyme Erasmus, qui contient en réalité toute une gamme de sous-programmes dont certains appartiennent à la politique culturelle européenne, et d'autres à la diplomatie culturelle. Ce sont ces derniers qui m'intéressent plus particulièrement ici.

En effet, si Erasmus est d'abord destiné à la mobilité étudiante intra-européenne, les événements géopolitiques vont l'amener à dépasser rapidement ce cadre. Dès la chute du mur de Berlin est lancé le sous-programme Tempus destiné à aider la restructuration de l'enseignement supérieur dans les pays du bloc de l'Est, et à développer les échanges avec eux. Là encore, la dimension de politique économique et d'aide au développement apparaît comme un faux nez d'une diplomatie culturelle qui n'ose pas dire son nom, mais la réalité est bien là : la logique de Tempus consiste à favoriser la « modernisation des systèmes d'enseignement supérieur des pays voisins de l'UE[61] », et ce, grâce à des partenariats entre universités. Plus largement, il s'agit de contribuer à la restructuration des cursus universitaires des pays partenaires, mais aussi à leur réorganisation administrative, et de développer leurs liens avec le marché du travail et la société civile. Les bourses individuelles accordées à des étudiants, des enseignants ou des administrateurs, ne sont qu'une composante d'un projet bien plus vaste visant à promouvoir via les partenariats interinstitutionnels le modèle d'enseignement supérieur ouest-européen dans les zones de l'ex-empire soviétique, mais aussi au-delà : on est bien dans un objectif de promotion d'un modèle, caractéristique de la diplomatie culturelle. Le plus gros du budget est consacré aux pays d'Europe de l'Est et des Balkans, l'objectif poursuivi étant de préparer une convergence de leurs systèmes d'enseignement avec ceux de l'Europe occidentale, en vue d'une future intégration à l'UE. Mais les anciennes républiques soviétiques sont également ciblées. Enfin, le sous-programme s'étend rapidement à l'ensemble des pays du pourtour méditerranéen (territoires palestiniens occupés, Israël, Jordanie, Égypte, Algérie, Maroc), témoignant de l'ambition européenne de promouvoir un modèle d'enseignement supérieur, mais aussi de se placer dans la course au *leadership* universitaire face aux États-Unis. Au total, Tempus touche vingt-sept pays au milieu des années 2010. Entre 1990 et 2006, il a financé 6 500 projets impliquant 2 000 universités, dont près de la moitié de pays non européens ; dans ce cadre, entre 2000 et 2006, près de 1 500 bourses individuelles ont été accordées[62]. Au-delà de ces chiffres, il serait indispensable d'étudier ce sous-programme en détail pour en analyser l'impact, ce qui n'a pas été le cas jusqu'à présent. Mais si l'impact reste à déterminer, l'intention, elle, est évidente.

Il en va de même du sous-programme Erasmus Mundus, créé en 2004. Comme son nom l'indique, il concerne un troisième cercle concentrique qui s'étend à l'ensemble de la planète, signe, là encore, de l'ambition européenne. L'objectif et le *modus operandi* sont identiques à celui de Tempus, avec un accent mis sur les étudiants en master et en doctorat. Entre 2004 et 2013, ce sont plus de 662 projets qui ont été financés dans le cadre d'Erasmus Mundus, impliquant 768 institutions européennes et 1 288 institutions étrangères, notamment indiennes, chinoises, russes, brésiliennes, ukrainiennes, serbes ou égyptiennes.

Au total, le programme Erasmus constitue le plus grand programme d'échanges jamais créé. Inscrit dans la généalogie des programmes développés depuis le début du XXe siècle, il innove en devenant un programme de masse : la première année, ce sont un peu plus de 3 000 étudiants qui en ont bénéficié ; en 2012-2013, ce chiffre a grimpé à 268 000 et 52 000 membres du corps enseignant ou administratif, qui ont bénéficié de bourses d'une durée de 3 à 12 mois[63]. Sur l'ensemble de la période 1987-2013, le nombre total de bénéficiaires est de 3 millions d'étudiants et 350 000 enseignants. Et les années 2010 ont vu encore une accélération du phénomène puisqu'entre 1987 et 2022, 12,5 millions de personnes ont bénéficié du programme. En 2014, l'ensemble des sous-programmes créés depuis 1987 sont fusionnés pour devenir Erasmus+, qui est un des piliers de la stratégie Europe 2020. Son budget n'a pas cessé d'augmenter depuis : pour la période 2021-2027, il se monte à 26 milliards d'euros, soit deux fois plus que pour les sept années précédentes[64]. Là encore, des recherches seraient nécessaires pour savoir ce que recoupent ces chiffres.

L'autre grande direction de la diplomatie culturelle européenne est le soutien aux industries culturelles. Lui non plus ne se présente pas comme une action de diplomatie culturelle mais une stratégie économique, et si on le compare aux stratégies équivalentes menées par le Japon ou la Corée, on constate également que sa formalisation en tant que diplomatie culturelle est moins affirmée, même si elle existe. En effet, en 1992, le traité de Maastricht marque l'approfondissement des compétences de l'UE, que ce soit en matière éducative ou en matière culturelle, comment le montrent l'article 3 (titre II) et l'article 128 (titre IX)[65]. Mais c'est surtout par le biais des industries culturelles que cette politique se met en place. En effet, dès 1991 a été créé le programme MEDIA (Mesure pour encourager le développement de l'industrie audiovisuelle), afin de favoriser le développement de projets audiovisuels, la circulation intra-européenne des produits audiovisuels, et leur présence sur les marchés mondiaux. En 1995 y sont ajoutés les programmes télévisuels, à promouvoir non seulement en Europe mais aussi dans le monde, selon une logique sans doute identique à celle vue plus haut à propos de la Turquie, c'est-à-dire en utilisant les réseaux satellitaires alors en plein développement. Cette promotion s'appuie sur des collaborations entre les organismes privés et publics. Les sommes investies sont cependant relativement modestes, ne dépassant pas 750 millions d'euros entre 2007 et 2013.

Au programme MEDIA s'est ajouté en 2007 le programme Culture, avant que ces deux programmes ne fusionnent en 2014 pour former le programme Europe créative. Ce slogan s'inscrit clairement dans une logique de « *nation branding* » dont on a vu qu'elle devient une sorte de mantra pour les États au cours des années 2000 et 2010. Europe créative est en effet avant tout une stratégie économique : son objectif est la croissance et l'emploi, notamment à travers le développement des industries de l'audiovisuel et de la culture en général. De ce point de vue, la stratégie que l'on pourrait qualifier d' « *Europe branding* » est du même ordre que celle mise en place par le Japon et la Corée, visant à faire des industries culturelles un secteur majeur de l'économie et de l'exportation. La dimension culturelle est évidemment moins visible, dans la mesure où la promotion de la culture « européenne » est plus difficile à faire que celle de la culture « japonaise » ou « coréenne ». Mais l'objectif est le même. Europe créative est à ce jour le plus important programme de l'UE en matière de culture. Y est affirmée la volonté de promouvoir la circulation des artistes à l'intérieur de l'UE mais aussi, ce qui nous intéresse directement ici, en dehors de l'Europe. Des sommes croissantes y sont consacrées : pour la période 2014-2020, le programme est doté de 1,47 milliard d'euros, somme portée à 2,44 milliards pour la période 2021-2027[66]. On reste toutefois dans des sommes modestes au regard du budget de l'UE, dont 1,47 milliard ne représente que 0,1 %[67]. Comme pour le programme Erasmus, il manque à ce jour des études sur ce sujet très récent dont il est difficile d'avoir une vue générale, mais dont tout indique qu'il porte sur des domaines très variés. Si l'on se limite à l'exemple du cinéma, le programme MEDIA a participé dès sa création au financement de nombreux films, jouant un rôle incontestable, mais qui reste à évaluer, dans le rayonnement international des cinémas européens : par exemple, en 2009, sept films nominés aux Oscars ont reçu des financements du programme MEDIA, dont *Entre les murs* du français Laurent Cantet, *Slumdog Millionaire* de Dany Boyle (coproduction Grande-Bretagne-UE), *Valse avec Bachir* d'Ari Folman (coproduction Israël-France-Allemagne), ou encore *Der Baader Meinhof Complex* de l'Allemand Uli Edel[68]. On notera aussi qu'Europe créative participe au financement d'Europa Cinemas, un réseau de salles à programmation majoritairement européenne, créé en 1992 et composé de 1 300 salles présentes en 2025 dans 808 villes et 34 pays, dépassant les frontières de l'Union européenne. Par ailleurs, le réseau Europa Cinemas développe des liens avec des réseaux nationaux d'instituts culturels qui diffusent du cinéma européen dans leurs centres, au-delà de l'Europe, comme c'est le cas de l'Institut français[69], et, probablement, des Alliances françaises.

Ce dernier exemple ouvre sur un autre signe de l'émergence d'une diplomatie culturelle européenne, qui montre à la fois l'importance du projet, mais aussi son caractère encore largement inachevé : c'est l'existence d'une nébuleuse d'acteurs publics et privés participant à des degrés divers à l'élaboration d'une diplomatie culturelle. Et dans ce cas précis, les membres les plus visibles de cette nébuleuse sont les acteurs impliqués dans les diplomaties culturelles nationales. En 2006, est en effet mise en place la première initiative à l'échelle européenne pour coordonner les diplomaties culturelles nationales : le réseau EUNIC (European Union National Institutes for Culture) regroupe les instituts culturels des différents pays. Il n'a pas été lancé par l'UE mais par les réseaux gouvernementaux d'instituts culturels, avant d'être reconnu comme partenaire par l'UE. En 2020, il est composé de trente-six membres venus de vingt-sept pays européens. On y retrouve des ministères des Affaires étrangères et/ou de la culture, mais aussi des agences paragouvernementales telles que l'Alliance française, l'Institut Goethe, le British Council, l'Institut Cervantes, la Société Dante Alighieri, l'Institut culturel roumain, ou l'Institut danois, entre autres[70]. Ce réseau est présent dans 150 pays. Autant dire qu'il est, potentiellement, le plus important du monde : rappelons que les instituts Confucius, qui constituent le plus grand réseau national, sont présents en 2018, dans 129 pays. La logique d'EUNIC est la constitution de *clusters*, autrement dit la coopération sur un même terrain de plusieurs instituts culturels nationaux afin de promouvoir la politique culturelle européenne. Par exemple, à Moscou est mise en place dans les années 2010 une liaison entre le Forum culturel autrichien, l'Institut culturel bulgare, l'Institut culturel danois et l'Institut Goethe. Mais cette synergie, si elle existe sur le papier, a sans doute du mal à se concrétiser. Selon une des rares études sur le sujet, le cas de la Russie semble le démontrer : quand l'UE a décidé des sanctions à la suite de l'annexion de la Crimée en 2014, les membres d'EUNIC n'ont pas discuté ce point dans leurs réunions, et l'évolution de la situation depuis cette date est inconnue.

En 2011 est également créé le consortium More Europe, qui permet d'élargir la coopération aux multiples acteurs privés impliqués dans la vie culturelle européenne et dans sa projection mondiale : plus large qu'EUNIC, il réunit non seulement des instituts culturels, mais aussi des réseaux de professionnels de la culture, des fondations, et des représentants d'institutions européennes. Son objectif est d'élargir la coopération aux acteurs non gouvernementaux, afin de créer une nébuleuse comme celle qui existe dans toute diplomatie culturelle digne de ce nom. Son activité semble toutefois limitée au début des années 2020, signe d'une diplomatie culturelle encore en devenir. Ceci est confirmé par l'activité du Service européen d'action extérieure (SEAE), créé en 2009. En 2011, un rapport du Parlement européen préconise l'approfondissement des initiatives en matière culturelle et la formation du personnel du SEAE à ces questions. Le rapport note la nécessité d'articuler « coopération culturelle » et « diplomatie culturelle » : le terme est maintenant employé, donc assumé[71]. Mais il faut attendre 2019 pour que le Conseil européen formule une stratégie en la matière[72], qui reste encore embryonnaire à ce jour. On peut donc conclure des pages qui précèdent que les initiatives sont nombreuses, les structures également, mais que dans les faits, la diplomatie culturelle de l'UE n'est pas encore pleinement affirmée.

Les pétromonarchies du Golfe ou le nouveau visage du panarabisme culturel

La politique mise en œuvre par certains États du Golfe depuis la fin des années 1990 pose également des problèmes à l'historien de la diplomatie culturelle. D'abord parce que l'appartenance des pétromonarchies du Golfe à la catégorie de l'État-nation est problématique : même si la communication des autorités politiques à propos des projets culturels utilise la rhétorique de l'État-nation, la proportion de la population immigrée, qui peut dépasser 80 % à Abu Dhabi, montre la difficulté de plaquer unilatéralement le concept européen de l'État-nation à ces territoires. Ensuite parce que dans ces projets en matière culturelle, il est difficile de dissocier d'une part leur dimension de politique culturelle destinée à favoriser l'affirmation d'une configuration culturelle nationale, et d'autre part leur dimension de diplomatie culturelle visant à faire rayonner ladite configuration à l'étranger. Enfin parce que le périmètre couvert par cette diplomatie est à géométrie variable : est-ce la nation, qu'elle soit qatarienne, émirienne ou koweïtienne ? Est-ce la communauté de l'ensemble des pays musulmans dont ces réalisations se veulent aussi le symbole ? Est-ce la communauté linguistique arabe, dans laquelle s'inscrivent aussi ces pays ? Sans doute les trois à la fois, et c'est tout le problème. Mais contrairement à celle de l'Union européenne, la diplomatie des pétromonarchies du Golfe bénéficie de réalisations spectaculaires qui lui donnent une visibilité internationale, ce qui suffirait sans doute à conclure qu'elle existe, puisque le rôle de la diplomatie culturelle consiste, entre autres, à façonner une image.

Le développement des diplomaties culturelles des pays arabes est lié à plusieurs phénomènes. Premièrement, il est une conséquence de la métamorphose du panarabisme : en effet, le déclin du panarabisme politique au cours des années 1960 s'est accompagné d'un développement du panarabisme culturel qui a nettement moins retenu l'attention des chercheurs, mais dont les réalisations récentes des États du Golfe en matière culturelle sont à bien des égards l'héritage. Deuxièmement, il est une conséquence de la volonté de certains d'entre eux, spécialement les pétromonarchies, de s'affirmer sur la scène internationale, et d'utiliser la culture pour ce faire en parallèle de l'instrument économique qui a montré son efficacité lors des deux chocs pétroliers de 1973 et 1979. Troisièmement, le développement de ces diplomaties est lié aux rivalités entre les pays arabes et à leur volonté de se distinguer de leurs voisins. Quatrièmement, il témoigne de la volonté des pétromonarchies de préparer l'après pétrole, en mettant en œuvre une politique économique dont la culture est un des piliers.

Une proto-diplomatie culturelle se manifeste dans de nombreux pays arabes au moins dès les années 1970, à travers la création d'un certain nombre d'organisations non gouvernementales, paragouvernementales ou même intergouvernementales, qui forment une nébuleuse culturelle panarabe. Mal connues et mal cartographiées par la recherche académique, qui s'est surtout concentrée sur les aspects politiques et économiques de l'histoire de la région, elles manifestent tous les signes d'une très grande vitalité. C'est par exemple le cas du Centre d'études de l'unité arabe créé en 1975 par des personnalités issues de plusieurs pays (Palestine, Koweït, Émirats arabes unis, Algérie, Égypte...), et mêlant responsables gouvernementaux et personnalités du monde économique et culturel ; il est à l'origine d'une intense activité éditoriale de réflexion sur les questions culturelles dans le monde arabe qui se développe surtout, semble-t-il, à partir des années 1990 et 2000. C'est le cas aussi de la Qattan Foundation créée à Londres en 1993 pour promouvoir la culture palestinienne dans le monde ; de l'association Ashkal Alwan (Association pour la promotion des arts plastiques), créée en 1994 pour assurer la promotion des artistes libanais ; de la Qatar Foundation for Education, Science and Community Development créée en 1995 par l'Émir du Qatar et dirigée par son épouse ; de la Fondation arabe pour l'image créée à Beyrouth en 1997 ; de l'Organisation arabe de la traduction, créée en 2000, qui, entre 2000 et 2015, a publié plus de 260 ouvrages, traduits des principales langues européennes ; ou encore de la Fondation de la pensée arabe en 2001, sise à Beyrouth et présidée par le prince saoudien et gouverneur de la Mecque Khalid al-Faysal. Cette fondation compte plusieurs membres de la famille royale saoudienne, mais aussi des hommes d'affaires égyptiens et koweïtiens. Elle est organiquement liée au pouvoir saoudien qui l'utilise comme instrument de politique d'influence. Officiellement, elle n'est pas financée par l'État, mais reçoit des donations de compagnies nationales saoudiennes comme l'Aramco. Parmi les autres organisations importantes, on mentionnera la Al-Mawred al-Thaqafy

(La ressource culturelle), créée en 2004 au Caire puis relocalisée à Beyrouth en 2015 après son interdiction par le pouvoir égyptien ; la Fondation Kamel Lazaar, créée en 2005 à Genève pour promouvoir la création artistique au Moyen-Orient ; l'Arab Fund for Arab Culture créé par des entrepreneurs culturels et des philanthropes en 2007 ; ou encore l'Arab Center for Research and Policy Studies, créé en 2011 à Doha, principal concurrent du Centre d'étude de l'unité arabe ; et la liste n'est pas close.

Toutes ces organisations ont des statuts divers. Le plus souvent présentées comme des fondations privées, elles sont en grande partie sous le contrôle des États, ou même propriété des dignitaires eux-mêmes, bien que la localisation de certaines d'entre elles leur donne plus d'autonomie : Beyrouth joue à cet égard, au moins jusqu'aux années 2010, le rôle d'une « zone franche culturelle régionale[73] » qui constitue un espace de liberté au sein d'un monde arabe dominé par les régimes autoritaires. L'ensemble de ces fondations témoignent de la vitalité culturelle du monde arabe, alors même que son unité politique est minée sous l'effet des nationalismes et du conflit israélo-palestinien. Si elles ont une dimension nationale, nombre d'entre elles ont pour objectif de faire rayonner tout ou partie du monde arabe, si bien qu'on peut les considérer comme des actrices dans l'élaboration d'un répertoire d'actions constituant les prodromes d'une politique culturelle régionale et d'une diplomatie culturelle régionale tout à la fois. Cette dimension régionale est d'ailleurs concrétisée par l'existence d'organisations intergouvernementales telles que l'Arab League Educational, Cultural and Scientific Organisation (Alecso), créée par la Ligue arabe en 1970 afin de concurrencer l'Unesco, alors considérée comme trop peu sensible à la préservation et la mise en valeur du patrimoine arabe et musulman.

Dans cette nébuleuse d'organisations, le niveau national n'est pas absent, même s'il a mis plus de temps à s'affirmer. Mais après tout, l'histoire de la diplomatie culturelle montre que les États arrivent souvent bons derniers sur la scène, alors qu'une nébuleuse d'acteurs existe déjà et ont mis en œuvre un ensemble d'actions que les gouvernements, avec leur logistique et leur agenda national, tentent de coordonner et de mettre en forme. Autrement dit, il ne serait pas pertinent d'interpréter cette chronologie en termes de « retard » par rapport à d'autres pays (les pays occidentaux, pour ne pas les nommer), notamment compte tenu du fait que l'indépendance de ces pays est extrêmement récente. Si l'on se limite aux pétromonarchies, les années 2000 et 2010 semblent décisives dans l'affirmation de diplomaties culturelles, comme le montre la mise en place de structures au sein des appareils d'État. Abu Dhabi a créé dès l'année de son indépendance (1971) une fondation étatique, la fondation Abu Dhabi Culture and Heritage, destinée à valoriser la culture nationale et son rayonnement international. Mais c'est en 2005 qu'est créée l'Abu Dhabi Authority for Culture and Heritage, qui devient en

2012 le département de la Culture et du Tourisme. De son côté, le royaume de Bahreïn crée un ministère de la Culture et de l'Information en 2008, un an après être rentré dans le Comité du patrimoine mondial de l'Unesco et avoir créé sa propre commission nationale. En 2012, il crée l'Arab Regional Center for World Heritage destiné à valoriser le patrimoine culturel de dix-neuf États arabes dans le cadre de la convention du patrimoine mondial, en collaboration avec l'Unesco. Cet organisme veille à la protection des sites inscrits au patrimoine mondial situés dans le monde arabe. Enfin, en 2015 est créée une Bahrain Authority for Culture and Antiquities. En Arabie saoudite, il faut attendre 2018 pour que le régime crée un ministère de la Culture ; en 2021, le Qatar fait de même. Toutes ces institutions ont une dimension nationale forte, et visent à valoriser une identité qui dans certains cas est bien établie (c'est le cas pour l'Arabie saoudite), mais dans d'autres, beaucoup plus fragile, notamment au Qatar ou aux Émirats arabes unis, dont une très large majorité de la population est constituée d'immigrants. De fait, si l'arabe y est langue officielle, l'anglais y est plus répandu. Par ailleurs, comme au Japon et en Corée du Sud, l'entrée des pays arabes dans la diplomatie culturelle formalisée se fait par le biais de la politique commerciale, de la diplomatie économique, et de la stratégie de « *nation branding* » visant à vendre l'image du pays. En 2007, par exemple, est créé l'Office of the Brand of Abu Dhabi (OBAD)[74], dont la stratégie est de promouvoir l'émirat en s'appuyant sur deux secteurs : la culture et le tourisme. Cette politique passe par des réalisations de prestige rendues possibles par les ressources financières considérables des pétromonarchies, mises au service d'une diplomatie culturelle destinée à leur assurer un maximum de visibilité en un minimum de temps.

Les premières réalisations dans ce sens ont eu lieu au Qatar. Dès le lendemain de son indépendance en 1971, le royaume a lancé un projet de Musée national, ouvert dès 1979. En 2004, sa rénovation a été confiée à l'architecte français Jean Nouvel, qui conçoit un bâtiment en forme de rose des sables inauguré en 2019. Parallèlement, un autre projet est lancé dans les années 1990 : celui d'un musée d'art islamique qui sera inauguré à Doha en 2008[75]. Si le Musée national a pour objet l'histoire et la culture du Qatar, le Musée d'art islamique a une ambition plus large : il s'agit de favoriser la visibilité de l'ensemble de la culture musulmane. Construit par l'architecte sino-américain Ieoh Ming Pei, ses collections portent sur la culture islamique depuis les premiers temps de l'Islam au VIIe siècle, jusqu'au XIXe siècle. En quelques années, il s'est imposé comme l'un des musées possédant la collection d'art islamique la plus importante au monde. Complémentaire du musée national, il est destiné à imposer le Qatar, mais aussi plus largement, le monde musulman, sur la carte culturelle mondiale, et à faire de la culture un élément d'attractivité du Qatar, qui développe au même moment son industrie touristique, comme ses concurrents du Golfe.

C'est à une logique similaire qu'obéit la réalisation du Louvre Abu Dhabi. Lancé en 2007 par la signature d'une convention avec la France pour la construction d'un musée universel portant le nom du Louvre, le processus aboutit en 2017 à l'inauguration du musée. L'histoire de sa construction s'inscrit dans celle de la diplomatie culturelle française tout autant qu'abudhabienne. Du côté français, il s'agit d'utiliser la marque « Louvre » pour promouvoir l'image de la France à l'étranger, dans une démarche de renouvellement des pratiques de la diplomatie culturelle appuyée sur l'économie, mais aussi pour trouver des ressources financières pour l'entretien du musée, à un moment où les subventions de l'État sont en baisse. Mais l'implantation du musée du Louvre à Abu Dhabi est aussi connectée à des impératifs stratégiques, la signature de la convention de 2007 étant concomitante d'un accord signé entre les deux États pour l'implantation d'une base militaire française : l'accord de l'émirat pour la base a suivi immédiatement la signature de l'accord relatif au Louvre[76], et la base a été ouverte en 2009. Du côté abudhabien, il s'agit de placer le pays sur la carte culturelle internationale, à la fois dans une logique d'affirmation vis-à-vis des pays occidentaux, mais aussi dans une logique de concurrence avec ses voisins, en particulier Dubaï, l'autre poids lourd des Émirats arabes unis. Le Louvre Abu Dhabi, qui ouvre au public en 2017, est un musée construit selon le modèle du musée universel qui était celui du British Museum et du musée du Louvre lors de leur conception au XVIIIe siècle, à savoir la volonté de faire de ces lieux des concentrés réunissant des productions culturelles de l'ensemble de l'humanité. Mais il y ajoute un objectif national et régional visant à valoriser la création des pays arabes et à favoriser « la renaissance du patrimoine culturel local[77] », notamment en formant des personnels en matière muséale. Par ailleurs, si le Louvre parisien prête ses œuvres au musée d'Abu Dhabi, celui-ci possède aussi un budget conséquent qui lui permet de mettre en œuvre une politique d'achat et d'enrichir rapidement ses collections. On notera que le Louvre n'est pas le seul exemple : Abu Dhabi avait également en 2009 signé un accord avec le British Museum pour construire le Zayed National Museum, avant que le projet ne s'enlise et que l'institution britannique ne s'en retire en 2017. L'émirat a aussi conclu en 2006 un accord lui donnant le droit d'utiliser la marque Guggenheim, la construction de l'antenne du musée ayant débuté en 2011 et étant achevée en 2025. Entretemps, le Louvre Abu Dhabi aura reçu 4 millions de visiteurs entre 2017 et 2023[78], témoignant du succès de l'entreprise de « *nation branding* », en dépit des polémiques multiples qui ont émaillé le déroulement du projet ; quant à la convention de licence qui lie la France à Abu Dhabi, elle a été renouvelée en 2021 jusqu'en 2047.

Si les réalisations du Qatar et d'Abu Dhabi sont les plus visibles, elles ne sont pas les seules, loin de là : c'est le cas par exemple du site archéologique d'Al-'Ula en Arabie saoudite, où a été inauguré en 1987 un musée, mais qui a continué de se développer depuis avec l'ambition de constituer un monumental musée à ciel ouvert, et pour lequel l'Arabie saoudite cherche la coopération et l'expertise des pays occidentaux, en particulier de la France avec laquelle a été signé un accord en 2018. C'est le cas aussi de Dubaï, qui lance en 2008 le projet visant à construire le MEMOMA ou Middle East Museum of Modern Art, qui ambitionne alors de devenir l'équivalent du MoMA de New York pour la région. L'entreprise est menée en parallèle de la création de la foire Art Dubai en 2007, destinée à concurrencer les pays occidentaux et la Chine sur le marché de l'art. Si le projet de musée ne survit pas à la crise financière de 2008, en revanche Art Dubai connaît une croissance continue au cours des années 2000, et, avec sa majorité de galeries non occidentales, se veut aujourd'hui la foire du Sud global : on y croise des artistes arabes, mais aussi pakistanais, ghanéens ou iraniens.

À côté du secteur muséal, l'autre pilier de la diplomatie culturelle menée par les pétromonarchies est l'enseignement supérieur. Peu après sa création en 1995, la Qatar Foundation for Education, Science and Community Development crée une Cité de l'éducation à Doha pour accueillir des universités étrangères, d'abord étatsuniennes : la première est Virgina Commonwealth University en 1999, suivie par Cornell University (2001), Texas A&M University (2003), Carnegie Mellon (2004), Georgetown (2005) et Northwestern University en 2008. En 2012, le campus accueille l'école de commerce française HEC, puis l'année suivante une antenne de l'University College London. En quelques années, le Qatar a ainsi construit *ex nihilo* un campus de 2 500 hectares où se trouvent de nombreuses universités de réputation mondiale et représentant des disciplines très variées, auxquelles s'ajoute une bibliothèque importante. Par ailleurs, en 2009, la Cité de l'éducation s'associe avec l'éditeur anglais Bloomsbury pour créer une maison d'édition, la Bloomsbury Qatar Foundation Publishing, afin de diffuser à l'international les travaux produits sur son campus. L'autre exemple est celui d'Abu Dhabi, avec notamment la Sorbonne Abu Dhabi, fondée sur la même logique que celle du Louvre Abu Dhabi, à savoir l'achat de la marque Sorbonne à des fins de « *nation branding* ». Le projet est lancé au début des années 2000, et la première rentrée a lieu en 2006, avant que le bâtiment définitif ne soit ouvert en 2009. Mais on pourrait citer encore d'autres exemples : en 2010, New York University a ainsi ouvert un programme à Abu Dhabi avant que le bâtiment définitif ne soit achevé en 2015.

Enfin, le troisième pilier de la diplomatie culturelle arabe est la diplomatie sportive. Depuis les années 1990, les pays du Golfe ont investi dans les manifestations sportives : l'Open de tennis de Doha et celui de Dubaï sont inaugurés en 1993. Mais c'est surtout avec des manifestations de grande ampleur que les pétromonarchies se distinguent : c'est le cas avec la Coupe du monde de football organisée par le Qatar en 2022, qui témoigne de l'arrivée des pays du Golfe dans les instances sportives internationales, dominées jusqu'à la fin du XXe siècle par les pays occidentaux. Le Qatar est désigné lauréat en 2010, ce qui donne l'occasion de construire d'importantes infrastructures qui s'inscrivent dans cette politique de visibilisation, alors que le Qatar n'a pas de tradition footballistique et n'a jamais participé à une coupe du monde auparavant. L'Arabie saoudite met en œuvre une stratégie similaire à partir de 2017, dans le cadre de son plan « Vision 2030 » destiné à préparer l'après pétrole, mais aussi à améliorer son image ternie par les violations en matière de droits humains. Dans cette perspective, l'Arabie saoudite a créé un championnat de football local en achetant à prix d'or des stars du ballon rond. En décembre 2024, la FIFA lui a confié l'organisation de la Coupe du monde de football 2034. Par ailleurs, la Fédération internationale de l'automobile (FIA) lui a attribué en 2021 un Grand Prix de Formule 1. Le pays organisera enfin la première édition des Jeux olympiques d'e-sport en 2027, ainsi que les Jeux asiatiques de 2029.

Les développements de la diplomatie culturelle depuis la fin de la guerre froide posent beaucoup de questions. Ils témoignent évidemment de l'application à la sphère culturelle de la notion de multipolarité qui a succédé à la bipolarisation de guerre froide, au sens où l'on a assisté depuis les années 1990 à la multiplication des diplomaties culturelles, qui ne sont que le corollaire du renouveau des nationalismes. Mais il faut ajouter que cette multiplication n'est pas seulement la conséquence de la fin de la guerre froide : en réalité, elle est la poursuite d'un phénomène d'extension des diplomaties culturelles auquel on a assisté tout au long du XXe siècle. Par ailleurs, la période post-guerre froide témoigne d'un phénomène nouveau, qui est le changement de hiérarchie dans les diplomaties culturelles, avec le repli de certaines, et la montée en puissance d'autres, notamment en dehors des pays occidentaux. Dans bien des cas, les diplomaties culturelles qui montent en puissance s'appuient sur des instruments nouveaux que ces pays maîtrisent mieux, comme les industries culturelles dans le cas de la Corée du Sud ou du Japon, mais aussi les technologies numériques. Enfin, ce début de XXIe siècle semble marquer un changement de visage de la diplomatie culturelle par rapport à celle qui s'était cristallisée un siècle plus tôt, non seulement du fait des technologies numériques qui sont en train de faire évoluer, peut-être en profondeur, le répertoire d'actions, mais aussi du fait du développement de nouvelles diplomaties culturelles qui fonctionnent selon des logiques différentes de celles des États-nations et impériaux du début du XXe siècle.

Conclusion
Du club fermé à l'arène concurrentielle

Au terme d'un parcours dans près de deux siècles de diplomatie culturelle, trois constats se dégagent. Le premier, le plus évident, est celui d'une augmentation considérable des pays participants au phénomène. Pour le dire rapidement, on est passé d'un club très fermé, composé de quelques grandes puissances au début du XXe siècle, à une arène encombrée où se pressent de très nombreux pays. Encore les exemples qui ont été analysés dans ce livre ne sont-ils pas limitatifs : bien d'autres mériteraient des études précises, et des sondages dans les historiographies nationales apporteraient sans doute leur moisson d'études existantes, pour qui a les compétences linguistiques nécessaires. Cette croissance des diplomaties culturelles est évidemment parallèle à la croissance exponentielle du nombre d'États-nations : si le XIXe siècle est traditionnellement considéré comme celui des nationalismes, alors que dire du XXe et du XXIe ? Aujourd'hui, le nombre potentiel de diplomaties culturelles, en dehors de celles qui sont déjà connues, se compte par dizaines, et même par centaines, si l'on s'en tient au nombre d'États existants. Bien entendu, tout État ne met pas forcément en place une diplomatie culturelle, ne serait-ce que parce que celle-ci nécessite une logistique institutionnelle, des capacités budgétaires et des relais d'influence internationaux que tous les pays ne possèdent pas, sans parler de la volonté de rayonner. Il n'en reste pas moins que le nombre des pays candidats est aujourd'hui pléthorique, et l'on peut se demander si l'émergence des technologies numériques n'est pas un facteur susceptible de favoriser les initiatives internationales des États sur le plan culturel. Dans cette arène encombrée, la concurrence est devenue de plus en plus forte, d'où sans doute la nécessité, réaffirmée dans ce livre, de ne pas limiter l'analyse de la diplomatie culturelle à des études monographiques mais de prendre en compte les interactions, les partenariats et les rivalités. De ce point de vue, l'histoire à venir sera sans doute de plus en plus une histoire des diplomaties croisées, bilatérales ou multilatérales.

Un deuxième constat concerne le périmètre couvert par la diplomatie culturelle. Si l'on quitte la perspective stato-centrée consistant à n'analyser que les actions mises en œuvre directement par l'État, le champ s'en trouve considérablement élargi, car les domaines où les administrations gouvernementales ne sont que des actrices parmi d'autres, et pas toujours les premières venues ni les principales, sont très nombreux, qu'il s'agisse de l'enseignement des langues, des programmes universitaires, des missions scientifiques, des tournées d'artistes et d'intellectuels, des expositions d'art, des expositions universelles, des compétitions sportives, ou encore du soutien étatique aux industries culturelles à des fins d'expansion culturelle, comme l'ont bien montré les cas japonais et coréen. De ce fait, on pourrait se demander s'il n'y a pas un danger de dilution de la notion de diplomatie culturelle dans celles, plus larges, d'« échanges culturels » ou de « relations culturelles ». À mon sens, il n'en est rien, car ces deux termes ont précisément le défaut d'être vagues et leur objet mal défini. La notion de diplomatie culturelle, elle, est relativement bien délimitée : elle renvoie non seulement à l'implication combinée d'acteurs publics et privés, mais aussi à l'idée d'organisation des circulations (un terme que je préfère à celui d'« échanges » ou de « relations »). Les nombreux exemples donnés dans ce livre montrent que le champ des circulations organisées dans le cadre de cette combinaison public/privé est vaste. *A contrario*, le champ des échanges « spontanés » semble réduit : de ce point de vue, il faut répéter que la dichotomie parfois avancée par les historiens de la diplomatie culturelle entre des « échanges » qui seraient spontanés, et d'autres qui seraient organisés par l'État n'est pas très pertinente, les échanges spontanés étant probablement plus l'exception que la règle, car même ceux qui interviennent en dehors du périmètre de l'État sont organisés d'une manière ou d'une autre. Plus profondément, l'idée selon laquelle la culture circulerait toute seule est un mythe, non une réalité. La notion de diplomatie culturelle permet de montrer l'importance des logiques d'organisation des circulations internationales, et force est de constater que les États y sont très souvent présents à des degrés divers. Par ailleurs, le périmètre important des actions considérées dans ce livre montre bien que les États n'ont pas disparu de la mondialisation, contrairement à ce que l'on a trop souvent entendu entre les années 1990 et 2010, et qu'ils jouent un rôle sans doute bien plus important qu'on ne le croit dans ce qu'on appelle la mondialisation culturelle, à côté et en appui des acteurs privés, notamment des industries culturelles qui ont conquis au XXe siècle une place majeure dans cette mondialisation. Le fait d'avoir placé les États-nations au cœur de ce livre ne constitue en aucun cas un retour vers une histoire nationalo-centrée, mais répond simplement à la nécessité de rappeler la présence continue (et même croissante, si l'on en croit la multiplication des diplomaties culturelles) de ces acteurs sur la scène internationale.

Enfin, le troisième constat qui s'impose est celui de la nécessité de continuer à faire travailler la notion de diplomatie culturelle pour éviter qu'elle ne se réduise à une définition figée. Deux problèmes, en particulier, ont émergé des deux derniers chapitres, qui amènent à poursuivre le questionnement, à la fois sur le périmètre et sur la nature de la diplomatie culturelle, qui est peut-être en train de changer. Le premier concerne le rôle des nouvelles technologies dans les stratégies déployées par les États pour valoriser les productions culturelles nationales. Ces dispositifs ouvrent non seulement vers un nouvel élargissement du répertoire d'actions, mais peut-être aussi, plus profondément, vers une reconfiguration de la diplomatie culturelle dans son ensemble, à l'image de nombreuses pratiques culturelles affectées par la transformation numérique. Ici, l'analyse comparée de la diplomatie culturelle et de la diplomatie publique permettrait sans doute d'apporter des pistes de réflexion. Car autant qu'on puisse en juger avec si peu de recul historique, l'arrivée des dispositifs numériques semble avoir eu plus de conséquences sur la seconde que sur la première. En effet, l'information, son traitement et sa manipulation sont au cœur de la diplomatie publique, et la question de la désinformation est devenue cruciale depuis l'essor des médias digitaux dans les années 2000 et 2010. Il semble aujourd'hui évident que l'arrivée de l'Internet, et plus encore des médias digitaux, a changé les règles de la communication politique, tant nationale qu'internationale. La diplomatie culturelle, de son côté, est un paquebot qui vire de bord plus lentement : si l'arrivée des nouvelles technologies a commencé à générer de nouvelles pratiques, comme on l'a vu au dernier chapitre, elle n'a pas fait disparaître les actions de type classique telles que l'enseignement *in situ* ou les tournées d'artistes. De ce point de vue, la diplomatie digitale n'est pas forcément la rupture radicale parfois dépeinte par la littérature croissante qui s'y consacre et qui annonce à grand renfort de néologismes un vaste chambardement dans ce domaine, de la « *new public diplomacy*[1] » à la « *public diplomacy 2.0*[2] », en passant par l'« *e-diplomacy* », la « *digital diplomacy* », le « *digital soft power* », la « *twidiplomacy* » ou encore l'« *instaplomacy*[3] ». Le problème de ces notions est d'être purement et simplement bâties à partir de l'apparition de dispositifs techniques. Faut-il alors en forger de nouvelles à chaque fois qu'un outil apparaît ? Faut-il parler de *tiktokplomacy*, d'*IAplomacy*, de *metaplomacy* ? Derrière leur côté un peu caricatural, de telles notions posent toutefois le problème, réel, de savoir jusqu'à quel point les technologies numériques transforment la diplomatie culturelle. La réponse n'est pas simple. En l'état actuel, on peut toutefois formuler deux pistes de réflexion.

D'abord, il apparaît que si les nouvelles technologies introduisent des changements dans le répertoire d'actions, elles ne font en aucune façon table rase du passé. Autrement dit, ces nouvelles actions s'ajoutent plus qu'elles ne se substituent aux pratiques existantes : concerts ou expositions virtuelles ne font pas disparaître les expositions réelles, les tournées musicales ou les voyages des corps de ballet. Par ailleurs, si la diplomatie culturelle a vu récemment l'arrivée de nouveaux acteurs, en particulier les entreprises du web et les communautés de *fans*, il ne s'agit en fait que d'une déclinaison contemporaine de la présence des acteurs privés, y compris industriels, dès les débuts de la diplomatie culturelle. Leur arrivée sur la scène n'est donc pas une nouveauté radicale, de sorte qu'il est schématique d'opposer, comme c'est parfois le cas dans la littérature récente, une diplomatie culturelle classique monopolisée par les États à une diplomatie digitale marquée par le nombre et le pouvoir croissants des acteurs privés[4]. Si ces derniers, notamment les géants du web, occupent une place de plus en plus importante dans l'organisation des circulations culturelles internationales, il ne faut pas oublier que les États, en particulier les dictatures, ont montré depuis les années 2010 leur capacité à se saisir du web et à le contrôler étroitement. Que les acteurs étatiques doivent composer avec les puissantes industries du numérique, voilà qui est certain ; que « le numérique accélère la diffusion de la puissance à l'ensemble des acteurs sociaux[5] », c'est plus contestable, quand on voit la vitesse avec laquelle, après quelques années de flottement, certains États au moins ont été capables de renationaliser l'Internet. Il faut donc prendre garde à ne pas oublier leur présence dans l'espace culturel numérique. En revanche, il existe de vraies nouveautés, qui doivent être suivies de près : on pense évidemment aux entreprises de numérisation du patrimoine livresque, pictural ou sonore à des fins de présence des cultures nationales sur le web, menées notamment par les musées nationaux ; on pense aussi aux expériences de métavers mentionnées au chapitre V, dont il est impossible à l'heure actuelle de savoir si elles constituent de purs gadgets techniques ou bien si elles vont générer des pratiques appelées à durer, et si elles vont occuper une place importante dans la diplomatie culturelle à l'avenir. Les historiens du futur le diront.

La deuxième problématique à creuser concerne la nature même de la diplomatie culturelle. Celle-ci est née d'un contexte bien précis, celui des nationalismes du XIXe siècle, et a été pensée comme une stratégie élaborée par des États-nations. À ce titre, la définition qui en a été donnée au premier chapitre est pertinente pour analyser les actions de valorisation des productions culturelles nationales depuis le XIXe siècle jusqu'à nos jours. Mais les phénomènes nouveaux dont on a pu voir les prodromes dès les années 1960 avec la diplomatie sénégalaise panafricaine, qui témoignent de l'affirmation politique et culturelle de blocs régionaux plus vastes, amènent à se demander si la notion diplomatie culturelle ne pourrait pas s'appliquer à des politiques au périmètre plus large. L'examen des actions menées par l'Union européenne et les pétromonarchies du Golfe montre clairement qu'elles appartiennent à la catégorie de la diplomatie culturelle ; mais celle-ci n'est pas, dans ces deux cas, menée par des États-nations. En outre, son répertoire d'actions s'applique à des configurations géographiques bien plus larges, puisque l'UE entend promouvoir une culture « européenne », et les pétromonarchies une culture « arabe », « musulmane » et/ou « islamique ». Autrement dit, le terme de diplomatie culturelle est-il pertinent pour analyser d'autres configurations culturelles que celles des États-nations ? Je pense que oui. Le concept tel qu'il a été utilisé ici est suffisamment flexible et plastique pour pouvoir intégrer de tels élargissements, à condition de ne pas le considérer comme une définition figée, mais de le faire « travailler », comme n'importe quel matériau historique. Pour amorcer ce travail, il faudrait sans doute commencer par se pencher sur l'étude d'organisations à vocation culturelle, où les États sont présents, mais dont les objectifs dépassent la valorisation d'une configuration culturelle nationale : je pense par exemple à l'Organisation arabe pour l'éducation, la culture et les sciences (Alecso), mais aussi à l'Union africaine, à l'Organisation internationale de la francophonie, et à bien d'autres, qui visent à valoriser des configurations culturelles plus vastes, et montrent qu'il existe, entre l'universalisme de l'Unesco et les nations, de nombreux étages intermédiaires qui restent à mieux connaître. On le voit, la diplomatie culturelle est un objet vivant qui évolue, et qui appelle encore bien des réflexions et des recherches.

Notes

Introduction

1. Beck Ulrich, *Qu'est-ce que le cosmopolitisme ?*, Paris, Aubier, 2006.

2. Sur la dimension idéologique de ce terme, voir Tournès Ludovic, *Américanisation. Une histoire mondiale (XVIIIe-XXIe siècle)*, Paris, Fayard, 2020, p. 129-132.

Chapitre I. Qu'est-ce que la diplomatie culturelle ?

1. Coombs Philip H., *The Fourth Dimension of Foreign Policy: Educational and Cultural Affairs*, New York, Harper and Row, 1964.

2. Barghoorn Frederick C., *The Soviet Cultural Offensive: The Role of Cultural Diplomacy in Soviet Foreign Policy*, Princeton, Princeton University Press, 1960 ; Id., *The Diplomacy of the Great Powers*, Londres, Hamilton, 1961.

3. Doka Carl, *Kulturelle Aussenpolitik*, Zurich, Berichthaus, 1956.

4. Salon Albert, *L'action culturelle de la France dans le monde*, Paris, Fernand Nathan, 1983.

5. Voir l'excellente mise au point historiographique dans Tronchet Guillaume, *Savoirs en diplomatie. Une histoire sociale et transnationale de la politique universitaire internationale de la France (années 1870 – années 1930)*, thèse de doctorat, Université Paris I Panthéon Sorbonne, 2014, p. 10-32.

6. « Introduction », *in* Chaubet François, Faucher Charlotte, Martin Laurent & Peyre Nicolas (dir.), *Histoires de la diplomatie culturelle française. Du rayonnement à l'influence*, Toulouse, Éditions de l'Attribut, 2024, p. 15.

7. Frank Robert, « La machine diplomatique française après 1945 », *Relations internationales*, 115, 2003, p. 325-348 (326).

8. Chaubet François & Martin Laurent, *Histoire des relations culturelles dans le monde contemporain*, Paris, Armand Colin, 2011, p. 117, ainsi que la citation suivante.

9. Kessler Marie-Christine, « La diplomatie culturelle », *in* Balzacq Thierry, Charillon Frédéric & Ramel Frédéric, *Manuel de diplomatie*, Paris, Presses de Sciences Po, 2018, p. 263-274 (263).

10. Voir par exemple Roche François & Piniau Bernard, *Histoires de diplomatie culturelle, des origines à 1995*, Paris, ministère des Affaires étrangères/La Documentation française, 1995 ; Lombard Alain, *La Diplomatie culturelle*, Paris, PUF, 2022.

11. Cité dans Lenczowski John, « Cultural Diplomacy, Political Influence, and Integrated Strategy », *in* Waller Michael J. (ed.), *Strategic Influence: Public Diplomacy, Counterpropaganda, and Political Warfare*, Washington, DC, Institute of World Politics Press, 2009, p. 74-99 (74).

12. *Id.*, p. 75.

13. *Ibid.*, p. 77.

14. Cull Nicholas J., « Public Diplomacy: Taxonomies and Histories », *Annals of the American Academy of Political and Social Science*, 616, 2008, p. 31-36 (33).

15. Arndt Richard T., *The First Resort of Kings: American Cultural Diplomacy in the Twentieth Century*, Washington, Potomac Books, 2006, p. xviii.

16. Tournès Ludovic, *op. cit.*, p. 16.

17. Voir les travaux fondateurs de Ory Pascal, *La Belle Illusion. Culture et politique sous le signe du Front populaire (1935-1938)*, Paris, CNRS éditions, 2016 [1994] ; voir aussi Urfalino Philippe, *L'Invention de la politique culturelle*, Paris, Fayard, 1996.

18. Tournès Ludovic, « Relire Pierre Renouvin », *in* Guieu Jean-Michel & Sanderson Claire (dir.), *L'Historien et les relations internationales. Autour de Robert Frank*, Paris, Presses de la Sorbonne, 2012, p. 169-178.

19. Gillabert Matthieu, « Diplomatie culturelle et diplomatie publique : des histoires parallèles ? » *Relations internationales*, 2017/1, p. 11-26.

20. Cull Nicholas J., *art. cit.*, 31, ainsi que la citation suivante.

21. Gillabert Matthieu, *art. cit.*.

22. Tuch Hans N., *Communicating with the World: US Public Diplomacy Overseas*, New York, St Martin's Press, 1990.

23. Feigenbaum Harvey, *Globalization and Cultural Diplomacy*, George Washington University Center for Arts and Culture, 2001.

24. Citée dans Gillabert Matthieu, *art. cit.*, p. 20-21.

25. Chaubet François, « L'Alliance française ou la diplomatie de la langue 1883-1914 », *Revue historique*, 306/4, 2004, p. 763-785.

26. Nye Joseph S., « Soft Power », *Foreign Policy*, 80, 1990, p. 153-171 ; Id., *Soft Power: The Means to Success in World Politics*, New York, Public Affairs, 2004.

27. Larochelle Dimitra Laurence, « Le soft power à l'épreuve de la réception. Le cas des fictions sérielles turques en Grèce », *Réseaux*, 2021/2, p. 209-234.

28. Thussu Daya Kishan, « The Soft Power of Popular Cinema. The Case of India », *Journal of Political Power*, 2016/9-3, p. 415-429.

29. Anholt Simon, *Competitive Identity: The New Nation Brand Management For Nations, Cities of Regions*, London, Palgrave MacMillan, 2007 ; Id., « Beyond Nation Brand: the Role of Image and Identity in International Relations », *Exchange: the Journal of Public Diplomacy*, 2013/2-1, p. 6-12.

30. « Introduction », *in* Chaubet François, Faucher Charlotte, Martin Laurent & Peyre Nicolas (dir.), *op. cit.*, p. 17.

31. Tyrrell Ian, *Reforming the World: The Creation of America's Moral Empire*, Princeton, Princeton University Press, 2010.

32. Tournès Ludovic, *op. cit.*

33. Tronchet Guillaume, *op. cit.*

34. Gienow-Hecht Jessica & Donfried Mark, « The Model of Cultural Diplomacy. Power, Distance and the Promise of Civil Society », *in* Gienow-Hecht Jessica & Donfried Mark (eds), *Searching for a Cultural Diplomacy*, New York/Oxford, Berghahn Books, 2010, p. 13-30.

35. Balous Suzanne, *L'Action culturelle de la France dans le monde*, Paris, PUF, 1970 ; Salon Albert, *op. cit.*

36. Roche François & Piniau Bernard, *op. cit.* ; Lombard Alain, *op. cit.* ; Id., *Politique culturelle internationale. Le modèle français face à la mondialisation*, Arles, Actes Sud, 2003.

37. Arndt Richard T., *op. cit.*

38. Kessler Marie Christine, *art. cit* ; dans l'aire anglophone, voir Goff Patricia, « Cultural Diplomacy », *in* Cooper Andrew F., Heine Jorge & Thakur Ramesh (eds), *The Oxford Handbook of Modern Diplomacy*, Oxford, Oxford University Press, 2013, p. 419-435.

39. Voir un exemple récent dans Clarke David, « Cultural Diplomacy », in *Oxford Research Encyclopedia of International Studies*, 2020, [en ligne], https://oxfordre.com/internationalstudies/view/10.1093/acrefore/9780190846626.001.0001/acrefore-9780190846626-e-543, consulté le 18 avril 2025 ; Ang Ien Isar, Yudhishthir Raj & Mar Philip, « Cultural Diplomacy: Beyond the National Interest ? », *International Journal of Cultural Policy*, 21/4, 2015,

p. 365-381 ; Grincheva Natalia, « The Past and Future of Cultural Diplomacy », *International Journal of Cultural Policy*, 30/2, 2024, p. 172-191.

40. On citera notamment Dulphy Anne, Frank Robert, Matard-Bonucci Marie-Anne & Ory Pascal (dir.), *Les Relations culturelles internationales au* XX*e siècle. De la diplomatie culturelle à l'acculturation*, Bruxelles, Peter Lang, 2010 ; Gienow Hecht Jessica & Donfried Mark (eds), *op. cit.* ; Carbó-Catalan Elisabet & Roig Sanz Diana (eds.), *Culture as Soft Power: Bridging Cultural Relations, Intellectual Cooperation, and Cultural Diplomacy*, Berlin-Boston, De Gruyter, 2022. À signaler aussi une synthèse bienvenue sur les instituts culturels : Paschalidis Gregory, « Exporting National Culture: Histories of Cultural Institutes Abroad », *International Journal of Cultural Policy*, 15/3, 2009, p. 275-289.

41. Voir par exemple Afolabi Taiwo, Ogunnubi Olusola &Ukuma Shadrach Teryila (eds.), *Re-centering Cultural Performance and Orange Economy in Post-Colonial Africa. Policy, Soft Power, and Sustainability*, Singapore, Palgrave MacMillan, 2022.

42. On notera toutefois la perspective mondiale bienvenue dans la récente synthèse sur la France : Chaubet François, Faucher Charlotte, Martin Laurent & Peyre Nicolas (dir.), *op. cit.*

43. Un exemple récent : Piller Elisabeth-Marie, « The Transatlantic Dynamics of European Cultural Diplomacy: Germany, France and the Battle for US Affections in the 1920s », *Contemporary European History*, 30/2, 2021, p. 248-264.

44. Badel Laurence, Ferragu Gilles, Jeannesson Stanislas & Meltz Renaud (dir.), *Écrivains et diplomates. L'invention d'une tradition,* XIX*e*-XXI*e siècles*, Paris, Armand Colin, 2012.

45. Voir par exemple Faucher Charlotte, *Propaganda, Gender and Cultural Power: Projections and Perceptions of France in Britain c. 1880-1944*, Oxford, Oxford University Press, 2022 ; Id., « Diplomatie culturelle, société civile et genre : de l'Association française d'expansion et d'échanges artistiques (AFEEA) à l'Association française d'action artistique (AFAA) (1922-1946) », *in* Chaubet François, Faucher Charlotte, Martin Laurent & Peyre Nicolas (dir.), *op. cit*, p. 33-50 ; Schuwey Christophe, « Entre propagande et diplomatie : Vira Whitehouse et le Committe on Public Information en Suisse, 1917-1919 », *Relations internationale*, 2017/1, p. 27-38.

46. Gonçalves Stéphanie, *Danser pendant la guerre froide (1945-1968)*, Rennes, Presses Universitaires de Rennes, 2018.

47. Un exemple récent : Lorenzelli Claire, « Les conférences à l'étranger pendant le fascisme (1922-1943) : nouvelles pratiques culturelles, nouvelles pratiques politiques, *Revue d'histoire culturelle*, 6, 2023, [en ligne], https://journals.openedition.org/rhc/5687, consulté le 20 avril 2025.

48. Voir le chapitre V. Voir aussi Alcantara Christophe & Peyre Nicolas, « Instagram, un soutien contrasté à la mondialisation des marques muséales et à la diplomatie d'influence. Les cas du Louvre et du Centre Pompidou », *Les enjeux de l'information et de la communication*, 22/3A, 2021, p. 89-106.

Chapitre II. Une proto-diplomatie culturelle : l'élaboration d'un répertoire d'actions (1850-1914)

1. Thiesse Anne-Marie, *La Création des identités nationales*, Paris, Seuil, coll. Points, 2001 [1999], p. 11.

2. Tournès Ludovic, *Américanisation. Une histoire mondiale (*XVIII*e*-XXI*e siècle)*, Paris, Fayard, 2020, chapitre IV.

3. Sanchez-Summerer Karen, « Pour Dieu et la Patrie. Formation des missionnaires français envoyés au Levant (1880-1940). Le cas des frères des écoles chrétiennes », *Documents pour l'histoire du français langue étrangère ou seconde*, 55, 2015 [en ligne], http://journals.openedition.org/dhfles/4286, consulté le 15 mai 2025.

4. Tournès Ludovic, *op. cit.*, p. 174.

5. Hsu Madeline Y., « Chinese and American Collaborations Through Educational Exchange During the Era of the Exclusion 1872-1955 », *Pacific Historical Review*, 2014/2, p. 314-332 (318).

6. *Id.*

7. *The Church Missionary Atlas, Maps of the Various Missions of the Church Missionary Society* (3rd edition), London, 1862, p. 21, http://gallica.bnf.fr/ark:/12148/btv1b52500673v, consulté le 20 avril 2025.

8. Coulombel Julie, « La politique linguistique de l'Allemagne dans ses colonies africaines (1884-1919) », *La clé des langues*, [en ligne], https://cle.ens-lyon.fr/allemand/civilisation/histoire/le-colonialisme/la-politique-linguistique-de-l-allemagne-dans-ses-colonies-africaines-1884-1919, consulté le 15 mai 2025.

9. Verdeil Chantal, « Les écoles d'Orient : le réseau scolaire congréganiste en Syrie (1880-1914) », *in* Delpal Bernard, Hours Bernard & Prudhomme Claude, *France-Levant de la fin du XVIIe siècle à la Première Guerre mondiale*, Paris, Geuthner, 2005, p. 145-166.

10. Prudhomme Claude, *Stratégie missionnaire du Saint Siège sous Léon XIII (1878-1903). Les missions catholiques*, Rome, École française de Rome, 1994 ; Id., « Missions, internationalisation du christianisme, interactions des croyances », *in* Singaravélou Pierre & Venayre Sylvain (dir.), *Histoire du monde au XIXe siècle*, Paris, Fayard, 2017, p. 137-151.

11. Chaubet François, « L'Alliance française ou la diplomatie de la langue 1883-1914 », *Revue historique*, 306/4, 2004, p. 763-785 (766).

12. Cabanel Patrick, « La France et sa langue en Méditerranée orientale au début du XXe siècle », *Documents pour l'histoire du français langue étrangère ou seconde*, 38-39, 2007, p. 17-32 ; Cabanel Patrick (dir.), *Une France en Méditerranée. Écoles, langue et culture françaises, XIXe-XXe siècles*, Paris, Créaphis, 2006 ; White Owen & Daughton James P. (eds), *In God's Empire: French Missionaries and the Modern World*, Oxford, Oxford University Press, 2012.

13. Rogers Rebecca, « La mission civilisatrice au féminin. Les actrices juives de la franco-mondialisation éducative », *Revue d'histoire du XIXe siècle*, 2024/1, p. 41-56 (42).

14. Nicault Catherine, « L'Alliance au lendemain de la Seconde Guerre mondiale : ruptures et continuités idéologiques », *Archives juives*, 34/1, 2001, p. 23-53.

15. Chaubet François, *art. cit.*

16. Chaubet François, *La politique culturelle française et la diplomatie de la langue. L'Alliance française (1883-1940)*, Paris, L'Harmattan, 2006, p. 109.

17. Granger Daniel, « La Société "Dante Alighieri" et la défense de l'"Italianità" », *Mélanges de l'École française de Rome, Italie et Méditerranée*, 117/1, 2005, p. 261-267.

18. Manz Stefan, *Constructing a German Diaspora: The Greater German Empire, 1871-1914*, Londres, Routledge, 2014, p. 231.

19. Tronchet Guillaume, *Savoirs en diplomatie. Une histoire sociale et transnationale de la politique universitaire internationale de la France (années 1870- années 1930)*, thèse de doctorat, Université Paris I Panthéon-Sorbonne, 2014.

20. Hsu Madeline Y., *art. cit.*, p. 316.

21. « Chinese Students at Andover Project », Philips Academy, Andover, [en ligne], https://chinesestudents.andover.edu/about, consulté le 15 mai 2025.

22. Ye Weili, *Seeking modernity in China's Name: Chinese Students in the United States, 1900-1927*, Stanford University Press, 2001 ; « The Boxer indemnity Scholarship Program », China comes to MIT, [en ligne], https://chinacomestomit.org/new-page-2, consulté le 15 mai 2025 ; « The Boxer Indemnity Scholarship Program », Early Chinese MIT, [en ligne], https://earlychinesemit.mit.edu/three-waves/boxer-indemnity-scholarship-program/, consulté le 15 mai 2025.

23. Pietsch Tamson, « Many Rhodes: Travelling Scholarships and Imperial Citizenship in the British Academic World, 1880-1940 », *History of Education*, 40/6, 2011, p. 723-739.

24. Chaubet François & Martin Laurent, *Histoire des relations culturelles dans le monde contemporain*, Paris, Armand Colin, 2011, p. 105.

25. Tronchet Guillaume, « The Defeat of University Autonomy. French Academic Diplomacy, Mobility Scholarships and Exchange Programs (1880s-1930s), *in* Tournès Ludovic & Scott-Smith Giles (eds.), *Global Exchanges. Scholarships and Transnational Circulations in the Modern World*, New York, Beghahn Books, 2018, p. 50-64.

26. Tronchet Guillaume, « Les bourses de voyage "Autour du Monde" de la Fondation Albert Kahn (1898-1930) : les débuts de l'internationalisation universitaire », *in* Charle Christophe & Jeanpierre Laurent, *La Vie intellectuelle en France Des lendemains de la Révolution à 1914*, Paris, Seuil, 2016, p. 618-620.

27. Chaubet François, *op. cit.*, p.76.

28. Renard Isabelle, « À L'origine des instituts culturels français à l'étranger. L'Institut français de Florence au début du XXe siècle », *Mélanges de l'École française de Rome*, 114/1, 2002, p. 89-101.

29. Chaubet François, *op. cit.*, p. 77.

30. Gran-Aymerich Ève, « L'archéologie européenne à Rome, de 1829 à 1875 : la "belle internationalité" de la science franco-allemande », *Revue germanique internationale*, 16, 2012, p. 13-28.

31. Chevalier Nicole, *La recherche française archéologique au Moyen orient, 1842-1947*, Paris, Recherches sur les civilisations, 2002.

32. Schlesser Thomas, « Les expositions universelles », *Sociétés et représentations*, 2009/2, p. 221-226 (224).

33. Mainardi Patricia, *Art and Politics of the Second Empire. The Universal Expositions of 1855 and 1867*, New Haven, Yale University Press, 1987, p. 39.

34. « Vienne 1873, ou la fin du XIXe siècle », *Le Conservatoire numérique des arts et métiers*, [en ligne], https://cnum.cnam.fr/expo_virtuelle/expositions_universelles/1798_1900/pages/Vienne_1873/Vienne_1873_1.php, consulté le 15 mai 2025.

35. « Vienna International Exposition of 1873 », *Expositions Where the Modern Technology of the Time Was Exhibited*, [en ligne], https://www.ndl.go.jp/exposition/e/s1/1873-2.html, consulté le 15 mai 2025.

36. Chaubet François, « L'Alliance française sur le continent américain », *Transatlantic Cultures*, mai 2023, [en ligne], https://www.transatlantic-cultures.org/pt/catalog/l-alliance-francaise-sur-le-continent-americain, consulté le 15 mai 2025.

37. Razgonnikoff Jacqueline, « L'honneur et l'argent : la première tournée de la Comédie-Française à l'étranger, Londres 1871 », *in* Yon Jean-Claude (dir.), *Le Théâtre-français à l'étranger au XIXe siècle. Histoire d'une suprématie culturelle*, Paris, Nouveau Monde Éditions, 2008, p. 203-218.

38. Martin-Fugier Anne, « Rachel en Amérique, 1855-1856 », *in* Yon Jean-Claude (dir.), *op. cit.*, 2008, p. 219-229.

39. « Ministres de l'Instruction publique », *Institut français de l'éducation*, [en ligne], http://www.inrp.fr/edition-electronique/lodel/dictionnaire-ferdinand-buisson/document.php?id=3196, consulté le 15 mai 2025.

40. Fléchet Anaïs, « Les partitions de l'identité. La diplomatie musicale brésilienne au XXe siècle », *in* Dumont Juliette, Fléchet Anaïs & Velloso Mônica Pimenta (dir.), *Histoire culturelle du Brésil*, Paris, Éditions de l'IHEAL, 2019, p. 317-351 (321).

Chapitre III. Guerres mondiales et institutionnalisation des diplomaties culturelles (1914-1945)

1. Sanders M.L., « Wellington House and British Propaganda During the First World War », *The Historical Journal*, 18/1, 1975, p. 119-146 ; Taylor Philip M., « The Foreign Office and British Propaganda During the First World War », *The Historical Journal*, 23/4, 1980, p. 875-898.

2. Forcade Olivier, « Voir et dire la guerre à l'heure de la censure (1914-1918) », *Le temps des médias*, 2005/1, p. 50-62.

3. Faucher Charlotte, « Diplomatie culturelle, société civile et genre : de l'Association française d'expansion et d'échanges artistiques (AFEEA) à l'Association française d'action artistique (AFAA) (1922-1946) », *in* Chaubet François, Faucher Charlotte, Martin Laurent & Peyre Nicolas (dir.), *Histoire(s) de la diplomatie culturelle française du rayonnement à l'influence*, Toulouse, Éditions de l'Attribut, 2024, p. 33-50 (35) ; Genêt-Delacroix Marie-Claude, *Art et État sous la IIIe République : le système des Beaux-Arts*, Paris, Éditions de la Sorbonne, 1992, Chapitre 5.

4. Anselmini François, « Alfred Cortot et la mobilisation des musiciens français pendant la Première Guerre mondiale », *Vingtième Siècle. Revue d'histoire*, 2013/2, p. 147-157.

5. Leveratto Jean-Marc, « Le Théâtre-français à New York », *in* Yon Jean-Claude (dir.), *Le Théâtre-français à l'étranger au XIXe siècle. Histoire d'une suprématie culturelle*, Paris, Nouveau Monde Éditions, 2008, p. 230-254.

6. « Wiener Philharmoniker », *1914-1918 Online*, [en ligne], https://encyclopedia.1914-1918-online.net/article/wiener-philharmoniker-vienna-philharmonic-orchestra/, consulté le 15 mai 2025.

7. Dubosclard Alain, « Les principes de l'action culturelle extérieure de la France aux États-Unis au XXe siècle : essai de définition », *in* Dubosclard Alain, Grison Laurent & Jeanpierre Laurent (dir.), *Entre rayonnement et réciprocité. Contributions à l'histoire de la diplomatie culturelle*, Paris, Publications de la Sorbonne, 2002, p. 17-29 (25).

8. Chaubet François, *La politique culturelle française et la diplomatie de la langue. L'Alliance française (1883-1940)*, Paris, L'Harmattan, 2006, p. 144.

9. Wilke Jürgen, « German Foreign Propaganda during World War I: the Central Office for Foreign Services », *in* Wilke Jürgen (ed.), *Propaganda in the 20th Century: Contribution to its History*, Cresskill, NJ, Hampton Press, 1998, p. 7-23.

10. « The Berliner Philharmoniker in the First World War », *Berliner Philharmoniker*, [en ligne], https://www.berliner-philharmoniker.de/en/about-us/orchestra/history/arthur-nikisch/berliner-philharmoniker-in-the-first-world-war/, consulté le 15 mai 2025.

11. Tournès Ludovic, *Américanisation. Une histoire mondiale (XVIIIe-XXIe siècle)*, Paris, Fayard, 2020, p. 137-140.

12. Fisher Nick, « The Committee on Public Information and the Birth of US State Propaganda », *Australasian Journal of American Studies*, 35/1, 2016, p. 51-78 (58).

13. Schuwey Christophe, « Entre propagande et diplomatie : Vira Whitehouse et le Committe on Public Information en Suisse, 1917-1919 », *Relations internationales*, 2017/1, p. 27-38.

14. Frank Robert, « La machine diplomatique française après 1945 », *Relations internationales*, 115, 2003, p. 325-348 (327).

15. Jeannesson Stanislas, « Les écrivains diplomates, acteurs ou instruments d'une diplomatie culturelle française ? Le cas du Quai d'Orsay au premier XXe siècle », in Badel Laurence, Ferragu Gilles, Jeannesson Stanislas & Meltz Renaud (dir.), *Écrivains et diplomates. L'invention d'une tradition, XIXe-XXIe siècles*, Paris, Armand Colin, 2012, p. 57-69.

16. Piller Elisabeth-Marie, « The Transatlantic Dynamics of European Cultural Diplomacy: Germany, France and the Battle for US Affections in the 1920s », *Contemporary European History*, 30/2, 2021, p. 248-264 (258).

17. Sur celui-ci, voir Taylor Philip M., « Cultural Diplomacy and the British Council, 1934-39 », *British Journal of International Studies*, 4/3, 1978, p. 244-265 ; Okret-Manville Christine, « La politique étrangère culturelle, outil de la démocratie, du fascisme et du communisme : l'exemple du British Council, 1934-1953 », *Relations internationales*, 115, 2003, p. 399-410 ; Byrne Alice, « The British Council and British Cultural Diplomacy, 1934-1959: A New Form of Diplomacy ? » *Contemporary British History*, 2023/4, p. 489-504 ; Taylor Philip M., *British*

Propaganda in the 20th Century: Selling Democracy, Edinburgh, Edinburgh University Press, 1999.

18. Martinez del Campo Luis G., « Weak State, Powerful Culture: The Emergence of Spanish Cultural Diplomacy, 1914-1936 », *Contemporary European History*, 30/2, 2021, p. 198-213.

19. Tournès Ludovic, « La fondation Rockefeller et la naissance de l'universalisme philanthropique américain », *Critique Internationale*, 35, avril-juin 2007, p. 173-197.

20. Berghahn Volker, « Philanthropy and Diplomacy in the "American Century" », *Diplomatic History*, 22/3, 1999, p. 393-419 ; Tournès Ludovic, « La diplomatie culturelle de la fondation Ford : les éditions Intercultural Publications (1952-1959) », *Vingtième Siècle. Revue d'histoire*, 2002/4, p. 65-77 ; Id., « La Dotation Carnegie pour la paix internationale et l'invention de la diplomatie philanthropique », in Tournès Ludovic (dir.), *L'argent de l'influence. Les fondations américaines et leurs réseaux européens*, Paris, Autrement, 2010, p. 25-44.

21. Fayet Jean-François, *VOKS. Le laboratoire helvétique. Histoire de la diplomatie culturelle soviétique durant l'entre-deux-guerres*, Chêne-Bourg, Georg, 2014, p. 20-21.

22. Dumont Juliette & Fléchet Anaïs, « Pelo que é nosso ! Naissance et développements de la diplomatie culturelle brésilienne au XXe siècle », *Relations internationales*, 2009/1, p. 61-75.

23. Dumont Juliette, *Diplomaties culturelles et fabrique des identités*, Rennes, Presses universitaires de Rennes, 2018, p. 160-209.

24. Chaubet François, *La politique culturelle française et la diplomatie de la langue. L'Alliance française (1883-1940)*, Paris, l'Harmattan, 2006, p. 226-233.

25. Okret-Manville Christine, *art. cit.*, p. 403.

26. Msaddek Houcine, « The BBC and the Making of British Public Diplomacy. The Case of the Corporation Arabic Service », *Mémoire(s), identité(s), marginalité(s) dans le monde occidental contemporain*, 27, 2022, [en ligne], https://journals.openedition.org/mimmoc/10245, consulté le 15 mai 2025.

27. Barrera Caroline, « Les étudiants-soldats américains en France au sortir de la Première Guerre mondiale », *Histoire de l'éducation*, 125, 2010, p. 27-48 ; Pichard Laetitia, « Des étudiants américains dans le Centre Ouest de la France pendant la Première Guerre mondiale », *in* Catala Michel & Jeannesson Stanislas (dir.), *Les États-Unis en France et en Europe, 1917-1920*, Rennes, Presses Universitaires de Rennes, 2022, p. 117-128.

28. Piller Elisabeth-Marie, *art. cit.*, p. 259.

29. Tronchet Guillaume, « The Defeat of University Autonomy. French Academic Diplomacy, Mobility Scholarships and Exchange Programs (1880s-1930s), *in* Tournès Ludovic & Scott-Smith Giles (eds.), *Global Exchanges. Scholarships and Transnational Circulations in the Modern World*, New York, Beghahn Books, 2018, p. 50-64 (57).

30. Hsu Madeline Y., « Chinese and American Collaborations Through Educational Exchange During the Era of the Exclusion 1872-1955 », *Pacific Historical Review*, 2014/2, p. 314-332 (323).

31. Impekoven Holger, « La fondation Alexander von Humboldt et la politique culturelle extérieure de l'Allemagne dans les années 1925-1945 », *Histoire de la recherche contemporaine*, 1, 2021, p. 78-87.

32. Dumont Juliette, *op. cit.*, p. 160-209.

33. Nicault Catherine, « Jean Marx, universitaire et diplomate », *Archives juives*, 2013/1, p. 120-129.

34. Jeannesson Stanislas, *art. cit.*

35. Rodrigues Pereira Marcio, *La politique culturelle du Brésil de 1945 à 1970 : institutions, acteurs, moyens et enjeux*, thèse de doctorat, Université de Strasbourg, 2014, Chapitre 4.

36. Suppo Hugo, *La politique culturelle française au Brésil entre les années 1920-1950*, thèse de doctorat, Université Paris III-Sorbonne Nouvelle, 2000 (la liste des conférenciers se trouve en annexe de la thèse) ; Petitjean Patrick, « Dimension culturelle, influences idéologiques et images scientifiques dans l'histoire des relations scientifiques franco-brésiliennes,

1850-1940 », *in* Parvaux Solange & Revel-Mouroz Jean (dir.), *Images réciproques du Brésil et de la France*, Paris, Editions de l'IHEAL, 2019, p. 827-843.

37. Penjon Jacqueline, « Naissance de l'enseignement du portugais », *Reflexos. Revue pluridisciplinaire du monde lusophone*, 4, 2019, [en ligne], https://interfas.univ-tlse2.fr/reflexos/324?lang=pt, consulté le 15 mai 2025.

38. Kinsella Coutinho Ariana, « Un exemple de soft power français en Amérique du Sud : le cas du département d'histoire de l'université de São Paulo », *Amerika. Mémoires, identités, territoires*, 25, 2023, [en ligne], https://journals.openedition.org/amerika/16564?lang=en, consulté le 15 mai 2025.

39. Tournès Ludovic, « Comment devenir une superpuissance intellectuelle ? La Fondation Rockefeller et la documentation scientifique (1918-1939) », *in* Hauser Claude, Loué Thomas, Mollier Jean-Yves & Vallotton François (dir.), *La diplomatie par le livre. Réseaux et circulation internationale de l'imprimé de 1880 à nos jour*s, Paris, Nouveau monde édition, 2011, p. 165-179.

40. Tournès Ludovic, *Sciences de l'homme et politique : les fondations philanthropiques en France au XX*[e] *siècle*, Paris, Éditions des classiques Garnier, 2013 [2011], p. 220-227.

41. De Freitas Dutra Eliana, « Le Brésil au-delà des frontières : la "Collection brésilienne" et l'Institut national du livre dans les circuits diplomatiques du livre brésilien », *in* Hauser Claude, Loué Thomas, Mollier Jean-Yves & Vallotton François (dir.), *op. cit.*, p. 393-409.

42. Dumont Juliette, *op. cit.*, p. 160-209.

43. Dubosclard Alain, « Diplomatie culturelle et propagande française aux États-Unis pendant le premier vingtième siècle, *Revue d'histoire moderne et contemporaine*, 2001/1, p. 102-119 (106).

44. Lachaise Bernard, « La Comédie-française en tournée en Europe centrale dans les années 1930 », in Chaline Olivier, Dumanowski Jaroslaw & Figeac Michel (dir.), *Le rayonnement français en Europe centrale du XVII*[e] *siècle à nos jours*, Pessac, Maison des sciences de l'homme d'Aquitaine, 2009, p. 483-494 ; Guenard Annie, *Une diplomatie culturelle dans les tensions internationales. La France en Europe centrale et orientale (1936-1940/1944-1951)*, Bruxelles, Peter Lang, 2014.

45. Udovicki-Selb Danilo, « Facing Hitler's Pavilion: The Uses of Modernity in the Soviet Pavillon at the 1937 Paris International Exhibition », *Journal of Contemporary History*, 47/1, 2012, p. 13-47.

46. Nicolette Julie, « Art Out of The Place: International Art Exhibits at The New York World's Fair of 1964-1965 », *Journal of Social History*, 2010/2, p. 499-519 (501).

47. Renoliet Jean-Jacques, *L'UNESCO oubliée : la Société des Nations et la coopération intellectuelle (1919-1946)*, Paris, Publications de la Sorbonne, 1999 ; Laqua Daniel, « Internationalisme ou affirmation de la nation ? La coopération intellectuelle transnationale dans l'entre-deux-guerres », *Critique internationale*, 52/3, 2011, p. 51-67.

48. Dumont Juliette & Fléchet Anaïs, *art. cit.*

49. Tournès Ludovic, *Les États-Unis et la Société des Nations (1914-1946). Le système international face à l'émergence d'une superpuissance*, Berne, Peter Lang, 2015, p. 291-327.

50. Fayet Jean-François, *op. cit.*, p. 16-23, ainsi que les quatre citations suivantes ; Fayet Jean-François, « La société pour les échanges culturels entre l'URSS et l'étranger (VOKS) », *Relations internationales*, 115, 2003, p. 411-423.

51. Matard-Bonucci Marie-Anne, « Enjeux de la diplomatie culturelle fasciste. De l'Italien étranger à l'Italien nouveau », *Mélanges de l'École française de Rome*, 114/1, 2002, p. 163-178.

52. Favre Muriel, *La propagande radiophonique nazie*, Paris, Ina éditions, 2014, p. 44.

53. Bergmeier Horst J.P. & Lotz Rainer E., *Hitler's Airwaves: The Inside Story of Nazi Radio Broadcasting and Propaganda Swing*, New Haven, Yale University Press, 1997, p. 22-39.

54. Oppizzi Martino, « Les écoles italiennes dans l'espace méditerranéen : stratégies et contradictions entre XIXe et XXe siècle », *École française de Rome*, [En ligne], https://efrome.hypotheses.org/10145, consulté le 15 mai 2025.

55. Muraca Simone, « Des intellectuels aux fonctionnaires : le fascisme et les directeurs d'Instituts culturels italiens à l'étranger », *Histoire, économie & société*, 2024/4, p. 37-50.

56. Lorenzelli Claire, « Les conférences à l'étranger pendant le fascisme (1922-1943) : nouvelles pratiques culturelles, nouvelles pratiques politiques, *Revue d'histoire culturelle*, 6, 2023, [en ligne], https://journals.openedition.org/rhc/5687, consulté le 20 avril 2025.

57. Fayet Jean-François, « La bibliothèque Roubakine : un centre culturel russe en Europe », *in* Hauser Claude, Loué Thomas, Mollier Jean-Yves & Vallotton François (dir.), *op. cit.*, p. 149-164.

58. Cité dans Fayet Jean-François, *op. cit.*, p. 14.

59. Berard Ewa, « The "First Exhibition of Russian Art" in Berlin: The Transnational Origins of Bolshevik Cultural Diplomacy », *Contemporary European History*, 30/2, 2021, p. 164-180.

60. Pisu Stefano, « La culture dans l'histoire des relations italo-soviétiques : objets, périodes et processus », *Revue d'histoire culturelle*, 6, 2023, [en ligne], https://journals.openedition.org/rhc/5750, consulté le 15 mai 2025.

61. Sur les voyages en URSS, voir Mazuy Rachel, « Le tourisme idéologique en Union soviétique », *Relations internationales*, 102, 2000, p. 201-217 ; Coeuré Sophie & Mazuy Rachel (dir.), *Cousu de fil rouge. Voyages des intellectuels français en Union soviétique*, Paris, CNRS éditions, 2012 ; David-Fox Michael, *Showcasing the Great Experiment. Cultural Diplomacy and Western Visitors to the Soviet Union, 1921-1941*, Oxford University Press, 2011. Pour plus de références, voir la bibliographie en ligne à la rubrique « diplomatie touristique ».

62. Pattieu Sylvain, « Voyager en pays socialiste avec Tourisme et travail », *Vingtième siècle. Revue d'histoire*, 102, 2009, p. 63-77.

63. Gould-Davies Nigel, « The Logic of Soviet Cultural Diplomacy », *Diplomatic History*, 27/2, 2003, p. 193-214 (208).

64. Brohm Jean-Marie, *Les Jeux Olympiques de Berlin 1936. Jeux de la croix gammée*, Alboussière, QS ? Éditions, 2024, p. 187 ; Mandell Richard D., *The Nazi Olympics*, Urbana, University of Illinois Press, 1987.

65. Guilbert Laure, *Danser avec le IIIe Reich. Les danseurs modernes sous le nazisme*, Bruxelles, Complexe, 2000, p. 300 sq.

66. Favero Jean-Pierre, « Le cinéma italien pendant le régime fasciste ou l'image au service de la propagande », *Sens-dessous*, 14, 2014, p. 89-100.

67. Martin Benjamin, *The Nazi Fascist New Order for European culture*, Cambridge, Harvard University Press, 2016, p. 57.

68. Taillibert Christel, « Le cinéma, instrument de politique extérieure du facisme italien », *Mélanges de l'École française de Rome, Italie et Méditerranée*, 110/2, 1998, p. 943-962 (954).

69. Stone Maria, « Challenging Cultural Categories: The Transformation of the Venise Biennale Under Fascism », *Journal of Modern Italian Studies*, 4/2, 1999, p. 184-208.

70. Bergmeier Horst J.P. & Lotz Rainer E., *Hitler's Airwaves: The Inside Story of Nazi Radio Broadcasting and Propaganda Swing*, New Haven, Yale University Press, 1997, p. 136-177.

71. Bertrand-Dorléac Laurence, *L'art de la défaite (1940-1944)*, Paris, Seuil, 1993, p. 74-106.

72. Martin Benjamin, *op. cit.*, p. 186.

73. British Council, *Annual Report*, 1944.

74. La littérature sur la diplomatie culturelle étatsunienne en Amérique latine pendant la guerre est abondante. On citera entre autres exemples : Herrera Ulloa Olga, *American Interventions and Modern Art in South America*, Gainseville, University of Florida Press, 2017 ; Matallana Andrea, « Building Art Diplomacy: The Contemporary American Art Exhibition in Latin American During 1941, *Janus.net. e-journal of international relations*, 13/2, 2022-2023. Pour plus de références, voir la bibliographie en ligne aux rubriques concernant les États-Unis et les pays d'Amérique latine.

75. Siwi Marcio, « US.-Brazil Cultural Relations during World War II », s.d., [en ligne], https://lanic.utexas/edu/project/etext/llilas/ilassa/2007/siwi.pdf, consulté 15 mai 2025.

76. Fléchet Anaïs, « Les partitions de l'identité. La diplomatie musicale brésilienne au XXe siècle », *in* Dumont Juliette, Fléchet Anaïs & Velloso Mônica Pimenta (dir.), *Histoire culturelle du Brésil*, Paris, Éditions de l'IHEAL, 2019, p. 337.

Chapitre IV. Guerre froide et nationalismes : la prolifération des diplomaties culturelles (1947-1989)

1. Pour une présentation générale de la diplomatie culturelle étatsunienne, voir Tournès Ludovic, *Américanisation. Une histoire mondiale (XVIIIe-XXIe siècle)*, Paris, Fayard, 2020, Chapitre VII.
2. Gould-Davies Nigel, « The Logic of Soviet Cultural Diplomacy », *Diplomatic History* 27/2, 2003, p. 193-214 (203).
3. Grossmann Sonja, « Une autre diplomatie entre Est et Ouest : les associations d'amitiés avec l'URSS en Europe occidentale pendant la Guerre froide », in Genin Vincent, Osmont Matthieu & Raineau Thomas (dir.), *Réinventer la diplomatie : Sociabilités, réseaux et pratiques diplomatiques en Europe depuis 1919*, Bruxelles, P.I.E.-Peter Lang, 2016, p. 105-120. Je remercie Maxime Audinet de m'avoir indiqué cette référence.
4. Mezaros Thomas, « L'exposition nationale américaine de 1959 à Moscou, une illustration de la guerre froide culturelle. Réflexion sur la guerre, l'art et la culture », *in* Baechler Jean (dir.), *La Guerre et les Arts*, Paris, Hermann, 2018, p. 253-281 ; Kushner Marylin Stuart, « Exhibiting Art at the American National Exhibition in Moscow, 1959 », *Journal of Cold War Studies*, 4/2, 2002, p. 6-26.
5. *Le Monde*, 11 août 1959.
6. Pisu Stefano, « La culture dans l'histoire des relations italo-soviétiques : objets, périodes et processus », *Revue d'histoire culturelle*, 6, 2023, [en ligne], https://journals.openedition.org/rhc/5750, consulté le 15 mai 2025.
7. Roth-Ey Kristin, « How Do You Listen to Radio Moscow ? Moscow's Broadcasters, "Third World" Listeners, and the Space of the Airwaves in the Cold War », *The Slavonic and East European Review*, 98/4, 2020, p. 712-741 ; Winek Mark D., « Radio as a Tool of the State: Radio Moscow and the Early Cold War », *Comparative Humanities Review*, 3, 2009, p. 99-113.
8. Voir de nombreux exemples dans *Rockefeller Fellows. History of Individual Mobility Awards at the Rockefeller-Endowed Organisations, 1914-1970*, [en ligne], https://rockfellows.hypotheses.org/, consulté le 15 mai 2025. Le site comprend une base de données mondiale des boursiers Rockefeller.
9. Stensrud Ingeborg, « "Soft Power" Deployed: Ford Foundation's Fellowship Programs in Communist Eastern Europe in the 1950s and 1960s », *Monde(s)*, 2014/2, p. 111-128.
10. Scott-Smith Giles, *Networks of Empire: The US State Department's Foreign Leader Program in the Netherlands, France and Britain, 1950-1970*, Brussels-Bern, Peter Lang, 2008.
11. Tournès Ludovic, *op. cit.*, p. 237.
12. Faure Justine, « "Nous devons élargir chaque fissure du rideau de fer". La diplomatie culturelle américaine en direction du bloc soviétique au prisme des échanges universitaires (1955-1961), *Relations internationales*, 2017/1, p. 53-68 ; Id., « Working on/Working with the Soviet Bloc: IREX, Scholarly Exchanges and Détente », *in* Tournès Ludovic & Scott-Smith Giles (eds), *Global Exchanges: Scholarships and Transnational Circulations in the Modern World*, New York, Berghahn Books, 2018, p. 231-244 ; Id., *Indépendance de la recherche et sécurité nationale en temps de Guerre froide. Les chercheurs américains et le bloc de l'Est*, Paris, CNRS Éditions, 2025.
13. Katsakioris Constantin, « Soviet Lessons for Arab Modernization : Soviet Educational Aid to Arab Countries after 1956 », *Journal of Modern European History*, 2010/8-1, p. 85-106 ; Id., « Des cadres pour l'Afrique socialiste : l'université Patrice Lumumba et la formation des étudiants africains (1960-1991) », *Revue d'histoire contemporaine de l'Afrique*, 2021, p. 1-18 ;

Hessler Julie, « Third World Students at Soviet Universities in the Brezhnev Period, in Tournès Ludovic & Scott-Smith Giles (eds), *op. cit.*, p. 202-215.

14. *Facts about USIA*, Government Printing Office, 1964, p. 5.

15. Valantin Jean-Michel, *Hollywood, le pentagone et le monde*, Paris, Autrement, 2010.

16. Michaud Gene & Dittmar Linda, *From Hanoi to Hollywood: The Vietnam War in American Film*, New Brunswick, N.J., Rutgers University Press, 1990, p. 74.

17. Frost Jennifer, « Cinema as Cultural Diplomacy and the Cold War », *Journal of Cold War Studies*, 25/1, 2023, p. 75-100.

18. Lee Sangjoon, « The Asia Foundation's Motion Picture Project and the Cultural Cold War in Asia », *Film History*, 29/2, 2017, p. 108-137.

19. Gallinari Pauline, « Une offensive cinématographique soviétique en France ? Les enjeux du retour du cinéma soviétique sur les écrans français dans l'après-guerre », *Relations internationales*, 147, 2011, p. 49-58.

20. Kosovoï Andreï, « Défier Hollywood. La diplomatie culturelle et le cinéma à l'ère Brejnev », *Relations internationales*, 2011/3, p. 59-71.

21. Von Eschen Penny M., *Satchmo Blows up the World. Jazz Ambassadors Play the Cold War*, Cambridge, Harvard University Press, 2006 ; Davenport Lisa E., *Jazz Diplomacy: Promoting America in the Cold War Era*, University Press of Mississippi, 2009 ; Fosler-Lussier Daniele, *Music in America's Cold War Diplomacy*, Oakland, University of California Press, 2015.

22. « 1958 State Department Tour », *The Brubeck Collection*, [en ligne], https://www.brubeckcollection.org/Detail/occurrences/1832, consulté le 15 mai 2025.

23. Gonçalves Stéphanie, *Danser pendant la guerre froide (1945-1968)*, Rennes, Presses Universitaires de Rennes, 2018, p. 121-164 ; Ezrahi Christina, *Swans of the Kremlin: Ballet and Power in Russia*, Pittsburgh, University of Pittsburgh Press, 2012. Voir aussi Francfort Didier, « Tournées musicales et diplomatie pendant la guerre froide », *Relations internationales*, 2013/4, p. 73-86.

24. Guttmann Allen, « The Cold War and the Olympics », *International Journal*, 43/4, 1988, p. 554-568 ; Gygax Jérôme, « Diplomatie culturelle et sportive américaine, persuasion et propagande durant la guerre froide », *Relations internationales*, 123, 2005, p. 87-106 ; Dufraisse Sylvain, *Une histoire sportive de la guerre froide*, Paris, Nouveau Monde, 2023. Voir d'autres références dans la bibliographie en ligne.

25. Lemaire Sandrine & Bourel Guillaume, « Les Jeux Olympiques dans la guerre froide (1948-1976) », *in* Bancel Nicolas *et al.* (dir.), *Une histoire mondiale de l'olympisme (1896-2024)*, Paris, Atlande, 2023, p. 167-177.

26. Pour une approche générale de la diplomatie culturelle japonaise, voir Otmazgin Nissim Kadosh, « Geopolitics and Soft Power: Japan's Cultural Policy and Cultural Diplomacy in Asia », *Asia-Pacific Review*, 19/1, 2012, p. 37–61.

27. « Exhibition of Japanese Painting and Sculpture, Sponsored by the Government of Japan », Washington, DC, National Gallery of Art, 1953, [en ligne], https://archive.org/stream/exhibition00japa/exhibition00japa_djvu.txt, consulté le 16 mars 2025.

28. Jang Sang-hoon, « Cultural Diplomacy, National Identity and National Museum: South Korea' First Overseas Exhibitions in the US, 1957 to 1959 », *Museum & Society*, 14/3, 2016, p. 456-471.

29. Sur le projet Orient-Occident, voir Maurel Chloé, « L'Unesco, une plate-forme pour les circulations transnationales de savoirs et d'idées », *Histoire@politique*, 2011/3, p. 42-59 ; sur les relations du Japon avec l'Unesco, voir Huttunen Miia, « De-demonising Japan ? Transitioning from War to Peace through Japan's Cinematic Postwar Cultural Diplomacy in UNESCO's Orient Project, 1957-1959 », *International Journal of Cultural Policy*, 23/6, 2017, p. 751-764 ; pour la période plus récente, voir Clément Chloé Alizée, « Rayonner sur la scène internationale par la culture : le cas de la présence japonaise à l'Unesco, 1988-1999 », *Revue*

d'histoire culturelle, 6, 2023, [en ligne], https://journals.openedition.org/rhc/3838, consulté le 15 mai 2025.

30. Michel Cyril, « La diffusion directe de la télévision par satellite est-elle une affaire d'États ? », *Annuaire français de relations internationales*, XIII, 2012, p. 873-884.

31. Hillaker Lorn, « Representing a "Better Germany": Competing Images of State and Society in the Early Cultural Diplomacy of the FRG and GDR », *Central European History*, 53, 2020, p. 373-392.

32. Defrance Corine, « Politique et relations culturelles extérieures. Concurrence et interdépendance entre RFA et RDA », *in* Cahn Jean-Paul & Pfeil Ulrich (dir.), *Allemagne 1961-1974. De la construction du mur à l'Ostpolitik*, vol. 2/3, Lille, Presses universitaires du Septentrion, 2009, p. 103-123.

33. Defrance Corine, « La politique culturelle extérieure de la RFA au service de la diffusion d'une nouvelle image de soi à l'étranger (1949-1969) ? », *Revue d'Allemagne et des pays de langue allemande*, 40/3, 2008, p. 367-380.

34. Cimaz Geneviève, « Le centre culturel de la RDA à Paris », *in* Pfeil Ulrich (dir.), *La RDA et l'Occident (1949-1990)*, Paris, Presses de la Sorbonne nouvelle, 2000, p. 112-120.

35. Eder Jacob S., « Students as Ambassadors: German-American Exchange Diplomacy during the 1980s », in Tournès Ludovic & Scott-Smith Giles (eds), *op. cit.*, p. 79-94.

36. Gehrig Sebastian, « Informal Cold War Envoys. West German and East German Cultural Diplomacy in East Asia », *Journal of Cold War Studies*, 24/4, 2022, p. 112-156 ; Aguilar Manuela, *Cultural Diplomacy and Foreign Policy: German American relations, 1955-1968*, New York, Peter Lang, 1996.

37. Jansen Christian, « L'excellence au niveau mondial. La "nouvelle" Fondation Alexander von Humboldt entre promotion de la science et politique culturelle extérieure (de 1953 à nos jours) », *Histoire de la recherche contemporaine*, 10/1, 2021, p. 89-100 ; pour les statistiques, voir « Figures, Statistics and Evaluations », *Alexander von Humboldt Stiftung*, [en ligne], https://www.humboldt-foundation.de/en/explore/figures-and-statistics, consulté le 15 mai 2025.

38. Moine Caroline, « Le festival du film documentaire de Leipzig, un lieu d'échanges culturels ? entre mythe et réalité », *Relations internationales*, 116, 2003, p. 559-571.

39. Beaufils Julien, *Sport et politique en RDA (1969-1990). La fabrique des champions du socialisme ?* Paris, Presses de la Sorbonne nouvelle, 2024 ; Pfeil Ulrich, « Des "diplomates en survêtement". La question allemande au prisme des Jeux Olympiques, des années 1950 aux années 1970 », *Guerres mondiales et conflits contemporains*, 2020/1, p. 91-101.

40. Frank Robert, « La machine diplomatique française après 1945 », *Relations internationales*, 115, 2003, p. 325-348 (326).

41. Jeannesson Stanislas, « Les écrivains diplomates, acteurs ou instruments d'une diplomatie culturelle française ? Le cas du Quai d'Orsay au premier XXe siècle », *in* Badel Laurence, Ferragu Gilles, Jeannesson Stanislas & Meltz Renaud (dir.), *Écrivains et diplomates. L'invention d'une tradition, XIXe-XXIe siècles*, Paris, Armand Colin, 2012, p. 57-69.

42. Horne Janet, « L'Alliance française : un acteur culturel dans le Sud global des années1950-1960 », *in* Chaubet François, Faucher Charlotte, Martin Laurent & Peyre Nicolas (dir.), *Histoire(s) de la diplomatie culturelle française du rayonnement à l'influence*, Toulouse, Éditions de l'Attribut, 2024, p. 64-82.

43. Chaubet François, « L'alliance française et la reconstruction d'un réseau mondial (1945-1955), *in* Dulphy Anne, Frank Robert, Matard-Bonucci Marie-Anne & Ory Pascal (dir.), *Les relations culturelles internationales au XXe siècle. De la diplomatie culturelle à l'acculturation*, Bruxelles, Peter Lang, 2010, p. 491-498 (496).

44. Frank Robert, *art. cit.*, p. 346, ainsi que la citation suivante.

45. Donaldson Frances, *The British Council: The first Fifty Years*, London, Jonathan Cape, 1984 ; Morris John, *Culture and Propaganda in World War II: Music, Film and the Battle for National Identity*, Londres, I.B Tauris, 2014 ; White A.J.S., *The British Council: The First Twenty-Five Years, 1934-1959*, Londres, British Council, 1965 ; voir aussi les articles d'Alice

Byrne et Christine Okret-Manville cités dans le chapitre précédent et la bibliographie en ligne.

46. *The British Council (1934-1955), 21st Anniversary report*, London, 1955, 28, [en ligne], https://www.cia.gov/readingroom/document/cia-rdp78-02771r000100140005-8, consulté le 15 mai 2025.

47. Simony Lauriane, « Le British Council et le programme Fulbright en Birmanie : les échanges universitaires au cœur de la diplomatie culturelle des pays occidentaux pendant la guerre froide », *Relations Internationales*, 199, 2024, p. 17-33.

48. Fisher Al, *A Story of Engagement: The British Council*, 1934-2009, London, British Council, 2009.

49. Watanabe Aiko, « Cultural Drives by the Periphery: Britain's experiences », *History in Focus*, [en ligne], https://archives.history.ac.uk/history-in-focus/cold/articles/watanabe.html, consulté le 15 mai 2025.

50. Naisbitt Alice, « The Cold War and Thirty Years of Anglo-Soviet Cultural Exchange », *Epoch*, 1st September 2024, [en ligne], https://www.epoch-magazine.com/post/the-cold-war-and-thirty-years-of-anglo-soviet-cultural-exchange, consulté le 15 mai 2025.

51. Fléchet Anaïs, « Les partitions de l'identité. La diplomatie musicale brésilienne au XXe siècle », *in* Dumont Juliette, Fléchet Anaïs & Velloso Mônica Pimenta (dir.), *Histoire culturelle du Brésil*, Paris, Éditions de l'IHEAL, 2019, p. 321, ainsi que la citation suivante.

52. Fléchet Anaïs, « Gilberto Gil », *Transatlantic Cultures*, décembre 2021, [en ligne], https://transatlantic-cultures.org/fr/catalog/gilberto-gil, consulté le 15 mai 2025.

53. Fléchet Anaïs, « Les partitions… », *art. cit.*, p. 342.

54. La diplomatie culturelle suisse est bien documentée. Voir Hauser Claude, Seger Bruno & Tanner Jakob (dir.), *Entre culture et politique : Pro Helvetia 1939-2009*, Zurich/Genève, NZZ-Verlag/Slatkine, 2010. Gillabert Matthieu, *Dans les coulisses de la diplomatie culturelle suisse : objectifs, réseaux et réalisations*, Neuchâtel, Alphil, 2013 ; Kadelbach Thomas, *"Swiss made". Pro Helvetia et l'image de la Suisse à l'étranger (1945-1990)*, Neuchâtel, Alphil, 2013 ; Milani Pauline, *Le diplomate et l'artiste. Construction d'une politique culturelle suisse à l'étranger (1938-1985)*, Neuchâtel, Aphil, 2013 ; Perret Noëlle Laetitia, *L'Institut suisse de Rome : entre culture, politique et diplomatie*, Neuchâtel, Alphil, 2014.

55. Milani Pauline, « Le modèle helvétique de diplomatie culturelle, un Sonderfall ? », *Relations internationales*, 2017/1, p. 101-113.

56. Le terme désigne un ensemble d'institutions et d'acteurs engagés dans la défense de l'identité nationale suisse, de ses traditions et de ses valeurs démocratiques, face à la montée des totalitarismes dans ses deux pays voisins, l'Allemagne et l'Italie.

57. Gillabert Matthieu, *op. cit.*, p. 84.

58. Milani Pauline, *op. cit.*, p. 380.

59. Ruppen Coutaz Raphaëlle, « Faire comprendre la Suisse aux Américains : la radio internationale helvétique après la Seconde guerre mondiale », *Transatlantic Cultures*, mai 2021, [en ligne], https://transatlantic-cultures.org/en/catalog/faire-comprendre-la-suisse-aux-americains-la-radio-internationale-helvetique-apres-la-seconde-guerre-mondiale, consulté le 15 mai 2025.

60. Milani Pauline, *op. cit.*, p. 389.

61. M'Bengue Mamadou Seyni, *La politique culturelle au Sénégal*, Paris, Unesco, 1973, p. 9, [en ligne], https://unesdoc.unesco.org/ark:/48223/pf0000134116/PDF/134116freo.pdf. multi, consulté le 15 mai 2025.

62. Cohen Joshua I., « Socialisme africain et politique culturelle. Le Sénégal sous la présidence de Léopold Sédar Senghor », *Germinal*, 2024/1, p. 235-246.

63. Durand Maé, *La troupe dramatique du Théâtre national Daniel Sorano de Dakar : entre négritude et francophonie*, mémoire de master, Université Paris I Panthéon-Sorbonne, 2018, HAL-Open Science, dumas-02156182.

64. Nakao Sakiko, *Nationaliser le panafricanisme. La décolonisation au Sénégal, en Haute-Volta et au Ghana (1945-1962),* Paris, Karthala, 2023, p. 253-288.

65. Delas Daniel, « Regard sur la politique culturelle de Senghor (1960-1980) », *Africultures,* 2006/2, p. 239-243.

Chapitre V. La recomposition de la diplomatie culturelle au XXIe siècle

1. Cité dans Chaubet François, Faucher Charlotte, Martin Laurent & Peyre Nicolas (dir.), *Histoire(s) de la diplomatie culturelle française du rayonnement à l'influence,* Toulouse, Éditions de l'Attribut, 2024, p. 541.

2. Cull Nicholas J., *The Decline and Fall of the United States Information Agency: American Public Diplomacy, 1989-2001,* Palgrave MacMillan, 2012.

3. « American Music Abroad », *United States Department of State,* [en ligne], https://exchanges.state.gov/us/program/american-music-abroad, consulté le 14 mai 2025 ; *American Music Abroad,* [En ligne], https://americanmusicabroad.org/, consulté le 15 mai 2025.

4. Lyubareva Inna & Nocetti Julien, « La diplomatie numérique. Évolution des stratégies diplomatique et d'influence à l'ère (du) numérique », *Réseaux,* 2024/3, p. 11-35. Voir aussi Cull Nicholas J., « The Long Road to Public Diplomacy 2.0: the Internet in US Public Diplomacy », *International Studies Review,* 15/1, 2013, p. 123-139.

5. Quessard Maud, « Rebranding Soft Power: Assessing Obama's Smart Power Strategies », *Études anglaises,* 72/4, 2019, p. 469-485.

6. Johnson Lonnie, « The fulbright Program and The Philosophy and Geography of US Exchange Programs since World War II », *in* Tournès Ludovic & Scott-Smith Giles (éds), *Global Exchanges: Scholarships and Transnational Circulations in the Modern World,* New York, Beghahn Books, 2018, p. 173-187.

7. *The Washington Post,* 11 mars 2025.

8. « Trump moves to close down Voice of America », BBC News, 17 March 2025, [en ligne], https://www.bbc.com/news/articles/cvge4l109r3o, consulté le 15 mai 2025 ; *Le Monde,* 16 mars 2025.

9. [En ligne], https://app.powerbigov.us/view?r=eyJrIjoiOTM2ZjA2YzEt-MDdkYi00ZmU2LWJmZGUtMmY2NWM0MjUwNDAzIiwidCI6IjY2Y2Y1MDc0LT-VhZmUtNDhkMS1hNjkxLWExMmIyMTIxZjQ0YiJ9; consulté le 20 mars 2025 ; site inaccessible au 15 mai 2025.

10. « The Office of American Spaces », *United States Department of State,* [en ligne], https://eca.state.gov/programs-and-initiatives/initiatives/office-american-spaces, consulté le 15 mai 2025.

11. *New York Times,* 8 mars 2025.

12. Thussu Daya Kishan, « The Soft Power of Popular Cinema. The Case of India », *Journal of Political Power,* 2016/9-3, p. 415-429.

13. « What languages are spoken in Uzbekistan ? » World Atlas, [en ligne], https://www.worldatlas.com/articles/what-languages-are-spoken-in-uzbekistan.html, consulté le 15 mai 2025.

14. de Tinguely Anne, *Le géant empêtré. La Russie et le monde de la fin de l'URSS à la guerre en Ukraine,* Paris, Perrin, 2022, p. 365-397.

15. Audinet Maxime, « Anatomie de la diplomatie culturelle russe à l'ère postsoviétique », *Hérodote,* 2017/3, p. 165-177 ; voir aussi « Study of the Cultural Diplomacy Institutions of the Russian Federation », *Ukrainian Institute,* [en ligne], https://ui.org.ua/en/sectors-en/ros-sotrudnichestvo-the-unbearable-harshness-of-soft-power-2/, consulté le 15 mai 2025.

16. « Les "Maisons russes", bras armé du soft power de Poutine en Afrique », 13 janvier 2025, *Afrique XXL,* [en ligne], https://afriquexxi.info/

Les-Maisons-russes-bras-arme-du-soft-power-de-Poutine-en-Afrique, consulté le 15 mai 2025.

17. Mihoubi Selma, « Géohistoire et enjeux géopolitiques de l'implantation de Radio Chine internationale en Afrique de l'Ouest francophone depuis 1949 », *Revue de géographie historique*, mai 2018, [en ligne], https://rgh.univ-lorraine.fr/articles/view/100/Geohistoire_et_enjeux_geopolitiques_de_l_implantation_de_radio_chine_internationale_en_Afrique_de_l_Ouest_francophone_depuis_1949, consulté le 15 mai 2025.

18. Xu Guangqiu, « American Fulbrighters in China (1979-2014), *in* Tournès Ludovic & Sott-Smith Giles (eds), *op. cit.*, 276-289 ; Mondale Walter F. & Xiaoping Deng, « Implementing Accord for Cultural Exchange in 1980 and 1981 between the Governement of the United States of America and the People's Republic of China », *Chinese Law & Governement*, 14/1, 1981, p. 112-116, [en ligne], https://heinonline.org/HOL/Page?handle=hein.journals/chinelgo14&id=1&size=2&collection=journals&index=journals/chinelgo, consulté le 15 mai 2025.

19. Courmont Barthélémy, « Le soft power chinois, entre stratégie d'influence et affirmation de puissance », *NecPlus. Revue d'études comparative Est-Ouest*, 2021/1, p. 287-309.

20. Cull Nicholas J., « The Public Diplomacy of the Modern Olympic Games and China's Soft Power Strategy », *in* Price Monroe E. & Dayan Daniel (eds), *Owning the Olympics: Narratives of the New China*, University of Michigan Press, 2008, p. 117-144 (129).

21. Mihoubi Selma, « La stratégie d'implantation de Radio Chine internationale (RCI en Arique sahélienne », *Afrique(s) atlantique(s)*, 252, 2019, [en ligne], https://journals.openedition.org/norois/9420?lang=en, consulté le 15 mai 2025 ; Id., « Géohistoire... », *art. cit.*

22. Sun Chao Sheng, « Confucius Institutes: China's Cultural Soft Power Strategy », *Journal of Culture and Values in Education*, 6/1, 2023, p. 52-68 ; Wu Xuan & Chan Wing Kit, « Integrating International Student Mobility in the Belt and Road Initiative », *Higher Education Evaluation and Development*, 13/1, 2019, p. 33-47.

23. Rouiaï Rashidil, « Instituts Confucius », *Encyclopédie d'histoire numérique de l'Europe*, juin 2020, [en ligne], https://ehne.fr/fr/node/14358, consulté le 15 mai 2025.

24. « Peking Opera Past Tours », *Peking Opera Festival*, [en ligne], http://www.pekingopera.eu/index.html#a05, consulté le 15 mai 2025.

25. « Mieux protéger notre patrimoine scientifique et nos libertés académiques », *Rapport d'information* n° 873, déposé le 29 septembre 2021, Sénat, [en ligne], https://www.senat.fr/rap/r20-873/r20-87310.html, consulté le 15 mai 2025.

26. Sur cette notion, voir Cicchelli Vincenzo & Octobre Sylvie, *K-pop, soft power et culture globale*, Paris, PUF, 2022.

27. Otmazgin Nissim, « Anime in the U.S.: The Entrepreneurial Dimensions of Globalized Culture », *Pacific Affairs*, 2014/1, p. 53-69.

28. Iwabuchi Koichi, « Pop Culture Diplomacy in Japan: Soft Power, Nation Branding, and the Question of "International Cultural Exchange" », *International Journal of Cultural Policy*, 21/4, 2015, p. 419-432.

29. « Japan's Foreign Policy to Promote National and Worldwide Interests », *Ministry of Foreign Affairs of Japan*, [en ligne], https://www.mofa.go.jp/policy/other/bluebook/2017/html/chapter3/c030402.html, consulté le 15 mai 2025.

30. « Japonismes 2018, Rapport d'activité », *Japan Foundation*, [en ligne], https://www.jpf.go.jp/e/about/area/japonismes/index.html, consulté le 15 mai 2025.

31. Sargent Jesse, « Importing Barbarian Knowledge: The JET Program and the Development of Cultural Internationalism in Japan (1987-2014), *in* Tournès Ludovic & Scott-Smith Giles, *op. cit.*, p. 290-304.

32. « Japan Foundation Worldwide », *Japan Foundation*, [en ligne], https://www.jpf.go.jp/e/world/index.html, consulté le 15 mai 2025.

33. Jonghoe Yang, « Globalization, Nationalism, and Regionalization: The Case of Korean Popular Culture », *Development and Society*, 36/2, 2007, p. 177-199.

34. Kim Youma, « Soft Power et nationalisme culturel : la vague coréenne », *Outre-Terre*, 2014/2, p. 331-337.

35. Elfving-Hwang Joanna, « South Korean Cultural Diplomacy and Brokering "K-Culture" Outside Asia », *Korean Histories*, 2013/1, p. 14-26.

36. Kil-ho-Lee, « Nation Branding en Corée du Sud. Coopération public-privé et invention d'une politique participative du développement économique », *Gouvernement et action publique*, 2016/2, p. 101-123.

37. Suh Judy, « K-pop Culture in the United States: Protest Contexts and Practices », *The Journal of Popular Culture*, 55/2, 2022, p. 292-312 (295).

38. Cicchelli Vincenzo & Octobre Sylvie, *op. cit.*, p. 71.

39. « Korean Cultural Centers », *Wikipedia*, [en ligne], https://en.wikipedia.org/wiki/Korean_Cultural_Centers, consulté le 15 mai 2025.

40. Yong Jin Dal, « The Rise of Digital Platforms as a Soft Power Apparatus in the New Korean Wave Era », *Communication and the Public*, 9/2, 2024, p. 161-177.

41. Caubel Mathilde, « Corée du Sud : le métavers pour tous ? », *Méta-Média*, 10 décembre 2021, [en ligne], https://www.meta-media.fr/2021/12/10/coree-du-sud-le-metavers-pour-tous.html, consulté le 15 mai 2025.

42. Pahlavi Pierre-Cyril, « La diplomatie culturelle à l'ère de l'interdépendance globale : la Turquie à la recherche des éléments fédérateurs de l'identité panturque », *Études internationales*, 2002/2, p. 247-274 (254) ; Kazancigil Ali, « La diplomatie tous azimuts de la Turquie : émergence d'une puissance moyenne en Méditerranée », *Confluences Méditerranée*, 2010/3, p. 109-118.

43. « La politique turque à l'égard de l'Asie centrale et du Caucase du Sud », 26 avril 2004, *Fondation Robert Schuman*, [en ligne], https://www.robert-schuman.eu/entretiens-d-europe/251-la-politique-turque-a-l-egard-de-l-asie-centrale-et-du-caucase-du-sud, consulté le 15 mai 2025.

44. Uhres Johann, « Le point sur les alphabets utilisés pour les langues turques », *CEMOTI. Cahiers d'études sur la Méditerranée orientale et le monde turco-iranien*, 29, 2000, p. 287-319 (302).

45. « Tika supports Azerbaïdjan University of Architecture and Construction », 27 novembre 2018, *TIKA*, [en ligne], https://tika.gov.tr/en/detail-tika_supports_azerbaijan_university_of_architecture_and_construction/, consulté le 15 mai 2025.

46. Larochelle Dimitra Laurence, « Le soft power à l'épreuve de la réception. Le cas des fictions sérielles turques en Grèce », *Réseaux*, 2021/2, p. 209-234 (213).

47. Tutal-Cheviron Nilgün & Çam Aydin, « La vision turque du "soft power" et l'instrumentalisation de la culture », *in* Marchetti Dominique, *La circulation des productions culturelles. Cinéma, informations et séries télévisées dans les mondes arabes et musulmans*, Rabat-Istanbul, Centre Jacques Berque, Institut français d'études anatoliennes, 2017, p. 131 (note 17) ; « Yunus Emre Institute », Yunus Emre Enstitütsü, [en ligne], https://www.yee.org.tr/en/corporate/yunus-emre-institute, consulté le 15 mai 2025.

48. « World Heritage List », *UNESCO World Heritage Convention*, [en ligne], https://whc.unesco.org/en/list/, consulté le 15 mai 2025.

49. Chakrabarty Dipesh, *Provincializing Europe: Postcolonial Thought and Historical Difference*, Princeton, Princeton University Press, 2008.

50. Frank Robert, « La machine diplomatique française après 1945 », *Relations internationales*, 115, 2003, p. 325-348 (347).

51. Benoit Benjamin, « L'adaptation au changement d'un réseau culturel centenaire : la réforme gestionnaire d'une organisation culturelle », *in* Chaubet François, Faucher Charlotte, Martin Laurent & Peyre Nicolas (dir.), *op. cit.*, p. 136-156.

52. « Le réseau de coopération et d'action culturelle et ses métiers », *Ministère de l'Europe et des affaires étrangères*, [en ligne], https://www.diplomatie.gouv.fr/fr/le-ministere-et-son-reseau/

les-metiers-de-la-diplomatie/un-reseau-diplomatique-essentiel-a-la-politique-etrangere-de-la-france/le-reseau-de-cooperation-et-d-action-culturelle-et-ses-metiers/, consulté le 15 mai 2025.

53. Chaubet François & Martin Laurent, *Histoire des relations culturelles dans le monde contemporain*, Paris, Armand Colin, 2011, p. 135.

54. « Langue française et francophonie dans le monde », Ministère de la culture, [en ligne], https://www.culture.gouv.fr/fr/Thematiques/langue-francaise-et-langues-de-france/Agir-pour-les-langues/Promouvoir-le-francais-et-la-diversite-linguistique-en-Europe-et-dans-le-monde/Langue-francaise-et-Francophonie-dans-le-monde, consulté le 15 mai 2025.

55. « Where we teach », British Council, [en ligne], https://www.britishcouncil.org/english-assessment/learning, consulté le 15 mai 2025.

56. Chaubet François & Martin Laurent, *op. cit.*, p. 138.

57. Zhou Jingyi, « The Role of British Council in UK Culture Diplomacy », *Open Journal of Political Science*, 12/4, 2022, [en ligne], https://www.scirp.org/journal/paperinformation?paperid=120581, consulté le 15 mai 2025.

58. *As Others See us. Culture, Attraction and Soft Power*, London, British Council, 2014.

59. Ozgul Billur Aslan, Mac Avoy Eva Nieto, Gillespie Marie & O'Loughlin Ben, « Shakespeare Lives on Twitter: Cultural Diplomacy in the Digital Age », *International Journal of Cultural Policy*, 2022/2, p. 204-220, https://doi.org/10.1080/10286632.2021.1901892, consulté le 15 mai 2025.

60. Autissier Anne-Marie, *Europe et culture : un couple à réinventer ?*, Toulouse, Éditions de l'Attribut, 2016, p. 191-249.

61. *Erasmsus. Facts, Figures & Trends*, European Union Publication Office, 2013, p. 27.

62. « Frequently asked questions about the Tempus programme », May, 8, 2008, *European Commission*, [en ligne], https://ec.europa.eu/commission/presscorner/detail/en/memo_08_291, consulté le 15 mai 2025.

63. Tournès Ludovic, « New Actors of the Post-Cold War World (Europe, China, and Inda) », in Tournès Ludovic & Scott-Smith Giles (eds.), *op. cit.*, p. 306-321 (307).

64. « Qu'est-ce qu'Erasmus+ ? », *European Commission*, [en ligne], https://erasmus-plus.ec.europa.eu/fr/about-erasmus/what-is-erasmus, consulté le 15 mai 2025.

65. « Traité sur l'Union européenne, » *Journal officiel n° C 191 du 29/07/1992 p. 0001-0110,* [en ligne], https://eur-lex.europa.eu/legal-content/FR/TXT/HTML/?uri=CELEX:11992M/TXT, consulté le 15 mai 2025.

66. « About the Creative Europe Programme », *European commission*, [en ligne], https://culture.ec.europa.eu/creative-europe/about-the-creative-europe-programme, consulté le 15 mai 2025.

67. Arfaoui Medhi, « Fabriquer l'Europe créative. L'intitutionnalisation de la créativité au prisme d'un dispositif politique de l'Union européenne. De l'injonction à la créativité à sa mise en œuvre : quel parallèle entre le monde de l'art et le monde productif ? », Avril 2015, Nantes, France, halshs 02559274.

68. Asselain Jean-Charles *et al.*, *Précis d'histoire européenne*, Paris, Armand Colin, 2015, p. 193.

69. « Europa cinemas : des salles de cinéma soutenues par l'Europe », *Europe direct*, [en ligne], https://europedirectclermont63.eu/europa-cinemas-des-salles-de-cinema-soutenues-par-leurope/, consulté le 15 mai 2025 ; « Carte des programmes », *Europa cinemas*, [en ligne], https://www.europa-cinemas.org/carte-du-reseau#network, consulté le 15 mai 2025.

70. « About European Union National Institutes for Culture », EUNIC, [en ligne], https://www.eunicglobal.eu/about, consulté le 15 mai 2025.

71. Autissier Anne-Marie, *op. cit.*, p. 192.

72. « Culture – Implementing international cultural relations », 27 August 2021, *European Union External Action. Le Service diplomatique de l'Union européenne*, [en ligne], https://www.eeas.europa.eu/node/410589_fr#9254, consulté le 15 mai 2025.

73. Franck Mermier, « Les fondations culturelles arabes et les métamorphoses du panarabisme », *Arabian Humanities. Revue internationale d'archéologie et de sciences sociales sur la péninsule arabique*, 2016/7, [en ligne], https://journals.openedition.org/arabianhumanities/3146, consulté le 15 mai 2025.

74. Corbillé Sophie, « Les marques territoriales. Objets précieux au cœur de l'économie de la renommée », *Communication*, 32/2, 2013, [en ligne], https://journals.openedition.org/communication/5014, consulté le 15 mai 2025.

75. Kazerouni Alexandre, « Musées et *soft power* dans le Golfe persique », *Pouvoirs*, 2015/1, p. 87-97 ; Id., *Le miroir des cheiks. Musées et politique dans les principautés du Golfe persique*, Paris, PUF, 2017.

76. Molinié-Andlauer Marie-Alix, « Des marques muséales au service de l'influence française : le rôle du Louvre et de l'expertise muséale dans le Golfe arabo-persique », *Les enjeux de l'information et de la communication*, 2021/S1 n°21/3A, p. 53-69.

77. Guéraiche Wiliam, « Diplomatie culturelle un exercice rhétorique ? L'exemple du Louvre Abu Dhabi, musée universel », *Hermès, La Revue*, 2018/2, p. 183-191.

78. « Des chefs-d'œuvre de Fragonard et de Picasso font leur entrée dans les collections du Louvre Abu Dhabi », *Connaissance des arts*, 10 juillet 2023, [en ligne], https://www.connaissancedesarts.com/musees/musee-louvre/des-chefs-doeuvre-de-fragonard-et-de-picasso-font-leur-entree-dans-les-collections-du-louvre-abu-dhabi-11183986/, consulté le 15 mai 2025.

Conclusion : du club fermé à l'arène concurrentielle

1. Cull, Nicholas J., « The Long Road to Public Diplomacy 2.0: the Internet in US Public Diplomacy », *Intenational Studies Review*, 15/1, 2013, p. 123-139 (124).

2. *Id.*, 125.

3. Rashica Viona, « Digital Diplomacy: Aspects, Approaches and Practical Use », *European Perspectives – International Scientific Journal on European Perspectives*, 10/17, 2019, p. 21-39.

4. Voir par exemple Grincheva Natalia, « Digital Cultural Diplomacy: From Content Providers to Opinion Makers », in Bjola Corneliu & Manor Ilan (eds), *The Oxford Handbook of Digital Diplomacy*, Oxford, Oxford University Press, 2024, p. 194-211.

5. Luybareva Inna & Nocetti Julien, « La diplomatie numérique. Évolution des stratégies diplomatique et d'influence à l'ère (du) numérique », *Réseaux*, 2024/3, p. 11-35.

Orientation bibliographique

On ne citera ici que quelques ouvrages généraux et quelques études spécialisées permettant d'entrer dans le sujet. Une bibliographie plus développée est disponible à l'adresse suitante : http://www.dunod.com/ean/9782200641856.

Ouvrages généraux ou actes de colloques

Carbó-Catalan Elisabet & Roig Sanz Diana (eds), *Culture as Soft Power: Bridging Cultural Relations, Intellectual Cooperation, and Cultural Diplomacy*, Berlin-Boston, De Gruyter, 2022.

Clarke David, « Cultural Diplomacy », *in Oxford Research Encyclopedia of International Studies*, 2020, [en ligne], https://oxfordre.com/internationalstudies/view/10.1093/acrefore/9780190846626.001.0001/acrefore-9780190846626-e-543.

Dulphy Anne, Frank Robert, Matard-Bonucci Marie-Anne & Ory Pascal (dir.), *Les relations culturelles internationales au XXe siècle. De la diplomatie culturelle à l'acculturation*, Bruxelles, Peter Lang, 2010.

Gienow Hecht Jessica & Donfried Mark (eds), *Searching for a Cultural Diplomacy*, New York/Oxford, Berghahn Books, 2010.

Grincheva Natalia, « The Past and Future of Cultural Diplomacy », *International Journal of Cultural Policy*, 30/2, 2024, p. 172-191.

Hauser Claude, Loué Thomas, Mollier Jean-Yves & Vallotton François (dir.), *La diplomatie par le livre. Réseaux et circulation internationale de l'imprimé de 1880 à nos jours*, Paris, Nouveau monde édition, 2011.

Martin Benjamin & Piller Elisabeth-Marie (eds), « European Cultural Diplomacy and the Twenty Years Crisis, 1919-1939 », numéro spécial de *Contemporary European History*, 30/2, 2021.

Paschalidis Gregory, « Exporting National Culture : Histories of Cultural Institutes Abroad », *International Journal of Cultural Policy*, 15/3, 2009, p. 275-289.

Études de cas

Arndt Richard T., *The First Resort of Kings. American Cultural Diplomacy in the Twentieth Century*, Washington, Potomac Books, 2006.

Bonne Audrey, *La diplomatie culturelle de la République populaire de Chine. Enjeux et limites d'une « offensive de charme »*, Paris, L'Harmattan, 2018.

Chaubet François, Faucher Charlotte, Martin Laurent & Peyre Nicolas (dir.), *Histoire(s) de la diplomatie culturelle française, du rayonnement à l'influence*, Toulouse, Éditions de l'Attribut, 2024.

Dumont Juliette, *Diplomaties culturelles et fabrique des identités*, Rennes, Presses universitaires de Rennes, 2018.

Fayet Jean-François, *VOKS. Le laboratoire helvétique. Histoire de la diplomatie culturelle soviétique durant l'entre-deux-guerres*, Chêne-Bourg, Georg, 2014.

Index des noms de personnes

Table des matières

264185 - (I) - OSB 80 - BLP - NRI
Dépôt légal : octobre 2025
Achevé d'imprimer par la Nouvelle Imprimerie Laballery 58500 Clamecy
N° d'impression : 508200
Imprimé en France
La Nouvelle Imprimerie Laballery est titulaire de la marque Imprim'Vert®